**Die Architektur
der Renaissance
in Italien**

Peter Murray

Die Architektur der Renaissance in Italien

Verlag Gerd Hatje Stuttgart

Für M.D.W., meinen Lehrer und Freund

Übersetzung aus dem Englischen von
Grete und Karl-Eberhardt Felten

Deutsche Ausgabe mit Genehmigung des
Verlags Thames and Hudson, London
© Peter Murray, 1963, 1969 und 1980
Alle deutschen Rechte bei
Verlag Gerd Hatje, Stuttgart, 1980
ISBN 3 7757 0152 4

Inhalt

Die Jahreszahlenangabe 1425/30 bedeutet »irgendwann zwischen 1425 und 1430« und die Jahreszahlenangabe 1425–30 »beginnend im Jahr 1425 und endend im Jahr 1430«.

Einführung

Von den großartigen gotischen Domen sind die meisten Menschen tief beeindruckt; das Erlebnis der Kathedralen von Canterbury oder Chartres hat sicher oft das Gefühl erweckt, daß Architektur echte Freuden schenkt, die jeder Pflege wert sind. Die Peterskirche in Rom oder die St. Paul's Cathedral in London üben nicht auf jeden die gleiche Wirkung aus, und deshalb meinen viele Leute, daß die Architektur der Renaissance und des Barock nichts für sie sei. Diese Schwierigkeit im Verständnis läßt sich einfach erklären. Die Renaissancearchitektur verlangt vom Betrachter Kenntnisse und auch die Bereitwilligkeit, sie nach ihren eigenen Gesetzen gelten zu lassen. Die meisten der durch einen gotischen Dom ausgelösten Empfindungen leiten sich mehr von den Gedankenverbindungen her, die diese Stätten nahelegen, als von der architektonischen Form, zumal die Pracht der bunten Glasfenster und die großartigen emporstrebenden Gewölbe die historischen und religiösen Assoziationen aufs stärkste fördern. Die Renaissancebauten können nur als Architektur erlebt werden, und man muß ehrlich zugeben, daß das nicht leichter (aber auch nicht schwerer) ist als das Verstehen einer Fuge von Bach. Die Renaissancearchitektur ist, wie schon ihr Name sagt, in erster Linie eine bewußte Wiedererweckung der Ideenwelt und Praxis der Baumeister des klassischen Altertums, und eigentlich kann man sagen, daß sie römisch ist, da ja die klassische griechische Architektur in Westeuropa vor dem achtzehnten Jahrhundert fast ganz unbekannt war. Ein römisches Bauwerk oder ein Renaissancegebäude erzielt seine Wirkung durch sehr subtile Anordnungen sehr einfacher Massen, und beide beruhen auf dem Modul-Proportionssystem. Der Modul ist der halbe untere Säulendurchmesser, und von diesem Bezugsmaß hängt das klassische Bauwerk in seiner Gesamtheit ab. Gelegentlich wird auch der Durchmesser selbst zum Grundmaß der Proportionen; in jedem Fall kommt es nicht eigentlich auf die Dimensionen, sondern auf das Bezugsmaß an. Wenn also ein Tempel auf einer Reihe von korinthischen Säulen ruht und jede Säule einen Durchmesser von 0,60 m hat, ist der Modul 0,30 m; die Höhe der Säulen beträgt (da eine gewisse Abweichung erlaubt ist) 5,40 bis 6,30 m, und diese Höhe der Säule samt Kapitell bestimmt die Höhe des Gebälks und damit des ganzen Gebäudes. Auf die gleiche Weise bestimmt der Modul auch die Länge und die Breite des Gebäudes, da er nicht nur die Abmessung der Säule, sondern – wiederum in gewissen Grenzen – den jeweiligen Abstand zwischen den Säulen bestimmt. Aus alledem folgt, daß jedes Detail eines klassischen Baus mit jedem anderen Detail zusammenhängt, und in Wirklichkeit entspricht das ganze Gebäude den Proportionen des menschlichen Körpers, da man sich im Altertum die Säule wie einen Menschenkörper vorstellte und sie auch häufig in der Höhe dazu ins Verhältnis brachte. Bei diesem Zusammenwirken aller Teile erstrebte der antike Architekt Symmetrie und Harmonie und achtete infolgedessen sorgfältig darauf, daß in einer von drei Fenstern durchbrochenen, durchgehenden Wand, deren Höhe im richtigen Verhältnis zur Breite stand, die Fensteröffnungen symmetrisch angelegt waren und daß die Form des Fensterrechtecks zur Gesamtform der Wand ein befriedigendes Verhältnis aufwies. Hieraus wird deutlich, daß zur Würdigung der Vielfalt in der Einheit dieser Architektur eine gewisse Übung unerläßlich ist, und es ist auch leicht einzusehen, daß für ein empfindliches Auge ein nur um Zentimeter zu breiter Sims ebenso störend sein kann wie eine falsche Note in einem Musikstück.

Im neunzehnten Jahrhundert lag diese Architektur unter einer dichten Wolke moralischer Mißbilligung. Pugin, Ruskin und viele andere glaubten offenbar, daß Kirchen im gotischen Stil christlich, die klassischen Stile dagegen nichts anderes seien als ein Versuch, heidnische Formen neu zu beleben. Die leidenschaftlichsten Anklagen erhob Ruskin, der sich in *The Stones of Venice* in eine wahre Wut hineinsteigerte:

»Laßt uns zuerst alles ausscheiden, was dem Prinzip oder der Form nach mit der Architektur Griechenlands, Roms und der Renaissance zusammenhängt ... Es ist unedel, unnatürlich, unfruchtbar, ungenießbar und unfromm. Heidnisch im Ursprung, hochmütig und gottlos in der Erneuerung, erstarrt im hohen Alter ... eine Baukunst, die erfunden zu sein scheint, um aus ihren Baumeistern Plagiatoren, aus ihren Bauarbeitern

Sklaven und aus ihren Bewohnern Sybariten zu machen; eine Architektur, in welcher die Geisteskräfte müßig gehen und die Erfindung unmöglich ist, die aber jedem Luxus Raum gibt und jede Schamlosigkeit bestärkt . . .«

Wie töricht es ist, Architektur durch die Brille der Moral betrachten zu wollen, hat Geoffrey Scott in seinem klassischen Werk *The Architecture of Humanism* gezeigt, das in erster Auflage 1914 erschien. Leider unterlief Scott, der so überzeugend die vielfältigen Irrtümer ausräumte, die eine unvoreingenommene Betrachtung der Renaissancearchitektur verhinderten, ein Mißverständnis, das im Zusammenhang mit dem Begriff Humanismus immer wieder auftaucht. Im fünfzehnten Jahrhundert bedeutete Humanismus einzig und allein die gelehrte Beschäftigung mit dem griechischen und lateinischen Schrifttum unter sprachlichen und literarischen Gesichtspunkten. Niemals spielte dabei irgendeine bestimmte theologische Position eine Rolle – unter den Humanisten gab es in diesem Punkte genauso viele unterschiedliche Meinungen wie in jeder anderen Menschengruppe. Allen italienischen Humanisten jedoch war eine Leidenschaft gemein – eine nostalgische Sehnsucht nach dem Glanz Italiens unter den Römern und nach der Brillanz der lateinischen Sprache. Die Künstler, die zu ihnen stießen, entwickelten natürlich die gleichen Empfindungen für die antike Kunst wie die Schriftsteller für die lateinische Literatur; doch schon ein kurzes Nachdenken wird erweisen, daß weder die antike Kunst noch die römische Literatur homogen ist und daß ihre Nachahmungen in der Renaissance große Verschiedenheiten aufweisen. In dem Papst Leo X. im Jahr 1519 vorgelegten Memorandum über das antike Rom findet sich ein berühmter Abschnitt, in dem anschaulich geschildert wird, auf welche Weise die Menschen des sechzehnten Jahrhunderts das antike Rom zwar verehrten, sich aber gleichzeitig durchaus fähig fühlten, mit ihm in Wettbewerb zu treten:

»Deshalb, Heiliger Vater, laßt es nicht den letzten Eurer Gedanken sein, das Wenige zu bewahren, was von der alten Mutter der Herrlichkeit und vom Ruhm Italiens übrig ist, und die Zeugnisse des göttlichen Feuers, dessen Andenken noch unter uns lebendig ist, nicht gänzlich verlöschen zu lassen . . . Möge Eure Heiligkeit, während Ihr das Beispiel der alten Welt noch unter uns lebendig erhaltet, nicht zögern, den Menschen der alten Zeiten ebenbürtig zu werden und sie noch zu übertreffen, wie Ihr es eben jetzt tut . . . Es gibt nur drei Baustile, die von den ersten Kaisern bis zu der Zeit währten, in der Rom von den Goten und anderen Barbaren zerstört und geplündert wurde . . . Denn wenn auch in unserer Zeit die Baukunst tätig ist und dem antiken Stil sehr nahe kommt, wie in vielen schönen Bauwerken Bramantes zu sehen ist, so wird doch für die Verzierung nicht so kostbares Material verwendet . . .«[1]

Vergleichen wir den um 1450 erbauten Palazzo Rucellai mit dem Haus, das Giulio Romano hundert Jahre später für sich selbst in Mantua errichtete, so wird ganz deutlich, daß beide Gebäude wenig gemeinsam haben, und ganz so kann man auch Zentralbauten wie Brunelleschis S. Maria degli Angeli mit Bramantes Tempietto vergleichen oder Kirchen wie Brunelleschis S. Spirito, die einen stärker traditionsgebundenen Baustil mit dem Grundriß des lateinischen Kreuzes zeigen, mit Vignolas Il Gesù. Gemeinsam ist ihnen natürlich, daß sie an den Grundprinzipien der römischen Architektur festhalten, wie ja auch die zeitgenössischen Schriftsteller sich alle das Latein Ciceros zum Vorbild nahmen; doch in beiden Fällen mußte das Erbe des Christentums die Auffassung des Künstlers gewaltig verändern. Mit anderen Worten, die Renaissancearchitektur hat andere Ziele, einen anderen Hintergrund und auch eine andere Bautechnik. Die Kuppel des Florentiner Doms wäre ohne die Technik des gotischen Mauerwerks nicht möglich gewesen, und doch dürfen wir nicht vergessen, daß einer der Hauptgründe für das Bestreben, den Bauten der Römer nachzueifern, deren staunenerregende und offenkundige Überlegenheit über die Leistungen späterer Zeiten war. Selbst heute ist es, obwohl wir doch an Riesenbauten und technische Großtaten gewöhnt sind, die erst durch Stahl und Beton möglich wurden, immer noch ein überwältigendes Erlebnis, in der Konstantinsbasilika oder im Pantheon zu stehen. Im frühen fünfzehnten Jahrhundert bestand Rom aus gewaltigen, öden Ruinen, grün überwuchert und bedrückend in ihrem Verfall, während kleine und altersschwache Hütten die gesamte weltliche

Bautätigkeit von tausend Jahren darstellten. Wir besitzen eine ausführliche Wehklage des Humanisten Poggio, die er 1431 über den damaligen Zustand Roms geschrieben hat:

»Dieser Kapitolinische Hügel, einst Haupt und Mittelpunkt des Römischen Reichs und Feste der ganzen Welt, vor der jeder Fürst und König zitterte, der Hügel, den so viele Kaiser im Triumph erstiegen und der einst mit den Geschenken und Beutestücken so vieler und so bedeutender Völker geschmückt war, der Leitstern der ganzen Welt, ist heute so verlassen und zerstört, so verändert gegenüber seinem früheren Zustand, daß Weinreben den Platz der Senatorenbänke einnehmen, und das Kapitol ist ein Behälter für Mist und Unrat geworden. Betrachtet den Palatin und klagt dort Fortuna an, die den Palast gestürzt hat, den Nero nach dem Brand der Stadt aus der Beute der ganzen Welt erbaute und mit allen Reichtümern des Reichs ausschmückte, die Wohnung, die – verschönt durch Bäume, Seen, Obelisken, Säulenhallen, riesenhafte Statuen und Amphitheater aus buntem Marmor – von allen, die sie sahen, bewundert wurde; das alles ist heute so zerstört, daß nicht eine Spur mehr übrig ist, die man anders deuten könnte denn als wilde Ödnis.«[2]

Das gleiche Gefühl sprach weniger wortreich der unbekannte Verfasser des Epigramms »Roma quanta fuit ipsa ruina docet« aus, das Serlio seinem Buch über die Altertümer Roms (1540) als Motto voranstellte. Der einzige uns erhaltene antike Autor, der über Architektur geschrieben hat, Vitruv, war im ganzen Mittelalter bekannt, doch nimmt man an, daß Poggio eine Handschrift seiner Abhandlung im frühen fünfzehnten Jahrhundert im Kloster von St. Gallen in der Schweiz wiederentdeckt hat; jedenfalls steht fest, daß von dieser Zeit an das obskure und technische Latein Vitruvs leidenschaftlich studiert wurde und Architekten Abhandlungen zu schreiben begannen, die sich mehr oder weniger auf Vitruv stützen. Sein Werk gibt zugleich auch Auskunft über die Ziele des Baumeisters in der Antike, und diese Ziele haben Generationen von Architekten in ihren eigenen Schriften aufs neue bestätigt. Einige Zitate sollen verdeutlichen, was sie über die Schönheit der Proportion dachten, über die Harmonie, die im Bauwerk anzustreben

sei, und über die bewußte Neuschöpfung antiker Bautypen. Vitruv selbst lieferte in seinen Definitionen das Vorbild:

»Die Architektur besteht aus Ordnung . . . und aus Anordnung . . . aus Proportionen und Symmetrie und Schmuck und Gliederung . . .« (*De Architectura*, I, ii, 1.)

»Die Anlage der Tempel beruht auf Symmetrie; die Baumeister müssen deren System genau verstehen. Sie ergibt sich aus der Proportion . . . Proportion besteht darin, daß in jedem Fall ein bestimmter Modul gilt, sowohl für die Teile eines Gebäudes als auch für das Ganze, wodurch das System der Symmetrie in Kraft tritt. Denn ohne Symmetrie und Proportion kann kein Tempel einen ordentlichen Plan haben; das heißt, er bedarf einer genauen Proportion nach Art der Glieder eines wohlgeformten menschlichen Körpers . . . In gleicher Weise sollten auch die Teile des Tempels abgemessen sein, so daß sie zur Größe des Ganzen in einem engen Verhältnis stehen . . . Wenn ein Mensch mit ausgestreckten Händen und Füßen auf dem Rücken liegt und in seinem Nabel ein Zirkel angesetzt wird, dann werden seine Hände und Füße die Kreislinie berühren; auf die gleiche Weise kann auch ein Quadrat erzeugt werden . . . da die Höhe eines Körpers von der Fußsohle bis zum Scheitel gleich der Breite der ausgestreckten Arme ist.« (*De Architectura*, III, i, 1–3.)

»Ich werde Schönheit, wo immer sie erscheinen mag, definieren als eine Harmonie aller Teile, die in einer solchen Proportion und Verbindung aneinandergefügt sind, daß nichts hinzugetan, weggenommen oder geändert werden kann, ohne daß eine Verschlechterung eintritt . . .« (Alberti, *De re aedificatoria*, VI, 2.)

»Die Fensteröffnungen bei den Tempeln müssen mäßig und hoch oben sein, damit man nichts außer dem Himmel durch sie erblickt und weder die, welche das Opfer bringen, noch die Andächtigen durch nichts von der heiligen Handlung abgelenkt werden . . . Aus diesem Grund begnügten sich die Alten sehr oft mit einer einzigen Öffnung, nämlich der Tür.« (Alberti, *De re aedificatoria*, VII, 12.)

»Wie Vitruv sagt, sind bei jedem Bauwerk drei Dinge zu bedenken, ohne die kein Gebäude des Lobes würdig ist: Zweckmäßigkeit oder Bequemlichkeit, Dauerhaftigkeit und Schönheit . . . Schönheit ist das Ergebnis einer schönen Form; sie entsteht, wenn das Ganze und die Teile einander entsprechen, doch muß diese Entsprechung auch innerhalb der Teile vorhanden sein; dann werden Gebäude wie ein einziger wohlgestalteter Körper sein, bei dem alle Glieder sich in Übereinstimmung befinden und auch alle notwendig sind für das, was angestrebt wird . . .« (Palladio, *I Quattro Libri*, I, 1.)

»Tempel mögen rund, rechtwinklig, mit sechs, acht oder mehr Seiten errichtet werden, wobei stets der Kreis zugrundeliegt; in Gestalt eines Kreuzes und vieler anderer Formen und Figuren, je nach der Erfindung der Menschen... Aber die schönsten und regelmäßigsten Formen, die für alle anderen den Maßstab setzen, sind der Kreis und das Rechteck; und darum spricht Vitruv nur von diesen beiden . . .

So lesen wir, daß die Menschen im Altertum, wenn sie ihre Tempel bauten, sich vornahmen, ihnen Würde zu geben, die eines der schönsten Elemente der Architektur ist. Und wir, die wir keine falschen Götter kennen, sollten, um die Würde in der Tempelform zu wahren, die vollkommenste und ausgezeichnetste Form wählen – das heißt aber, die runde; denn unter allen Formen ist nur diese einfach, gleichmäßig, einheitlich, dauerhaft und ihren Zwecken angepaßt. Laßt uns also unsere Tempel rund bauen ... wie sie am besten geeignet sind, die Einheit, das unendliche Wesen, die Einheitlichkeit und Gerechtigkeit Gottes darzutun . . .[3]

Lobenswert sind auch jene Kirchen, die in der Form eines Kreuzes gebaut sind . . . denn sie stellen dem Betrachter jenes Holz vor Augen, an dem unser Heiland hing. In eben dieser Form habe ich die Kirche S. Giorgio Maggiore in Venedig gebaut . . .

Von allen Farben paßt keine besser für Tempel als weiß, denn Gott ist die Reinheit dieser Farbe, wie die des Lebens, am wohlgefälligsten. Doch wenn sie bemalt werden sollen, dann nicht mit Bildern, die geeignet sind, den Geist von der Betrachtung göttlicher Dinge abzulenken; denn Tempel sollten niemals vom Ernst oder von jenen Dingen abweichen, die beim Betrachten unsere Seele mit Verehrung und dem Verlangen nach guten Werken erfüllen.« (Palladio, *I Quattro Libri*, IV, 2.)

Klassische Bauten weltlichen Typs ließen sich begreiflicherweise leichter wiederbeleben als die heidnischen Tempel des Altertums, die ja der christlichen Liturgie nicht entsprachen. So entwickelte sich zum Beispiel die antike *insula*, der Wohnblock, organisch zum italienischen Palazzo, und man kann das fesselnde Schauspiel, wie die Vergangenheit sich zur Gegenwart auswächst, in Italien genauer beobachten als anderswo in der Welt. Fast das Gleiche gilt für die Formen der Kirchen im Unterschied zu den Tempeln. In Wirklichkeit sahen sich die Renaissancebaumeister kaum als Erneuerer römischer Formen, da die Haupttypen der christlichen Kirche im frühen vierten Jahrhundert unter Kaiser Konstantin festgelegt worden waren und das christliche Römische Reich in den hundert Jahren zwischen dem Edikt von Mailand 313 und der Plünderung Roms durch die Vandalen 410 dem fünfzehnten und sechzehnten Jahrhundert als einer der Höhepunkte klassischer Kunst galt. Aus diesem Grunde konnte es Brunelleschi oder Bramante nie einfallen, einen kirchlichen Zentralbau für »unchristlich« zu halten; sie waren vielmehr der Ansicht, daß die gotische Architektur die Architektur der Barbaren sei. Das Eindringen gotischer Vorstellungen ging in Italien langsam und spät vor sich; daß es überhaupt dazu kam, ist auf geschichtliche Umstände zurückzuführen, und mindestens in einer Hinsicht glaubten die Renaissancemenschen, daß sie durch den Versuch einer Beseitigung von Trümmern der barbarischen Jahrhunderte und des Einlenkens in den breiten, geraden Strom der »guten Bauweise« zu den Zielen und Idealen ihrer Vorfahren zurückkehrten.

Der große französische Gelehrte Emile Mâle drückt das unübertrefflich in zwei Sätzen aus: »Wenn also der Reisende sich vom Kolosseum aus über die Konstantinsbasilika und das Pantheon zum Petersdom begab, dann die Sixtinische Kapelle und die besten Stanzen Raffaels aufsuchte, hatte er in einem einzigen Tag die schönsten Dinge in Rom gesehen. Gleichzeitig hat er dann auch gelernt, was die Renaissance war: sie war durch den christlichen Glauben veredelte Antike.«[4]

Romanik und Gotik in der Toskana

Die italienische Architektur beginnt nicht mit dem Jahr 1300, aber dieses Buch beginnt mit dem dreizehnten Jahrhundert, weil es ja irgendwo einen Anfang machen muß, aber auch, weil das Wesen der italienischen Gotik es nahelegt. Viele Jahre lang fand die italienische gotische Architektur recht wenig Beachtung. Zweifellos lag das hauptsächlich daran, daß Ruskin der venezianischen Gotik so übermäßig das Wort geredet hatte, was auch dazu führte, daß so viele Bahnhöfe und Rathäuser dieses Stils, in einem ungeeigneten Klima errichtet, nun dumpfig und schmutzig dastehen. Tatsächlich ist die italienische Gotik wohl anders als die französische, englische oder deutsche Gotik, aber deshalb nicht unbedingt geringerwertig. Die Ursachen, die den von italienischen Architekten des dreizehnten und vierzehnten Jahrhunderts verwendeten Formen zugrundeliegen, sind in der Geschichte und im Klima Italiens zu finden, doch muß darauf hingewiesen werden, daß man um diese Zeit von Italien eigentlich noch gar nicht sprechen kann. Der heutige italienische Staat ist eine Schöpfung des späten neunzehnten Jahrhunderts, und während der gesamten Renaissance bestand Italien aus einer großen Anzahl kleiner und höchst individualistischer unabhängiger Staaten. Die großen Mächte waren Venedig, Florenz, Neapel, Mailand und der Kirchenstaat, der in Rom seinen Mittelpunkt hatte, und diese Zersplitterung ist die Hauptursache für die großen Unterschiede zwischen der venezianischen und der florentinischen Kunst; Unterschiede, die mindestens so groß sind wie jene zwischen der englischen und der französischen Kunst im gleichen Zeitabschnitt.

Der erste und bei weitem wichtigste Faktor bei der Entwicklung aller Künste in ganz Italien war das Erbe des klassischen Altertums. Man sieht das besonders in den Städten wie Rom oder Verona, wo sich noch viele Bauten aus der Zeit der Römer erhalten haben. In einer weniger klar umrissenen Weise gilt das auch für Städte wie Florenz, wo der republikanische Geist sich noch ganz bewußt an der römischen Republik ausrichtete, was die Neigung, die klassische Vergangenheit als eine Norm für zivilisiertes Verhalten und auch für die Architektur anzusehen, sehr bestärkte. Diese noch ganz lebendige klassische Überlieferung ist natürlich ein grundlegendes Kennzeichen aller italienischen Kunst. Im dreizehnten Jahrhundert wurden zwei weitere Faktoren wirksam, und die Verbindung zwischen ihnen und der klassischen Überlieferung ließ die italienische gotische Architektur entstehen.

Es handelt sich dabei erstens um die außerordentliche Ausbreitung der neuen religiösen Orden, die im frühen dreizehnten Jahrhundert vom heiligen Franziskus und dem heiligen Dominikus gegründet worden waren. Beide wuchsen so schnell, daß ihre Mitglieder am Ende des Jahrhunderts nach Tausenden zählten. Diese Orden unterschieden sich von den älteren Mönchsorden sehr wesentlich darin, daß ihre Mitglieder nicht ein abgeschlossenes Leben in Klöstern führten, sondern einen großen Teil ihrer Zeit auf das Predigen verwandten. Für beide Orden war die neue und humanere Einstellung zur Religion charakteristisch, die zu den wesentlichen Kennzeichen des dreizehnten Jahrhunderts gehört. Es zeigte sich sehr bald, daß man infolge der großen Beliebtheit der Orden viele neue Kirchen brauchte, die darauf eingerichtet sein mußten, eine sehr umfangreiche Gemeinde aufzunehmen, deren Mitglieder alle den Prediger hören oder die religiösen Spiele sehen wollten, die dort oft aufgeführt wurden.

In dem Augenblick, in dem diese neuen Kirchen errichtet wurden, kam der zweite Faktor ins Spiel. Es war die Zeit der Hochblüte der gotischen Architektur im Norden, vor allem in Frankreich, und moderne Architektur bedeutete deshalb im dreizehnten Jahrhundert französische gotische Architektur; die großartigen Bauleistungen der französischen Architekten lieferten ein Vorbild für die übrige Welt. Am deutlichsten läßt sich der Einfluß der französischen Baukunst am 1386 begonnenen Mailänder Dom erkennen, an dessen Errichtung neben französischen und deutschen Baumeistern auch örtliche Steinmetzen beteiligt waren. Dennoch bleibt dieser Dom etwas Einmaliges in Italien, und in Wirklichkeit ist er auch einem französischen Bauwerk nicht sehr ähnlich. In einem gewissen Ausmaß wurden Formen der französischen Gotik von außen aufgesetzt, da der Zisterzienserorden die merkwür-

1 S. Miniato, Florenz. Fassade. Um 1090

belfeld von fern an antike Architektur. Die durch den Gegensatz zwischen weißlichem und dunkelgrünem, fast schwarzem Marmor erzielte Farbwirkung, die zur Betonung der Bauglieder diente, ist eine Eigenheit dieses romanischen Stils, die offenbar im Altertum keine Parallele hat. Trotzdem scheint man im dreizehnten und vierzehnten Jahrhundert Gebäude dieser Art allgemein für sehr viel älter gehalten zu haben, als sie in Wirklichkeit waren; wir wissen zum Beispiel, daß das Baptisterium in Florenz (Abb. 12) allgemein als ein dem christlichen Gebrauch zugeführter antiker heidnischer Tempel galt. Man darf deshalb wohl annehmen, daß die Traditionalisten Bauten wie S. Miniato oder das Baptisterium für echte Überbleibsel aus der römischen Vergangenheit und infolgedessen für nachahmenswertere Vorbilder hielten als die neumodischen französischen Bauwerke.

Als ein Beispiel des Stils, der aus diesem Widerstreit entstand, bietet sich die großartige Kirche von Assisi an, mit deren Bau unmittelbar nach der Heiligsprechung des heiligen Franziskus im Jahr 1228 begonnen wurde. Die Oberkirche (Abb. 2) – es liegen hier zwei Kirchen übereinander –, die 1253 geweiht wurde, besteht aus einem einzigen, sehr großen Schiff ohne Seitenschiffe. Der riesige offene Raum ist von einem steingewölbten Dach überdeckt, dessen Gewicht von Rippen getragen wird, die ihrerseits auf Säulen ruhen. Die Säulen sind, verglichen mit Bauten der französischen Gotik von ähnlicher Bedeutung, sehr kurz und ihre Zwischenräume sehr breit. Außerdem bewirkt das Fehlen der Seitenschiffe, daß S. Francesco in Assisi ein einziger breiter und offener Raum ist, während sein französisches Gegenstück gewaltig hoch und durch die Seitenschiffe in eine Folge von Räumen aufgeteilt ist, bei denen der Nachdruck durchaus auf der Vertikalität liegt.

Das wärmere Klima Mittelitaliens bewirkt noch einen weiteren Unterschied. Alle bedeutenderen nördlichen gotischen Kirchen nämlich beeindrucken uns durch ihre extreme Höhe und dadurch, daß alle Stützen in einigen wenigen sehr schlanken Säulen vereinigt sind, zwischen denen sich riesige Fenster befinden. Solche Fenster

dige Eigenheit hatte, alle seine Klöster, mochten sie nun im tiefsten Yorkshire oder im Süden Italiens liegen, bewußt nach dem Vorbild des Mutterhauses in Cîteaux bei Dijon errichten zu lassen. Die Abtei von Chiaravalle bei Mailand wurde 1135 gegründet und ist also ein sehr frühes Beispiel dieses französischen Bautyps auf italienischem Boden.

Es ließ sich gar nicht vermeiden, daß diese ausländischen Ideen mit dem vorhandenen italienischen romanischen Stil in Konflikt gerieten. Die Kirche von S. Miniato vor den Mauern von Florenz (Abb. 1) hat eine Fassade, die sich auf etwa 1090 datieren läßt. Die charakteristische Form dieser Fassade erinnert mit ihren auf Säulen ruhenden Rundbogen und dem dreieckigen Gie-

2 S. Francesco, Assisi. Oberkirche. Geweiht 1253

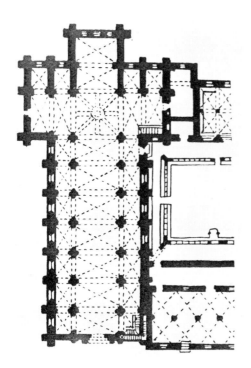

3 Kirche der Abtei Fossanova. Geweiht 1208

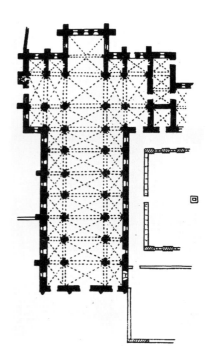

4 S. Galgano, bei Siena. Um 1218

wären in Assisi natürlich nicht angebracht gewesen, und daraus folgte, daß zwischen den tragenden Säulen jeweils große Flächen einer öffnungslosen Wand entstanden. Dieser Raum wurde selbstverständlich zu Bilderschmuck genutzt, und der berühmte Zyklus von achtundzwanzig Bildern aus dem Leben des heiligen Franziskus, der die Oberkirche von Assisi ziert, nutzt nicht nur die verfügbare Wandfläche bestmöglich aus, sondern trägt auch stark zum Eindruck der Horizontalität bei, die so unfranzösisch und darüber hinaus so ungotisch ist.

So ist letztlich der Unterschied zwischen französischer und gotischer Architektur auf die Form der Joche zurückzuführen, das heißt, auf das Verhältnis zwischen Breite, Länge und Höhe der Raumeinheiten, die von einem einzigen Kreuzrippengewölbe überdeckt und im Grundriß durch die Basen der vier tragenden Säulen begrenzt werden. Das typische französische Joch ist im Verhältnis zu der Entfernung zwischen den

Säulen an der Längsachse sehr breit, während sich die Joche von Assisi in der Form mehr dem Quadrat nähern.

Das quadratische Joch ist einigermaßen charakteristisch für die italienische gotische Architektur; man kann die Entwicklung dieses Typs an den frühesten italienischen Zisterzienserkirchen verfolgen, vor allem in den beiden südlich von Rom gelegenen Kirchen von Casamari und Fossanova (Abb. 3), die beide im frühen dreizehnten Jahrhundert vollendet wurden. Fossanova hält sich sehr eng an das von der Kirche von Cîteaux vorgegebene Muster: ein lateinisches Kreuz mit einem quadratischen Chor, seitlich kleine quadratische Kapellen und eine quadratische Vierung, jedoch ein langes Mittelschiff aus rechteckigen Jochen, die beträchtlich breiter als lang und mit den nahezu quadratischen Jochen in den Seitenschiffen verbunden sind. Das Mittelschiff von Fossanova (Abb. 7) stammt aus dem Jahr 1187, und die Kirche wurde 1208 geweiht. Sie ist

14

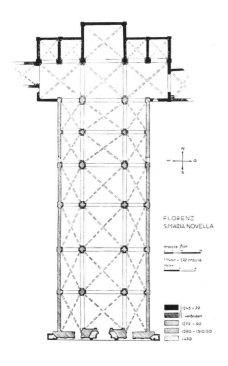

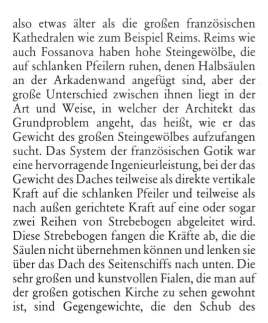

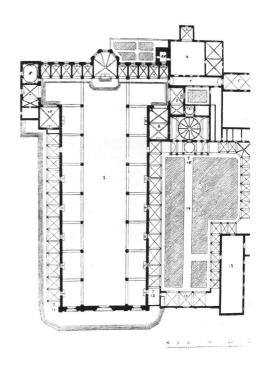

5 S. Maria Novella, Florenz. Begonnen 1246

6 S. Croce, Florenz. Begonnen 1294/95

also etwas älter als die großen französischen Kathedralen wie zum Beispiel Reims. Reims wie auch Fossanova haben hohe Steingewölbe, die auf schlanken Pfeilern ruhen, denen Halbsäulen an der Arkadenwand angefügt sind, aber der große Unterschied zwischen ihnen liegt in der Art und Weise, in welcher der Architekt das Grundproblem angeht, das heißt, wie er das Gewicht des großen Steingewölbes aufzufangen sucht. Das System der französischen Gotik war eine hervorragende Ingenieurleistung, bei der das Gewicht des Daches teilweise als direkte vertikale Kraft auf die schlanken Pfeiler und teilweise als nach außen gerichtete Kraft auf eine oder sogar zwei Reihen von Strebebogen abgeleitet wird. Diese Strebebogen fangen die Kräfte ab, die die Säulen nicht übernehmen können und lenken sie über das Dach des Seitenschiffs nach unten. Die sehr großen und kunstvollen Fialen, die man auf der großen gotischen Kirche zu sehen gewohnt ist, sind Gegengewichte, die den Schub des

Gewölbes vertikal nach unten ablenken, und das dekorative Aussehen, das sie der Silhouette einer Kirche verleihen, sollte uns nicht über ihre wichtige bauliche Funktion hinwegtäuschen. Trotzdem hätte kein italienischer Architekt die Schlichtheit der Kontur seiner Kirche durch spitzige Fialen unterbrechen mögen, und der nüchterne Klassizismus, den die Italiener im Äußeren ihrer Kirchen anstrebten, konnte deshalb nur dadurch gewahrt bleiben, daß man auf die konstruktiven Vorteile des Strebebogensystems verzichtete. Daraus wiederum ergibt sich, daß das Gewicht des Gewölbes vollständig von den Innensäulen und den Außenwänden getragen werden muß. In Fossanova gibt es an den Wänden angesetzte Strebepfeiler, aber sie sind klein und gleichen eher klassischen Pilastern als Strebebogen in irgendeiner Form. Das Innere der Kiche ist deshalb zwangsläufig völlig verschieden von dem einer gotischen Kirche, und weder innen noch außen wird der Eindruck von im Gleichge-

15

7 Kirche der Abtei Fossanova. Schiff. 1187

wicht gehaltenen Kräften vermittelt, der den Meisterwerken der nördlichen Architektur eine so erhebende Qualität verleiht.

Diese modifizierte zisterziensische Gotik trat um 1218 mit der Kirche S. Galgano bei Siena (Abb. 4) erstmals in der Toskana auf. S. Galgano, heute eine Ruine, wurde offenbar von einem Baumeister entworfen, der in Casamari gearbeitet hatte; die Kirche hält sich sehr eng an das zisterziensische Vorbild. Ihre Bedeutung liegt darin, daß sie die neuen Bau-Ideen in der Toskana einführte, wo die erste wirklich bedeutende und selbständige Kirche in einem echt italienischen Stil um 1246 in Florenz begonnen wurde. Es handelt sich um die außerordentlich große Kirche S. Maria Novella (Abb. 5, 8, 27), die für den Dominikanerorden errichtet und teilweise von der Stadt Florenz finanziert wurde. Die genauen Daten der verschiedenen Kirchenteile sind noch strittig, aber der Bau erforderte sicher sehr viel Zeit, denn er wurde um 1246 begonnen, während die Arbeiten am Mittelschiff erst 1279 in Angriff genom-

8 S. Maria Novella, Florenz. Schiff. Begonnen 1279

men wurden und die 1310 begonnene Fassade erst 1470 vollendet war. Trotzdem ist die Kirche, was ihr Inneres und den Grundriß angeht, die bedeutendste ihrer Zeit. Begonnen wurde sie als Neugründung für den Predigerorden, woraus folgte, daß eine sehr große Gemeinde im Mittelschiff Platz finden mußte und die Akustik so gut wie irgend möglich sein sollte. Im Gegensatz zu den Klosterkirchen brauchte kein großer Chor vorgesehen zu werden, doch wurden sehr bald mehrere kleine Kapellen hinzugefügt.

Die Entscheidung für ein Steingewölbe anstelle eines offenen Dachs in Holzkonstruktion – wie es in dieser Periode in der Toskana üblich war – erfolgte wahrscheinlich teils um der großartigeren Wirkung willen, teils, weil das die neue französische Mode war, teils auch der besseren Akustik wegen. Das Innere der Kirche ist offen, geräumig und ziemlich horizontal empfunden. Das Hauptelement des Entwurfs ist ein quadratisches Mittelschiffjoch mit Seitenschiffen, die viel länger als breit sind und annähernd die halbe Breite

17

des Mittelquadrats einnehmen. Damit wird eine ganz andere Wirkung erzielt als in den tunnelähnlichen Anlagen von Fossanova und S. Galgano, wo sich das Quadrat in den Seitenschiffen findet und die Mittelschiffjoche etwa zweimal so breit wie lang sind, wodurch die Säulen sehr viel enger zusammenrücken und zwangsläufig eine Tunnelwirkung mit starker Betonung der vertikalen Säulenlinien und der Gewölberippen entsteht. Die offene Geräumigkeit von S. Maria Novella ist unter dem rein praktischen Gesichtspunkt der Unterbringung einer Gemeinde, die den Prediger sehen und hören kann, sehr viel besser. Doch die Unterschiede zwischen Fossanova und S. Maria Novella bleiben nicht auf die Verschiedenartigkeit der Grundrisse beschränkt. Die außerordentliche Vertikalität von Fossanova ist auch darauf zurückzuführen, daß die Arkade viel weniger hoch ist als der Obergaden, während in S. Maria Novella die Höhen annähernd gleich sind und deshalb die Dachlinie visuell dem Boden näherrücken. Es gibt noch viele andere kleine Unterschiede, von denen zwei besonders wichtig sind. Es handelt sich um den Typus der Kapitelle und Halbsäulen, die in S. Maria Novella die Arkadenbogen tragen, und um die Farbwirkung, die sich aus der Verwendung der dunkelgrauen *pietra serena* vor den weißen Stuckwänden ergibt. Die Säulen und Kapitelle stehen den antiken viel näher als ihre Gegenstände in Fossanova, und die Verwendung der Schwarzweiß-Gliederung war in der Toskana eine übliche romanische Technik.

Mit anderen Worten, S. Maria Novella stellt einen Kompromiß zwischen Strukturprinzipien der französischen Gotik und der Ausgewogenheit und Harmonie des italienischen klassischen Erbes dar. Dieser neue Kompromiß gibt das grundlegende gotische Verlangen nach aufstrebender Höhe auf, wie er ja auch die überaus kunstvollen Konstruktionssysteme der französischen Kathedralen ablehnt. Trotzdem verdanken wir der neuen toskanischen Gotik, die sich fast zweihundert Jahre hielt, eine Reihe wichtiger Bauwerke. Nach der Reform der Florentiner Verfassung im Jahr 1250 kam es zu einer regen Bautätigkeit, die zum Teil auf das Bedürfnis nach neuen Kirchen zurückzuführen war. In Florenz selbst sind die Kirchen S. Croce und der Dom

zwei der bedeutendsten Bauten in der Nachfolge von S. Maria Novella. Die Kirche S. Maria sopra Minerva in Rom ist eine fast genaue Kopie von S. Maria Novella und wurde ebenfalls für den Dominikanerorden errichtet. Sie zeichnet sich dadurch aus, daß sie die einzige rein gotische Kirche in Rom vor dem neunzehnten Jahrhundert ist.

Die Frage nach den Baumeistern der größeren toskanischen Kirchen ist nicht leicht zu beantworten. Wir wissen nichts Sicheres über die Architekten von S. Maria Novella, die der Überlieferung nach von zwei Dominikanerbrüdern entworfen wurde. Andererseits wird der berühmte Bildhauer Nicola Pisano als Baumeister zumindest einer Florentiner Kirche – SS. Trinità – erwähnt, die er in den Jahren zwischen 1250 und 1260 erbaut haben soll. Die Zuweisung mag richtig sein, doch ihre eigentliche Bedeutung liegt darin, daß Nicola Pisano zwei große Künstler der nächsten Generation ausbildete, die als Architekten und auch als Bildhauer tätig waren: seinen Sohn Giovanni Pisano und Arnolfo di Cambio. Da wir kaum sichere Nachrichten über den Architekturstil beider haben, müssen wir soviel wie möglich aus dem machen, was wir aus dem Stil Nicola Pisanos ableiten können, und es auf die Arbeiten Giovannis und Arnolfos beziehen. Giovanni Pisano entwarf die Fassade des Doms von Siena und scheint im großen Ganzen den Stil seines Vaters weitergeführt zu haben, allerdings mit unübersehbaren Anzeichen französischen Einflusses, der in seinen Skulpturen deutlicher zum Ausdruck kommt als in seinen Bauten.

Arnolfo begegnet uns erstmals im Jahr 1300 als Architekt; es wird berichtet, er habe am Dom von Florenz gearbeitet und sei ein berühmter Kirchenbauer gewesen. Offenbar war er so berühmt, daß er keine Steuern zu zahlen brauchte. Freilich starb er schon bald darauf (zwischen 1302 und 1310), und der Florentiner Dom ist seit 1300 stark verändert worden. Die Hauptfassade ist sogar kaum hundert Jahre alt, und es läßt sich schwerlich mit Sicherheit sagen, wieviel von der heutigen Kirche von ihm stammt. Zwei weitere bedeutende Bauten in Florenz werden ihm zugewiesen,

9 S. Croce, Florenz. Schiff. Begonnen 1294/95

18

obwohl es kein dokumentarisches Beweismaterial dafür gibt: die unter dem Namen Badia bekannte Abteikirche und die bedeutendere Kirche S. Croce. Die Badia wurde zwischen 1284 und 1310 erbaut, jedoch im siebzehnten Jahrhundert verändert. Sie hat manches mit SS. Trinità gemein, so daß, wenn die Badia von Arnolfo stammt und SS. Trinità von Nicola Pisano, in beiden Gebäuden die Meister-Schüler-Beziehung sichtbar wird.

Die Kirche S. Croce (Abb. 6, 9) ist als weit größeres und anspruchsvolleres Bauwerk von besonderer Bedeutung. In Florenz wurde sie als Hauptkirche des Franziskanerordens in bewußter Konkurrenz zu der Dominikanerkirche S. Maria Novella errichtet. Die Franziskaner waren unter sich zerstritten, da einige von ihnen die ursprüngliche Regel der absoluten Armut beibehalten wollten, während andere deutlich darauf aus waren, den Dominikanern nachzueifern, die diese Einschränkung nicht kannten. Tatsächlich fielen den Franziskanern sehr umfangreiche mildtätige Spenden zu, meist von den bedeutenden Bankiersfamilien, die aus gutem Grund hinsichtlich des Wuchers kein ganz reines Gewissen hatten. So erklärt sich auch die große Zahl von Familienkapellen in vielen Kirchen dieser Bettelmönche. Der heutige Bau wurde 1294 oder 1295 begonnen, seine Errichtung zog sich jedoch sehr lange hin, und die Einweihung verzögerte sich, vor allem infolge der Opposition der strengeren Franziskaner, der sogenannten Observanten, bis 1442. Wie beim Dom stammt die heutige Fassade ganz und gar aus dem neunzehnten Jahrhundert. Wir wissen, daß das Mittelschiff 1375, also lange nach dem Tode Arnolfos, noch unvollendet war, doch hatte der Architekt wahrscheinlich ein Holzmodell angefertigt, an das man sich hielt. Im Inneren unterscheidet sich die Kirche deutlich von S. Maria Novella. Ihre Hauptcharakteristika sind der offene Dachstuhl und ein anderes Verhältnis zwischen den Jochen des Mittelschiffes und der Seitenschiffe. Das offene Dach, das viel leichter ist als ein Steingewölbe, hatte zur Folge, daß die Säulen, die das Ganze tragen, sehr leicht sein konnten, und daß im Inneren bis zu einem gewissen Grad die Leichtigkeit von S. Maria Novella erreicht wurde. Andererseits zeigt der Grundriß, daß weder das Seitenschiff noch das Mittelschiff Quadrate aufweist. Die Joche des Seitenschiffs sind lang, und die des Mittelschiffs sind fast zweimal so breit wie lang, was bedeutet, daß sich der Architekt offenbar wieder dem zisterziensischen Jochtypus zugewandt hatte. Die Betonung der Horizontale ist hier jedoch sehr stark, so daß S. Croce kaum mit einer nicht-florentinischen Kirche verwechselt werden kann.

Man hat die Badia und S. Croce aus stilistischen Gründen Arnolfo zugewiesen, doch weisen beide Kirchen unbestreitbar Charakteristika auf, die sich, wenn auch leicht abgeändert, ebenfalls im Dom finden; es ist deshalb nicht möglich, daß auch der Grundplan des Doms (Abb. 10) auf Arnolfo zurückgeht. Der Dom wurde 1294 begonnen, und das Schriftstück, in dem Arnolfo erwähnt wird, stammt aus dem Jahr 1300; vermutlich war er also von Anfang an mit dem Bau befaßt. Die Kirche sollte so groß und eindrucksvoll wie nur möglich werden, und die Kosten übernahm die Republik Florenz. Pisa und Siena,

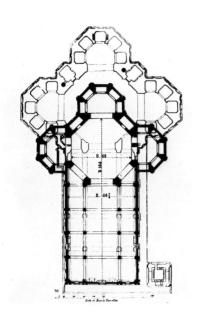

10 Dom in Florenz. Begonnen 1294. Grundrisse von Arnolfo di Cambio und Francesco Talenti
11 Dom in Florenz. Schiff

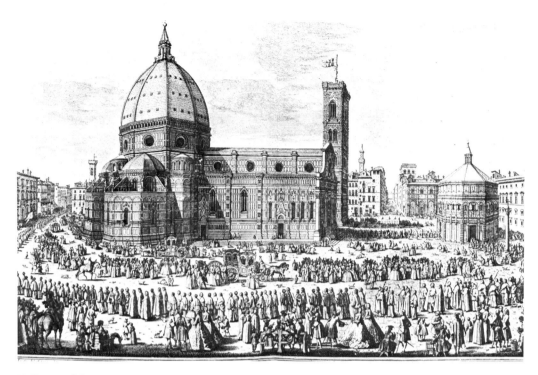

12 Dom und Baptisterium in Florenz

die beiden bedeutendsten Rivalen von Florenz, hatten große, mit Kuppeln versehene Dome, und es steht fest, daß der Florentiner Dom von Anfang an mit Steingewölben geplant war und schon deswegen eine sehr große Kuppel haben sollte, weil man die Pisaner und Sienesen übertreffen wollte. Kurz darauf versuchten die Sienesen, ihren Dom in riesigen Ausmaßen umzubauen – er sollte so weitläufig werden, daß der heutige, schon recht große Dom nur ein Querschiff des vorgesehenen Baus bilden sollte. Doch dieses Projekt, mit dem man sich wohl schon von vornherein etwas übernommen hatte, kam durch die Pest, die 1348 wütete und von der sich Siena nie ganz erholte, zum völligen Stillstand. Die Florentiner steckten sich in ihrem Verlangen nach einer imponierenden Kirche ein beinahe zu hohes Ziel, denn das Problem der Kuppel blieb fast hundertfünfundzwanzig Jahre lang ungelöst, bis der geniale Brunelleschi die scheinbar undurchführbare Aufgabe meisterte.

Der Grundriß des Florentiner Doms (Abb. 10) wurde von Francesco Talenti, der seit 1351 *Capomaestro* (leitender Architekt) war, stark verändert, doch nimmt man heute allgemein an, daß der kleinere der beiden Grundrisse Arnolfos ursprünglichem Plan entspricht, den Talenti zwar vergrößerte, von dem er aber im wesentlichen nicht abwich. Arnolfo baute auch einen kleinen Teil der ursprünglichen Fassade sowie einen Teil der Seitenwände und plante auch eine Kuppel über der Vierung. Der Maler Giotto, der 1334 zum *Capomaestro* ernannt wurde, einfach weil er der berühmteste florentinische Künstler seiner Zeit war, hatte keine Architekturkenntnisse und beschränkte sich darauf, den Campanile zu entwerfen, der vom Hauptbau getrennt wie ein Turm neben der Fassade aufragt. Allerdings entspricht der Campanile nicht völlig dem Entwurf Giottos, und auch der Dombau erfuhr im Lauf des vierzehnten Jahrhunderts eine Reihe von Abänderungen. Die Fassade wurde von Talenti stark abgewandelt, und man begann und verwarf zu verschiedenen Zeiten zahlreiche Planungen für ihren Umbau, bis endlich zwischen 1867 und 1886 die heutige neugotische Fassade von Emilio de Fabris entworfen und errichtet wurde. Aus den erhaltenen Fragmenten des ursprünglichen farbigen Marmorschmucks Arnolfos auf den Seitenwänden läßt sich jedoch erkennen, daß die heutige Fassade in mancher Hinsicht von den Absichten des Originalentwurfs nicht allzu weit entfernt ist.

In seiner heutigen Form besteht der Grundriß aus vier sehr großen Jochen mit Seitenschiffen in der halben Breite der Mittelschiffjoche, die ihrerseits breite Rechtecke sind und dem Typus von S. Croce (Abb. 6, 9) sehr nahekommen. Der Hauptunterschied zwischen beiden Kirchen liegt darin, daß der Dom ein Steingewölbe hat, das sehr starke Pfeiler voraussetzt (Abb. 11), während das Holzdach von S. Croce derart massive Stützen nicht erfordert (Abb. 9). An den Ostenden unterscheiden sich beide Kirchen beträchtlich, da der Dom zu einem Achteck ausgeweitet ist, das sich an drei Seiten zu einer Dreikonchenanlage mit drei Chorarmen öffnet. Der Gesamteindruck des Inneren ist dadurch der eines zentral geplanten achteckigen Gebäudes mit Raumteilen, die sich vom Achteck aus öffnen und zu denen unter anderen auch das Mittelschiff gehört. Das Kircheninnere läßt sich mit dem von S. Croce oder S. Maria Novella vergleichen, und seine offene Geräumigkeit, seine klassischen Pfeilerformen und das betont horizontale Gesims erzeugen gemeinsam eine Wirkung, die völlig anders ist als in den französischen gotischen Kathedralen, von denen es sich herleitet, so daß man heute in ihm einen Höhepunkt der spezifisch toskanischen Bautradition erblicken kann. Den romanischen Stil der Toskana erkennt man ferner deutlich am Äußeren des Doms, und zwar an der Einlegearbeit aus farbigem Marmor und dem überkuppelten Achteck für die Vierung, das in deutlichem Zusammenhang mit dem unmittelbar benachbarten Baptisterium (Abb. 12) steht.

Das Baptisterium läßt sich sehr schwer genau datieren (vielleicht stammt es aus dem achten Jahrhundert), doch wissen wir aus zeitgenössischen Quellen, daß es im vierzehnten Jahrhundert der Überlieferung gemäß als ein dem christlichen Gebrauch angepaßter Marstempel angesehen wurde.

Die von Arnolfo vorgesehene Kuppel kann einen Tambour gehabt haben oder auch nicht – man weiß auch nicht, ob Arnolfo oder Talenti jemals ernsthaft über das Problem nachgedacht haben, die riesige Öffnung zu überspannen. Gegen Ende des vierzehnten Jahrhunderts wurde klar, daß irgendwann irgendetwas geschehen müsse, und eine Anzahl von Baumeistern versuchte sich daran, eine Möglichkeit der Überdachung einer 42 m großen Öffnung zu ersinnen. Aus den Fresken in der Spanischen Kapelle von S. Maria Novella wissen wir, daß um 1367 zumindest ein inoffizielles Projekt zustandekam, das eine leicht zugespitzte Kuppel ohne Tambour vorsah, doch geschah in Wirklichkeit nichts, bis das Problem im frühen fünfzehnten Jahrhundert dringend wurde.

Dieses Kapitel befaßte sich mit der italienischen Gotik in ihrem Verhältnis zu dem Stil, der sich aus ihr entwickeln sollte; die großartigen Leistungen der gotischen Baumeister in Venedig und der Lombardei wurden hier nicht berücksichtigt, weil sie für die Geschichte der Renaissance so gut wie keine Bedeutung haben.

Brunelleschi

Filippo Brunelleschi wurde 1377 geboren und starb 1446. Wie viele andere große Künstler des frühen fünfzehnten Jahrhunderts hatte er eine Ausbildung als Goldschmied durchlaufen und war 1404 in Florenz in die Zunft der Goldschmiede eingetreten. Schon vorher hatte er angefangen, als Bildhauer zu arbeiten, denn er beteiligte sich an dem Wettbewerb, der 1401 für die neuen Türen des Baptisteriums abgehalten wurde. Der Gewinner war Ghiberti, und es wird berichtet, Brunelleschi sei, als er von seinem Fehlschlag gehört habe, zusammen mit Donatello nach Rom gegangen. Das könnte durchaus den Tatsachen entsprechen. Fest steht, daß Brunelleschi und Donatello gute Freunde waren; zusammen mit dem Maler Masaccio waren sie die Vertreter der fortschrittlichsten Malerei, Skulptur und Architektur ihrer Zeit. Es ist von großer Bedeutung, daß Brunelleschi mehrere Male in Rom war, denn ohne Zweifel war es sein genaues Studium der Konstruktionsprinzipien der Relikte des antiken Roms, das ihn in die Lage versetzte, die Kuppelfläche des Doms zu überdecken, eine Leistung, die seinen Namen in Florenz unsterblich gemacht hat.

Brunelleschi gilt gewöhnlich als der Schöpfer des »Renaissancestils« in der Architektur, doch sind hier einige Vorbehalte am Platz. Ganz sicher ist allerdings, daß er als erster das Konstruktionssystem der klassischen Architektur verstand und dessen Prinzipien den modernen Bedürfnissen anpaßte. Im Zusammenhang mit seiner Kuppel muß wohl vor allem darauf hingewiesen werden, daß kein anderer im fünfzehnten Jahrhundert eine solche Ingenieurleistung hätte vollbringen können. Ein klassisches Bauwerk im Sinne der Archäologen oder in dem Sinn, in dem Alberti nur wenige Jahre später die römische Architektur verstand, war sie indessen nicht.

Brunelleschi wurde schon 1404 im Zusammenhang mit dem Florentiner Dom zu Rate gezogen, allerdings in einer Routineangelegenheit. Immerhin stand damals schon fest, daß man einen Versuch zur Überdeckung der Domvierung werde unternehmen müssen, und zweifellos waren sich die Florentiner, denen sehr daran lag, ihre kulturelle Überlegenheit durch den Bau einer Kuppel von 42 m Durchmesser zu beweisen, durchaus darüber im klaren, welche Schwierigkeiten mit diesem Vorhaben verbunden waren und wieviel Spott sie seitens der Pisaner, der Sienesen, der Lucchesen und überhaupt aller Bewohner der umliegenden Städte in einem Bereich von vielen Meilen zu gewärtigen hätten, wenn dieser Versuch unternommen würde und sich als Fehlschlag erwiese. Der Grund für ihre Sorge war die einfache Tatsache, daß alle Bogen – und eine Kuppel ist nichts anderes als ein um eine Achse gedrehter Bogen – über einem hölzernen Lehrgerüst errichtet wurden: Quer über die Maueröffnung, über der sich die Kuppel erheben soll, wird ein Holzbalken gelegt, und zwar an der Stelle, wo der Bogen beginnen soll. Über diesem Querbalken wird ein halbkreisförmiges oder spitz zulaufendes Holzgerüst errichtet, und dieses Gerüst nimmt die Ziegel oder Steine auf, aus denen sich der Bogen zusammensetzt, bis der Stein in der Mitte, der Schlußstein, an Ort und Stelle eingesetzt ist. Der Schlußstein hat Keilform, so daß das Lehrgerüst nach Errichtung des Bogens entfernt werden kann und alle Steine wechselseitig einen solchen Druck aufeinander ausüben, daß der Bogen fest bleibt; Mörtel zwischen den Steinen ist nicht nötig, da die Steine in Wirklichkeit durch die Schwerkraft an Ort und Stelle gehalten werden. Aus alledem folgt, daß die Grenze für die Größe des Bogens allein durch die Größe und Stärke des für das Lehrgerüst verfügbaren Holzes bestimmt wird.

Da die achteckige Öffnung des Tambours, die 1412 oder 1413 vollendet war, einen Durchmesser von 42 m hat und etwa 54 m über dem Erdboden liegt (Abb. 13), war es unmöglich, ein Holzgerüst zu bauen, das eine Kuppel tragen konnte. Es ließen sich keine Bäume finden, die groß genug waren, um diese Öffnung zu überbrücken, und selbst wenn das möglich gewesen wäre, hätte das Gewicht des Holzes das Lehrgerüst zerbrochen, noch ehe ein Stein darauf gelegt worden war. Wahrscheinlich ist das der Grund, warum ein *Capomaestro* nach dem anderen sich lieber mit jedem anderen Teil des Doms befaßte als mit der Kuppel. Noch im sechzehnten Jahrhundert umgab die Großtat Brunelleschis verständlicherweise eine Aura des Geheimnisses. Vasari berichtet uns in seiner um 1550 verfaßten Vita Brunelle-

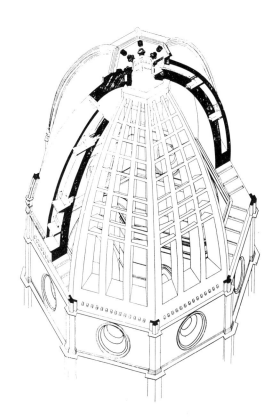

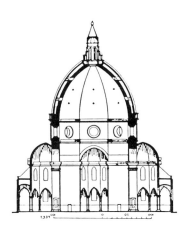

schis, man habe allen Ernstes vorgeschlagen, die
gesamte Tribuna mit Erde auszufüllen und darüber die Kuppel zu errichten. Als Mittel zur
Beseitigung der Erde wurde vorgeschlagen, Mün-
zen darunter zu mischen, weil dann alle Kinder
von Florenz kommen und die Erde wegschaffen
würden, um sich das Geld zu sichern.

Im Jahr 1418 kündigten die *Operai* (Aufseher bei
den Bauarbeiten) einen öffentlichen Wettbewerb
an, aber wir wissen, daß Brunelleschi bereits an
einem Modell arbeitete, das wahrscheinlich aus
Stein war. 1417 hatte man ihn bereits für Zeichnungen bezahlt, und auch ein Holzmodell exi-
stierte schon. Ghiberti, dem Brunelleschi beim
Wettbewerb um die Baptisteriumstore unterle-
gen war, wurde ebenfalls herangezogen und legte
ein Modell vor. 1420 wurden Brunelleschi und
Ghiberti zusammen mit einem Steinmetz zu
Aufsehern ernannt und mit dem Kuppelbau
beauftragt.

Der Bau der Kuppel begann am 7. August 1420

und war bis zur Basis der Laterne am 1. August
1436 vollendet. Ehe die Arbeit begann, hatte Brunelleschi bereits zwei kleinere Kuppeln gebaut,
die ihm mehr oder weniger als Versuchsobjekte
dienten. Sie haben sich nicht unversehrt erhalten,
aber wir wissen, daß sie sehr klein, halbkugelförmig und auf Rippen errichtet waren. Es steht
auch fest, daß Ghiberti und Brunelleschi gar
nicht gut miteinander auskamen, und es gibt spätere Geschichten, nach denen Brunelleschi
Krankheit vorgeschützt habe, um in kritischen
Augenblicken die Unfähigkeit Ghibertis offenkundig zu machen. Ghiberti wiederum erklärt in
seiner Autobiographie, er habe achtzehn Jahre an
der Kuppel gearbeitet und beansprucht damit
unausgesprochen die Hälfte des Verdienstes. Es
ist sehr wahrscheinlich, daß Ghibertis Anteil an
den frühen Stadien der Kuppel größer war, als
spätere Generationen ihm zubilligten, aber es
steht auch fest, daß seit etwa 1420 die Ausführung und auch das Ersinnen der neuen techni-

15 Spedale degli Innocenti, Florenz.
Von Brunelleschi. Fassade. 1419–24

schen Anstalten allein Brunelleschis Werk waren. Ein Dokument von 1423 erwähnt ihn als den »Erfinder und Leiter«, und wir wissen, daß Ghiberti 1425 entlassen wurde, gerade zu dem Zeitpunkt, als die Ausführung schwierig wurde. Man darf aber auch nicht vergessen, daß Ghiberti 1425 den wichtigen Auftrag erhalten hatte, die zweite Baptisteriumstür anzufertigen und zweifellos seine ganze Zeit darauf verwenden mußte.

Als der Kuppelbau begann, bestanden die beiden Hauptprobleme darin, daß kein Lehrgerüst der üblichen Art verwendet werden konnte und daß überdies auch der Tambour über dem Oktogon bereits vorhanden war. Dieser Tambour hatte außen keine Stützpfeiler, so daß jedes auf ihm ruhende Gewicht nur das absolute Minimum an Seitenkräften ausüben durfte. In einem gotischen Bauwerk hätte das wenig bedeutet, da für die Sei-

tenkräfte durch die Strebepfeiler an den Ecken des Oktagons gesorgt gewesen wäre. Das war in Florenz, wo Strebepfeiler visuell unannehmbar waren, nicht möglich, und außerdem gab es keinen Platz, an dem man sie hätte anbringen können. Hier liegt der konstruktionsbedingte Grund dafür, daß die Kuppel eine zugespitzte Form erhielt. Brunelleschi hätte, wie jeder andere klassisch gesinnte Architekt, viel lieber eine halbkugelförmige Kuppel in der klassischen Form errichtet, wie alle großen römischen Kuppeln, vor allem das Pantheon, sie hatten. Wegen des Stützpfeilerproblems mußte man sich für eine spitz zulaufende Kuppel entscheiden, da die Seitenkräfte in diesem Fall sehr viel geringer sind als bei einer mit Rippen versehenen Halbkugel. Eine Kuppel wie die des Pantheons, die aus massivem Beton besteht, erzeugt überhaupt keine Seiten-

kräfte, aber das Eigengewicht einer solchen Kuppel hätte den vorhandenen Tambour zerdrückt. Es gab deshalb nur eine Lösung: man mußte eine zugespitzte Kuppel bauen, die sich auf Rippen stützt, deren Zwischenräume mit einer möglichst leichten Füllung versehen sind. Brunelleschis Leistung war in jeder Hinsicht genial. Die axonometrische Zeichnung (Abb. 14)[5] macht deutlich, wie er vorging. Von den Ecken des Oktagons gehen acht Hauptrippen aus, und sechzehn kleinere Rippen sind paarweise zwischen zwei Hauptrippen angeordnet (ein Einfall, der sicher vom Baptisterium herrührte, das ein von einer Kuppel überdecktes Achteck mit acht und sechzehn Rippen ist). Dieses Skelett wird durch Horizontalglieder vervollständigt, die die großen und kleinen Rippen zusammenhalten und die Seitenkräfte auffangen. Die Kuppel hat zwei Schalen,

eine äußere und eine innere, um – nach Brunelleschis eigenen Worten – die Feuchtigkeit fernzuhalten und die Pracht zu erhöhen. Dies ist der erste uns bekannte Fall einer doppelschaligen Kuppel und offensichtlich eine der Möglichkeiten, das Gewicht beträchtlich zu vermindern. Die acht großen Rippen sind von außen deutlich zu sehen, während man die inneren nur sehen kann, wenn man sich innerhalb der beiden Schalen befindet, wo man auch bis zur Laternenbasis hinaufsteigen kann.

Im Jahr 1425 hatte der Bau das erste Drittel seiner Höhe erreicht und war an der Stelle angelangt, wo die Kurve scharf nach innen abzubiegen beginnt, ein Punkt, an dem das Fehlen des Lehrgerüsts die größten Schwierigkeiten bereitete. Brunelleschi, der dem Bauausschuß eine ausführliche Denkschrift vorgelegt hatte, bevor er den

Bau begann, hatte sich durch die Erklärung abgesichert, daß sich bei einem Unternehmen dieser Art erst in der Praxis zeigen könne, was notwendig sei. Als es dann soweit war, traf er nur eine einzige größere Veränderung, indem er in den oberen Teilen anstelle von Stein Ziegel verwendete, da sie leichter waren. Im übrigen ersann seine fruchtbare Phantasie eine ganze Reihe neuer technischer Geräte – zum Beispiel Kräne und Maschinen zur Handhabung der Steinblöcke –, und er soll sogar hoch über dem Erdboden eine Kantine eingerichtet haben, damit die Arbeiter es nicht nötig hatten, zum Essen nach Hause zu gehen und dadurch Zeit zu verlieren.

Die Lösung der scheinbar unlösbaren Aufgabe bestand darin, die Kuppel in horizontalen Schichten zu errichten, die jeweils mit der vorausgehenden Schicht so verbunden wurden, daß jede Schicht ihr eigenes Gewicht trug und fest genug war, um die Arbeit an der nächsten aushalten zu können, bis sich der Ring geschlossen hatte und die nächste Schicht tragen konnte. Man hat auch

in der Mauerung ein gewisses Fischgrätenmuster beobachtet, und es besteht kein Zweifel, daß Brunelleschi diese Technik in Rom gelernt hatte, als er bei seinen häufigen Aufenthalten dort die antike römische Bauweise studierte. In den Uffizien in Florenz befindet sich eine viel spätere Zeichnung, die eine Kuppel mit Fischgrätenschichtung zeigt. Dazu ist bemerkt: »Wie sie in Florenz Kuppeln ohne Lehrgerüst bauen.« Wieder einmal scheint es, als habe tausend Jahre niemand wirklich verstanden oder auch nur zu verstehen versucht, wie die riesigen römischen Gewölbe errichtet worden waren, und Brunelleschi muß sich das alles klargemacht haben, während er zwischen den Trümmern umherstreifte und sich Fragen stellte, die keinem anderen damals auch nur in den Sinn kamen.

Als die eigentliche Kuppel vollendet war, befand sich dort, wo die Rippen sich zu einem offenen Auge verengten, ein großer Ring von etwa 15 m Durchmesser. Es ist eine merkwürdige Tatsache, daß bei allem Zwang, die Kuppel so leicht wie

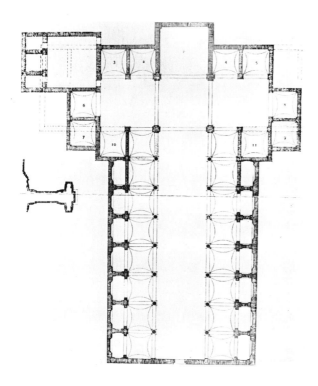

16 S. Lorenzo, Florenz. Von Brunelleschi. Begonnen 1419. Grundriß

möglich zu halten, die Kräfte, die auf dieses Auge einwirkten, so stark waren, daß die Rippen die Tendenz hatten, sich aufzurichten und den Ring aufzubrechen. Um das zu verhindern, mußte die Laterne wie eine Bremse wirken und deshalb verhältnismäßig schwer sein. So erklärt sich die Größe und kunstvolle Ausführung der Laterne, wie wir sie heute sehen. Im Jahr 1436 wurde ein Wettbewerb veranstaltet, den, wie vorauszusehen war, Brunelleschi gewann. Wir wissen, daß er ein vollständiges Modell seines Entwurfs anfertigte, und sehr wahrscheinlich ist es das Modell, das sich heute noch im Museum des Doms befindet.[6] Die Arbeit am eigentlichen Bau wurde erst 1446 begonnen, wenige Monate vor dem Tod Brunelleschis, doch wurde die Ausführung seinem Freund und Anhänger Michelozzo anvertraut, und der heutige Bau entspricht in jeder Hinsicht dem Entwurf Brunelleschis. Die gotischen Rippen sind sehr geschickt in einer Art Strebebogen weitergeführt, die den Kern der Laterne stützen und die Rippen mittels auf den Kopf gestellter klassischer Konsolen mit dem achteckigen Türmchen verbinden. Der allgemeine Eindruck ist, wie zu erwarten war, so klassisch wie möglich, und die Laterne des jenseits der Straße liegenden Baptisteriums (Abb. 12) hat das Vorbild geliefert. Als letzte schmückende Zutat schuf Brunelleschi zwischen 1439 und 1445 auch die Exedren an der Basis des Tambours. Sie spiegeln den Stilwandel wider, der sich bei ihm in den Jahren nach 1430 vollzog. Um ein genaueres Bild von der Entwicklung seines Stils zu gewinnen, muß man sich seinen anderen Werken zuwenden, bei denen der Künstler nicht wie beim Dom durch vorgegebene Probleme der

18, 19 S. Lorenzo, Florenz.
Alte Sakristei. Innenraum und
Schnitt

Konstruktion und des Entwurfs in seiner Freiheit eingeschränkt war. Zweifellos entsprach der gotische Geist, der der Domkuppel noch anhaftet, nicht den Wünschen Brunelleschis, doch er nahm ihn hin, weil sich keine andere durchführbare Lösung der Statikprobleme bot.

Die erste Manifestation der eigenen Bauprinzipien Brunelleschis oder, anders ausgedrückt, der erste echte Renaissancebau war das Findelhaus, das Spedale degli Innocenti (Abb. 15), das zwischen 1419 und 1424 entstand. Dieses erste Findelhaus der Welt wurde auf Kosten der Zunft der Seidenmacher und Goldschmiede errichtet, der Brunelleschi selbst angehörte. Architektonisch gesehen ist die äußere Loggia der wichtige Teil dieses Gebäudes, denn das eigentliche Hospital wurde von Brunelleschis Nachfolgern vollendet, weil er selbst im Jahr 1425 viel zu stark mit der

Domkuppel beschäftigt war, als daß er sich noch um anderes hätte kümmern können. In Lastra a Signa bei Florenz gibt es ein 1411 erbautes Vorbild für ein solches Hospital mit einer äußeren gewölbten Loggia, und auf den ersten Blick scheint der Unterschied zwischen beiden nicht groß zu sein. Betrachtet man jedoch die Bogen, die Gewölbe und die Details des Findelhauses genauer, so sieht man, daß der Stil der Frührenaissance zwar tief in der toskanischen Romanik verwurzelt ist, gleichzeitig aber eine Anzahl neuer Elemente enthält, die von der klassischen Antike herkommen. Die Loggia besteht aus einer Reihe von Rundbogen mit einem horizontalen Element darüber und einem Gewölbe aus kleinen Kuppeln, die auf den Säulen der Loggia und auf Kragstücken an der Außenseite der Hospitalwand ruhen. Die überkuppelten Joche sind qua-

dratisch, haben kein Kreuzgewölbe, sondern die schlichte klassische Form. Das Profil – das innere Gesicht – der Bogen ist flach und nicht im Schnitt dreieckig, wie ein gotischer Bogen es wäre. Das kommt daher, daß die Bogen Archivolten sind, das heißt, sie sind das Gebälk der klassischen Antike, das nach oben gewölbt ist, um halbkreisförmige Bogen zu bilden. Ebenso zeigen auch die Säulen, die Kapitelle und die Kragsteine sämtlich den klassischen Typus, obwohl bei den Säulen zwischen den Kapitellen und der Gewölbebasis Kämpferplatten eingefügt sind. Kämpferplatten sind eher byzantinisch als römisch, aber sie begegnen uns auch in toskanischen Kirchen, so etwa in SS. Apostoli in Florenz. Es spricht sehr viel dafür, daß Brunelleschi in dieser Phase seiner Laufbahn die SS. Apostoli für eine frühchristliche Kirche (aus dem vierten oder fünften Jahrhundert) hielt, denn er begann erst sehr viel später zwischen den reineren Formen der klassischen Antike und denen späterer Jahrhunderte zu unterscheiden. Diese Benutzung nicht-klassischer Vorbilder läßt sich mit einer merkwürdigen Tatsache im Spedale degli Innocenti beweisen. Über den Rundbogen verläuft ein langes, an den Enden von großen Pilastern getragenes Gebälk, das sich jedoch an den äußersten Enden des Gebäudes schroff vom klassischen Vorgänger abwendet, indem der Architrav plötzlich nach unten abknickt. Ein Vorbild hierfür findet sich im Baptisterium von Florenz. Offensichtlich war also das Baptisterium, das heute in das Jahrtausend zwischen dem vierten und dem vierzehnten Jahrhundert datiert wird, für Brunelleschi in dieser Phase seiner Entwicklung ein ebenso exemplarisches Bauwerk wie die großen römischen Ruinen. Auch die Arkade und die Fenster kommen vom Baptisterium her.
Nachwirkungen der architektonischen Neuerungen Brunelleschis lassen sich in den Werken seiner Freunde Masaccio und Donatello feststellen. Masaccios Fresko der heiligen Dreifaltigkeit in S. Maria Novella entstand wahrscheinlich vor dem November 1425, und die Nische von Donatello und Michelozzo an der Kirche Orsanmichele zwischen 1422 und 1425: beide Werke sind in höherem Grade klassisch empfunden als die Loggia degli Innocenti, aber keines von beiden hätte ohne sie entstehen können.

Brunelleschi baute in Florenz zwei große Basiliken, die, obwohl sie erst nach seinem Tod vollendet wurden, erkennen lassen, wie sich sein Stil in den späteren Jahren entwickelte, und die beide im Grundriß auf dem lateinischen Kreuz basieren. Die ältere Kirche ist S. Lorenzo (Abb. 16, 17), die Pfarrkirche der Familie Medici. Sie wurde 1419 begonnen; aus diesem Jahr stammt der Grundriß für den Neubau, der eine viel ältere Kirche an dieser Stelle ersetzen sollte. Da es sich um eine Klostergründung handelte, waren viele Kapellen notwendig, und Brunelleschi ging deshalb von dem Typus aus, der in den letzten Jahren des dreizehnten Jahrhunderts mit S. Croce eingeführt worden war. Die Grundform ist ein großes lateinisches Kreuz mit einer zentralen quadratischen Vierung und einem quadratischen Chor mit kleineren quadratischen Kapellen. Die architektonische Schwäche dieses Grundrisses wird deutlich, wenn man S. Croce mit S. Lorenzo vergleicht (Abb. 6, 16). In der älteren Kirche wird eine stark betonte Ostwestrichtung spürbar, aber die drei großartigen Achsen des Mittelschiffs und der Seitenschiffe verlieren sich nahezu in einem Bündel kleiner Kapellen am Ostende, die zum Mittelschiff in keinem deutlich ausgedrückten proportionalen Verhältnis stehen. Da die Zahl der Mönche des Klosters die Zahl der erforderlichen Kapellen bestimmte, ließ es sich oft nicht vermeiden, daß sie klein gehalten werden mußten. In S. Lorenzo meisterte Brunelleschi diese Schwierigkeit dadurch, daß er die Kapellen rund um die Querschiffarme so ausweitete, daß er am Ostende die gleiche Anzahl (insgesamt zehn) erhielt. Doch jede Kapelle ist jetzt in ihren Proportionen dem Chor sowie dem Mittelschiff und den Seitenschiffen angepaßt. Das war der Grund, warum die beiden Florentiner Kirchen Brunelleschis Beispiele einer proportionsbezogenen Planung wurden: sie übernahmen einen vorhandenen Typus und unterwarfen ihn einer mathematischen Disziplin. Die Grundeinheit ist das Vierungsquadrat. Dieses wird für das Querschiff und den Chor genau wiederholt, und das Mittelschiff erhält eine Länge von vier Quadraten. Die Seitenschiffjoche sind rechteckig und genau halb so breit wie das quadratische Hauptjoch. So blickt der Betrachter, wenn er in einem Seitenschiff steht, über das Querschiff hinweg in die Öffnung einer Kapelle, die in ihrer Größe auf Hauptschiff und Seitenschiffe bezogen ist. Der Gesamteindruck ist infolgedessen viel harmonischer als in einer Kirche wie S. Croce. Damit zehn Kapellen solch erweiterten Umfangs Platz fanden, mußten sie um die Enden und beiden Seiten der Querschiffe herumgezogen werden, was wiederum an den Ecken eine unschöne Lücke entstehen ließ. Dieser Winkel wurde befriedigend dadurch ausgefüllt, daß man den Raum für zwei Sakristeien nutzte, die als die Alte und die Neue Sakristei bekannt sind. Die Neue Sakristei war in Brunelleschis Grundriß vorgesehen, wurde aber erst mehr als hundert Jahre später gebaut. Die Alte Sakristei (Abb. 18, 19) wurde 1419 begonnen, als der Grundriß für den Neubau der Kirche entstand, und da ein Mitglied der Familie Medici die Kosten übernahm, wurde sie sehr schnell zwischen 1421 (Grundsteinlegung im August) und 1428 errichtet. Den Skulpturenschmuck Donatellos hält man allgemein für wesentlich später; man datiert ihn auf die Jahre um 1435. Da die Sakristei vor dem übrigen Kirchenbau fertig wurde, darf man sie als ein selbständiges Bauwerk ansehen. In gewissem Sinn ist sie einer der ersten Zentralbauten der Renaissance, doch kann das nicht ohne Einschränkungen gelten. Sie ist quadratisch im Grundriß, aber wichtiger ist, daß die Höhe der Wände gleich den Seiten des quadratischen Grundrisses ist, so daß das Gebäude als Ganzes einen vollkommenen Würfel bildet. Auf einer Seite ist die Wand dreigeteilt, wobei das mittlere Drittel sich zu einem kleinen Altarraum öffnet, der seinerseits einen quadratischen Grundriß hat und wie die Hauptsakristei mit einer halbkugelförmigen Kuppel überdeckt ist. So besteht die Alte Sakristei eigentlich aus zwei aufeinanderbezogenen würfelförmigen Blöcken, wenn auch der kleinere Raum kein echter Kubus ist, da seine Höhe durch die der Hauptsakristei bedingt ist. Dieses Gefühl für Geometrie reicht noch viel weiter: Der Schnitt zeigt, daß die Wand in drei gleiche horizontale Zonen aufgeteilt ist, von denen die beiden unteren die obere und untere Hälfte der durch das Gebälk geteilten Wand ausmachen. Da die Kuppel der Sakristei innen eine Halbkugel ist, muß ihr Radius die Hälfte der Wandbreite betragen, so daß die drei gleichen Zonen ganz deutlich sichtbar sind.

Neben der Anordnung der Kapellen auf dem Grundriß ist dieses sehr einfache arithmetische Verhältnis das Wesentliche des ganzen Entwurfs, doch kommen außerdem noch einige komplizierte perspektivische Effekte hinzu, die teils von Brunelleschi, teils wahrscheinlich von Donatello stammen. Sie ergeben sich daraus, daß die Kuppel auf Pendentifs ruht – sphärischen Dreiecken, die aus den Wandwinkeln vorstoßen, so daß der quadratische Grundriß sich beim Ansatz der Kuppel in einen Kreis verwandelt. Die Verwendung von Pendentifs wurde zuerst in der byzantinischen Architektur voll ausgenutzt; eines der bedeutendsten Beispiele ist die Hagia Sophia in Konstantinopel. Brunelleschi allerdings konnte davon kaum etwas gesehen haben, er muß dieses Konstruktionssystem aus seinem Studium der römischen Relikte gewonnen haben.[7] Donatello nutzte die nach vorn gekrümmten Oberflächen der Pendentifs in seinem Schmucksystem aus, indem er die Medaillons, mit denen Brunelleschi diese Oberflächen verzierte, wie Fenster behandelt und den Betrachter durch sie auf stark perspektivisch wiedergegebene Szenen blicken läßt. Im übrigen besteht die Ausschmückung Brunelleschis aus Pilastern mit einem reich dekorierten Gebälk darüber, im Stil ähnlich den abgewandelten römischen Formen, die er in der Loggia des Findelhauses verwendete. Die Kreise und Halbkreise richten sich in den Proportionen nach den Grundelementen des Entwurfs.

Welche Schwierigkeiten Brunelleschi zu überwinden hatte, als er diese klassischen Formen in seine mathematisch bestimmten Räume einpaßte, sieht man in den Ecken, wo die beiden zusammenstoßenden Pilaster zu einem bruchstückhaften Streifen im einspringenden Winkel verschmälert werden mußten, da für einen voll ausgeführten Pilaster kein Raum ist (Abb. 18). Ähnliche Schwierigkeiten kann man auch dort feststellen, wo ein Pilaster um eine Ecke gebogen ist, oder wo ein Kragstück auftauchen muß, um dort, wo sich kein Pilaster anbringen läßt, ein langes Gebälk zu tragen. Die gleiche, einigermaßen

20–22 S. Croce, Florenz. Pazzikapelle.
Von Brunelleschi. 1430 oder später. Innenraum, Schnitt und Grundriß

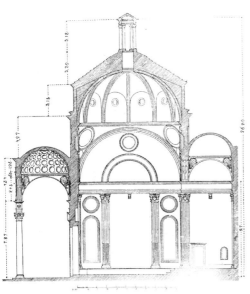

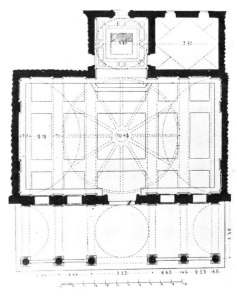

experimentelle Methode läßt sich in der Kuppel erkennen, die außen der Laterne des Baptisteriums ähnelt, da sie aus einem hohen Tambour mit einem kegelförmigen Ziegeldach darüber besteht, während sie innen eine klassische Halbkugel ist, die allerdings wie die Domkuppel von Rippen getragen wird (Abb. 19). Dieser aus einleuchtenden Gründen als Schirmkuppel bezeichnete Typus wurde von Brunelleschi stets und von den meisten seiner Nachfolger bis ins sechzehnte Jahrhundert verwendet. Die Kuppel erhält Licht durch Fenster, die von außen gesehen im Tambour zu liegen scheinen, sich jedoch, wie man von innen sieht, an der Basis der Sektoren zwischen den Rippen befinden.

Obwohl der Entwurf für die übrige Kirche schon um 1419 vorgelegen zu haben scheint, wurde die Arbeit erst um 1442 wieder aufgenommen und erst lange nach dem Tode Brunelleschis im Jahr 1446 vollendet. Eine größere Veränderung nahm man bald nach 1460 vor, als noch weitere Kapellen gebraucht wurden. Man erhielt sie, indem man die Außenwände der Seitenschiffe durchbrach und die Schiffe nach Norden und Süden durch rechteckige Räume erweiterte, die genau halb so groß sind wie die quadratischen Joche der Seitenschiffe. Diese wiederum nehmen genau ein Viertel der Bodenfläche der quadratischen Vierungseinheit ein. Der Wanddurchbruch ergab auch noch zusätzliche perspektivische Effekte, da man von der Mitte des Hauptschiffs aus durch die Hauptarkade und dann durch den Rundbogen des Kapelleneingangs auf die Rückwand der Kapelle schaut, so daß die aufeinanderfolgenden sich verkleinernden Öffnungen als eine Abfolge verwandter Formen begriffen werden können. Die Grundform der Kirche ist im Schnitt wie auch im Grundriß der von S. Croce ähnlich, da das Mittelschiff mit seinem Flachdach über die Seitenschiffe hinausragt und die Seitenschiffe in S. Lorenzo einfache Kuppeln haben. Dies ist der Typus der frühchristlichen Basiliken, und die Ähnlichkeit der von Brunelleschi verwendeten Kapitelle mit denen einer romanischen Kirche wie SS. Apostoli in Florenz kann kaum zufällig sein. Hinsichtlich der Proportionen in S. Lorenzo stand Brunelleschi wiederum vor Schwierigkeiten, die ihm in der späteren Kirche S. Spirito nicht begegneten, wo der gleiche Grundrißtyp in sinnvoller Weise entwickelt ist (Abb. 24). Eine von diesen Schwierigkeiten läßt sich daran ablesen, daß über den Kapitellen der Mittelschiffarkade Kämpferplatten eingesetzt sind. Sie ergab sich daraus, daß die Kuppelgewölbe der Seitenschiffe auf der einen Seite auf Pilastern ruhen und auf der anderen auf den Säulen des Mittelschiffs. Die Pilaster und die Säulen müssen notwendigerweise gleich hoch sein; da jedoch am Eingang der Kapellen der Fußboden erhöht ist, stehen die Pilaster höher als die Säulen, so daß zwischen dem oberen Säulenende und dem unteren Bogenende eine Lücke blieb. Ein Baumeister des sechzehnten Jahrhunderts hätte einfach die Säule auf eine Basis gesetzt, aber Brunelleschi, der sich vielleicht an ein römisches oder byzantinisches Vorbild hielt, füllte diesen freien Raum mit einer Kämpferplatte, wie er es schon in der Loggia des Findelhauses getan hatte.

S. Spirito bringt nicht nur neue und befriedigendere Lösungen für einige der Probleme, die in S. Lorenzo aufgetreten waren, sondern unterscheidet sich allein schon im Stil von der älteren Kirche. Diese Verschiedenheit ist wohl auf einen Stilwandel bei Brunelleschi zurückzuführen, den man ziemlich sicher um die Mitte der dreißiger Jahre ansetzen kann und der wahrscheinlich die Folge eines neuerlichen Rombesuchs war. Eines seiner berühmtesten Bauwerke ist das Kapitelhaus des zu S. Croce gehörenden Klosters, ein kleines Gebäude am Kreuzgang, das allgemein als Pazzikapelle bezeichnet wird (Abb. 20–22). Es wurde auf Grund einer irrigen Deutung Vasaris lange für die erste Arbeit Brunelleschis gehalten; in Wirklichkeit ist es nicht lange vor dem Stilwandel der dreißiger Jahre entstanden. Die ersten Dokumente, in denen die Kapelle erwähnt wird, stammen von 1429, und 1429/30 wurde ein Vertrag abgeschlossen, der zu einem Grundriß von 1430 oder vielleicht 1433 führte. Der Bau zog sich vierzig Jahre lang hin, und sein Äußeres ist nicht so, wie Brunelleschi es hatte haben wollen. Der Grundriß ist eine komplizierte Version der Alten Sakristei, das heißt, ein überkuppeltes zentrales Quadrat, dessen eine Seite sich zu einem kleineren quadratischen Chor öffnet. In ihrer Anlage ist die Pazzikapelle differenzierter, denn das Chorquadrat erhält ein Gegengewicht in einem quadratischen Vestibül, das, auf beiden Seiten

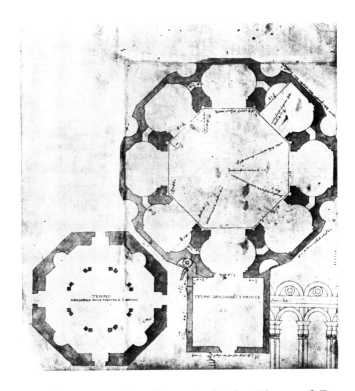

erweitert, mit den an den Zentralraum angefügten Ausweitungen oder Querschiffen korrespon-
diert. Auf diese Weise sind alle vier Seiten des
Hauptquadrats modifiziert, und jeder Teil behält
eine mathematische Beziehung zur ursprünglichen Einheit. Das Raumgefühl ist weit komplizierter als in der Alten Sakristei, weil die Ein-
gangsvorhalle ein schweres Tonnengewölbe mit
einem von einer kleinen Kuppel überspannten
Mitteljoch darstellt. Es bildet den Eingang zur
Kapelle, die eine große Rippenkuppel hat. Der
Hauptraum der Kapelle hat ebenfalls auf beiden
Seiten eine Ausweitung mit Tonnengewölbe, die
hinter den entsprechenden Teilen der Eingangs-
vorhalle liegt. Der Chorraum schließlich wiederholt die kleinere Eingangskuppel vor der Haupt-
kuppel. Die Behandlung des Raumschmucks, zu
dem auch einige Brunelleschi zugesprochene
Bildhauerarbeiten gehören, zeigt wieder das
Bestreben, sich der römischen Architektur anzu-
nähern und Farbeffekte in der üblichen florentinischen Manier einzusetzen. Die Ecken bereiten
noch immer große Schwierigkeiten und weisen

unvollständige und geknickte Pilaster auf. Der
Baustil kommt dem der Alten Sakristei sehr
nahe, ist aber deutlich differenzierter. Die Fassade scheint problematisch. Im Detail und in den
Proportionen ist sie weitgehend unbedeutend
und ohne künstlerische Wirkung, obwohl ihr
unterer Teil aus herrlich schweren Säulen besteht,
die das Tonnengewölbe des Vestibülinneren tragen. Letzteres ist sehr schwer und klassisch empfunden – in weit höherem Maße als die offene
und luftige Loggia des Findelhauses. In der kleinen Kuppel über dem Eingang findet sich das
Datum 1461. Man darf deshalb annehmen, daß
der obere Teil der Fassade erst nach Brunelleschis
Tod im Jahr 1446 vollendet wurde und daß der
untere Teil den Stil seiner letzten Jahre zeigt. Dieses sehr römische Erscheinungsbild ist typisch für
seine späteren Bauten; es mag auf eine erneute
Berührung mit dem klassischen Altertum zurückgehen.
Zwischen Dezember 1432 und Juli 1434 weiß
man nichts von Zahlungen an Brunelleschi in
Florenz. Bekannt ist aber, daß Donatello 1432/33

in Rom war, und laut Vasari besuchten Donatello und Brunelleschi gemeinsam Rom und verbrachten dort einige Zeit mit der Suche nach römischen Altertümern. Diese Annahme wird durch den Stil von Bauten in der Art der Kirche S. Maria degli Angeli in Florenz (Abb. 23) bestätigt, die 1434 begonnen wurde und 1437 unvollendet stehenblieb. Ihr Grundriß ist der erste echte Zentralgrundriß des fünfzehnten Jahrhunderts; er leitet sich unmittelbar vom Tempel der Minerva Medica in Rom her. Er besteht aus einem zentralen überkuppelten Achteck – ganz wie bei Brunelleschis Domkuppel –, das von einem Kapellenring umgeben ist, der sich nach den Achteckseiten öffnet. Die Anlage zeigt ein völlig anderes Prinzip als die älteren Arbeiten Brunelleschis, etwa die Alte Sakristei oder die Pazzikapelle, da die Formen jetzt als feste plastische Massen und rings von Luft umflossen gedacht sind, in den älteren Bauten dagegen als flache Ebenen, die geometrisch aufeinander bezogen sind, aber jeder plastischen Qualität

ermangeln. Ebenso scheint, soweit wir es rekonstruieren können, die Kuppel klassisch massiv gewesen und – ganz anders als die früheren Rippenformen – von einem Typus abgeleitet zu sein, wie ihn das Pantheon verkörpert. Da dieser Bau unmittelbar nach der vermuteten Romreise begonnen wurde, scheint er stilistisch den Beweis für einen erneuten klassischen Einfluß zu erbringen; und dieser Spätstil findet sich in allen Bauten, die sich nach 1434 datieren lassen, so zum Beispiel in der Laterne des Doms, den Exedren des Doms und vor allem in der Kirche S. Spirito.

Die Basilika S. Spirito (Abb. 24, 25) ist im wesentlichen S. Lorenzo sehr ähnlich, und die beiden Kirchen wurden zu Musterbeispielen des Brunelleschi-Stils. Dennoch unterscheidet sich S. Spirito in mancher Hinsicht von S. Lorenzo und ist ein Beispiel für Brunelleschis spätesten und reifsten klassischen Stil. Die Kirche liegt im ärmeren Viertel jenseits des Arno, an einer Stelle, an der, wie man weiß, seit 1250 eine Kirche gestanden hatte. Brunelleschis Entwurf für einen Neubau wurde 1434 von einer Kommission gutgeheißen, und die Grundsteinlegung erfolgte 1436, nachdem einiges Geld gesammelt worden war. Es geschah jedoch sehr wenig, und als Brunelleschi zehn Jahre später starb, stand zwar die erste Säule an ihrem Platz, aber die Kirche wurde erst 1482 vollendet, nachdem man lange gestritten und einige Änderungen am ursprünglichen Entwurf vorgenommen hatte. Von diesen Änderungen wissen wir hauptsächlich aus dem anonymen »Leben Brunelleschis«, das die Hauptquelle unserer Informationen über seine Laufbahn ist. Nach Aussage des anonymen Verfassers der Biographie, die um 1480/90 entstand, waren an der Westseite, wo sich jetzt drei Türen befinden, ursprünglich vier Haupttüren vorgesehen; das System der überkuppelten Seitenschiffjoche, das rings um die Ostseite der Kirche verläuft, hätte sich hinter der Westmauer fortsetzen sollen, so daß jede Tür sich auf eines der kleinen quadratischen Joche öffnete; schließlich sollte das Äußere der Kirche eine recht merkwürdige Form erhalten, da die halbkreisförmigen Wände der Seiten-

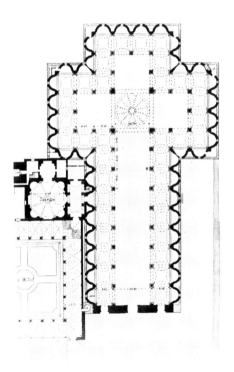

24, 25 S. Spirito, Florenz. Von Brunelleschi. 1434 oder später. Grundriß und Schiff

kapellen nach außen als konvexe Rundungen erscheinen und nicht durch Ausfüllung eine gerade Mauer bilden sollten, wie es jetzt der Fall ist (Abb. 24). Höchstwahrscheinlich wurden diese Änderungen von den späteren Architekten gegen die Absichten Brunelleschis vorgenommen. Möglicherweise war dieses recht eigenartige ausgebogene Mauersystem durch die Lateranbasilika in Rom angeregt worden, die früher dieses Charakteristikum aufwies und von Brunelleschi vermutlich für frühchristlich gehalten wurde. Ebenso paßt der Einfall, daß ein fortlaufender Ring kleiner überkuppelter Raumteile ein inneres Präludium für die größeren Raumteile des Mittelschiffs, Chors und Querschiffs bilden sollte, sehr gut zu dem Raumgefühl der späteren Bauten Brunelleschis. Daß der freigelassene Raum im heutigen Grundriß für die zwei zusätzlichen Joche genau ausreicht, scheint das zu bestätigen. Wir wissen, daß Brunelleschi ein Modell angefertigt hatte, das 1434 gutgeheißen wurde, doch etwa zehn Jahre später wurden die Pläne abgeändert, so daß sie in ihrer endgültigen Form den Stil der letzten Jahre Brunelleschis unverfälscht wiedergeben.

Obwohl sich S. Spirito und S. Lorenzo schon im Grundriß unterscheiden, wird man sich des eigentlichen Unterschieds der beiden Kirchen am deutlichsten im Dreidimensionalen bewußt, wenn man im Inneren steht. Schon aus dem Grundriß läßt sich erkennen, daß die Rechteckformen von S. Lorenzo in S. Spirito abgewandelt und wie in allen späten Bauten Brunelleschis plastischer empfunden sind. Wo in S. Lorenzo die kleinen Kapellen Rechtecke sind, deren flache Pilaster an den Öffnungen Gegenstücke zu den Säulen bilden, wiederholen sich in S. Spirito die halbkreisförmigen Nischen der Kapellenformen als Gegenkurven in den Halbsäulen am Eingang der Kapellen, die als Gegenstücke zu den Säulen im Mittelschiff dienen. Auch die Proportionen im Inneren der Kirche sind vollkommener gestaltet, und das ein wenig unbefriedigende Verhältnis von etwa 3 : 2 zwischen der Höhe der Arkade und dem darüberliegenden Obergaden in S. Lorenzo (Abb. 17) ist in S. Spirito weit befriedigender behandelt, wo die Arkade die gleiche Höhe hat wie der Obergaden (Abb. 25). Die Joche der Seitenschiffe haben Kuppelgewölbe,

das Dach des Mittelschiffs ist flach und mit Kassetten bemalt; die Seitenschiffjoche jedoch haben jetzt nur die halbe Höhe der Mittelschiffjoche und sind auch nur halb so breit wie diese. Das läßt sich wiederum auf die Kirche SS. Apostoli aus dem zehnten Jahrhundert zurückführen, die das gleiche Verhältnis von 1 : 2 aufweist. Die herrliche Raumwirkung, die durch den großartigen Säulenring entsteht, der das ganze Kircheninnere umgibt, läßt sich nur dann wirklich würdigen, wenn man ihn durchwandert. Er besitzt ganz gewiß einen Reichtum und eine wahrhaft römische Größe, wie man sie in den früheren Werken Brunelleschis nicht findet; so wird die Kirche S. Spirito zu einem würdigen Abschluß seiner Laufbahn. Die Nachahmer, die später kamen, waren nicht fähig, die Kombination von mathematischer Strenge und plastischer Fülle in den späten Bauten zu erfassen, sie neigten dazu, für ihre Nachahmungen Bauten aus seiner frühen Periode als Vorbilder auszuwählen, so etwa das Findelhaus. Ein schlagendes Beispiel hierfür ist die Badia in Fiesole vor Florenz, die erst nach Brunelleschis Tod begonnen wurde, aber seinen Bauten aus den zwanziger Jahren nähersteht als irgendeinem seiner Bauwerke im späteren Stil.

Alberti

Der andere große Architekt des frühen fünfzehnten Jahrhunderts war Leon Battista Alberti, der sich allerdings sehr stark von Brunelleschi unterschied; er war ein Mensch, für den die Baukunst nur ein Arbeitsgebiet unter vielen anderen darstellte. Alberti war einer der bedeutendsten Gelehrten seiner Zeit; von Brunelleschi dagegen wissen wir, daß er kein Latein lesen konnte und offenbar ein Mensch war, der die Dinge gern auf seine eigene Art anpackte. Alberti war – wahrscheinlich 1404 – in Genua als außereheliches Kind in einer tonangebenden Florentiner Kaufmannsfamilie zur Welt gekommen, die sich vorübergehend in der Verbannung befand. Der junge Mann erhielt eine vorzügliche Ausbildung, zunächst an der Universität Padua, wo er sich sehr früh hervorragende Kenntnisse des Griechischen und Lateinischen aneignete, und später an der Universität Bologna, wo er die Rechte studierte. Als sein Vater starb, unterstützten ihn zwei Onkel, die beide Priester waren, da die Begabung des jungen Mannes offenbar ans Wunderbare grenzte und er schon mit zwanzig Jahren eine lateinische Komödie schrieb, die man eine Zeitlang als echt antik ansah. Das mag im fünfzehnten Jahrhundert leichter möglich gewesen sein als heute, weil damals gerade erst eine kleine Anzahl humanistischer Gelehrter klassische Manuskripte in großer Menge wiederentdeckte und es nichts Besonders war, wenn eine Komödie aufgefunden wurde, die den Eindruck erweckte, aus dem klassischen Altertum zu stammen. Schon bald kam Alberti mit den meisten bedeutenden Humanisten der nächsten Generation in Berührung, zu denen höchstwahrscheinlich auch Nikolaus V., der erste humanistische Papst und spätere Auftraggeber Albertis gehörte. Um 1428, vielleicht auch schon etwas eher, wurde die Verbannung seiner Familie aufgehoben, und er ging nach Florenz,wo er Brunelleschi und wahrscheinlich auch Donatello und Ghiberti begegnete. In seinem Buch über die Malerei erwähnt er auch Masaccio, was beweist, daß er sich in Florenz in ähnlich gearteten fortschrittlichen Künstlerkreisen bewegte wie vorher schon in Padua und Bologna.

Die Widmung seines Buchs ist eines der wenigen Beweisstücke dafür, daß zwischen der humanistischen Gedankenwelt und den Künsten eine Verbindung bestand. Bald darauf nahm er die niederen Weihen und trat, wie viele Humanisten dieser Zeit, in päpstliche Dienste. Er unternahm viele Reisen, und als er Anfang der dreißiger Jahre in Rom lebte, begann er sich eingehend mit den Relikten der klassischen Antike zu beschäftigen. Allerdings ging er dabei ganz anders vor als Brunelleschi bei seinem Studium der gleichen Ruinen. Brunelleschi kam es vor allem darauf an, herauszubekommen, wie es den Römern möglich gewesen war, so riesige Bauten zu errichten und so weite Räume zu überdachen; mit anderen Worten, er interessierte sich für die klassische Baukunst unter rein konstruktiven Gesichtspunkten. Alberti, der fast immer einen Assistenten beschäftigte, der die eigentlichen Bauarbeiten für ihn erledigte, war vermutlich nicht in der Lage, das Konstruktionssystem der römischen Architektur zu verstehen und interessierte sich gewiß auch nicht sehr dafür. Er war jedoch der erste Theoretiker der neuen humanistischen Kunst, und seine Untersuchungen der antiken Relikte zielten darauf ab, aus ihnen Prinzipien abzuleiten, von denen er sich vorstellte, daß sie die unveränderlichen Regeln einer jeden Kunst seien. Er schrieb drei Abhandlungen – über Malerei, Skulptur und Architektur –, aus denen durchweg hervorgeht, daß Ciceros Latein Vorbild seiner Prosa war und daß er darüber hinaus unentwegt nach antiken Beispielen suchte, die den Gegebenheiten seiner Zeit entsprechend abgewandelt werden könnten. 1434 kehrte er nach Florenz zurück und begann dort die Arbeit an der ersten seiner Abhandlungen über die Kunst, dem kurzen Aufsatz *Della Pittura*, der sich mit der theoretischen Grundlage der Malerei befaßt und Brunelleschi, Donatello, Ghiberti, Luca della Robbia und Masaccio gewidmet ist, der großartigsten Gruppe von Künstlern, die sich damals finden ließ. (Masaccio war allerdings schon vor 1434 gestorben, aber alle anderen standen auf der Höhe ihres Schaffens.) *Della Pittura* wurde 1435 vollendet und läßt Albertis wissenschaftliches Interesse an Problemen der Proportion und der Perspektive erkennen. Viel Raum ist dem Problem gewidmet, auf einer ebenen Fläche Objekte unter der Annahme darzustellen, daß sie sich in verschiedener Entfernung befinden, sowie dem Problem der Beibehaltung eines gleichen Verkleinerungsmaßstabs bei diesen Objekten. Hier handelt es sich im Grunde um eine rationalistische und naturalistische Betrachtungsweise der Künste, und die gleichen vorgefaßten Meinungen lassen sich in Albertis Buch über die Theorie der Architektur und in seiner Schrift über die Bildhauerkunst feststellen.

Alberti begann sich in den vierziger Jahren, das heißt, in den letzten Lebensjahren Brunelleschis, für die Baukunst zu interessieren, und wahrscheinlich hat er damals mit der Arbeit an seinem bedeutendsten theoretischen Werk, den zehn Büchern *De re aedificatoria*, angefangen, von dem 1452 eine Fassung Papst Nikolaus V. vorgelegt wurde, die Alberti jedoch wahrscheinlich bis zu seinem Tod 1472 immer wieder veränderte. Wir wissen aus einer anonymen Lebensbeschreibung (die eine Autobiographie sein könnte), daß Alberti in allen drei Künsten tätig war, aber wir besitzen keine eindeutig von ihm geschaffenen Gemälde oder Skulpturen, und sein Ruf als Künstler beruht zu gleichen Teilen auf seinen Schriften und auf seinen Bauten.

Das antike Vorbild für Albertis Buch war zweifellos das Werk Vitruvs, die einzige technische Abhandlung über die Künste, die uns aus dem klassischen Altertum erhalten geblieben ist. Um 1415 war eine Vitruvhandschrift, von deren Existenz man stets gewußt hatte, unter aufregenden Umständen von dem Humanisten Poggio wiederentdeckt worden. Es steht jedoch fest, daß Alberti als erster von dem Text Vitruvs, der äußerst verderbt war und noch ist und teilweise völlig unverständlich bleibt, wirklich Gebrauch machte. Albertis Ziel war es also, wie vor ihm Vitruv über die Grundprinzipien der Architektur zu schreiben und sich dabei von Vitruv führen zu lassen, ohne ihn zu kopieren. Ein großer Teil der Arbeit Albertis ist in der Betonung der Entwicklung des Individuums durch die Ausbildung des Willens, die Beherrschung des Gefühls und die Entfaltung der eigenen Fähigkeiten zum Zweck des öffentlichen Wohls deutlich als ein Produkt des Frühhumanismus zu erkennen. Diese sehr römische Auffassung vom Individuum ist charakteristisch für das frühe fünfzehnte Jahrhundert, doch überrascht es einigermaßen, Alberti von den »Tempeln« und den »Göttern« sprechen zu hören, wenn er Kirchen, Gott und die Heiligen meint. Diese recht selbstbewußte Verwendung lateinischer Begriffe hat zu einer grundlegenden Fehldeutung der Gedankenwelt Albertis geführt, der sich mit seinen Ideen ohne Zweifel durchaus im Rahmen des Christentums bewegt, auch wenn er so beharrlich auf die Glanzleistungen der Antike und die Einmaligkeit der antiken Kunst hinweist.

Alberti stellt die erste sinnvolle Theorie vom Gebrauch der fünf Ordnungen seit der Antike auf. Er bringt einen Entwurf zu einem Stadtplan und für eine Reihe von Häusern, die den verschiedenen Klassen entsprechen. Er hat auch eine sinnvolle Theorie für Schönheit und Dekor in der Architektur, die letztlich auf einem System harmonischer Proportionen beruht, denn er definiert Schönheit als »Harmonie und Übereinstimmung aller Teile, so daß nichts hinzugetan oder weggenommen werden kann, ohne daß das Ganze Schaden leidet«. Diese Schönheit kann – nicht sehr logisch – durch Dekor erhöht werden, der in harmonischer Proportion hinzugefügt wird, und der Hauptschmuck der Baukunst ist die Säule. Offensichtlich war Alberti also die funktionale Bedeutung der Säule in der griechischen Architektur unbekannt; er sah sie, wie manche römischen Architekten, als eine bloße Verzierung der lastentragenden Wand an.

Seine ersten Bauten waren ein Palazzo in Florenz für die Familie Rucellai und eine Kirche, die er für Sigismondo Malatesta, den Herrscher von Rimini, umbaute. Wahrscheinlich entstand der Palazzo Rucellai zuerst, doch soll er aus Gründen der Zweckmäßigkeit im nächsten Kapitel zusammen mit den übrigen florentinischen Palästen des fünfzehnten Jahrhunderts behandelt werden. Die dem heiligen Franziskus geweihte Kirche in Rimini (Abb. 26) ist heute mehr unter dem Namen Tempio Malatestiano bekannt, da Sigismondo sie seit etwa 1446 umbauen ließ, um aus ihr ein Denkmal für sich selbst, seine Frau Isotta und die Mitglieder seines Hofes zu machen. Daß der Umbau der Kirche auch der Ehre Gottes dienen sollte, hielt er offenbar für weniger wichtig. Die Bedeutung des Tempio Malatestiano in Rimini für die Geschichte der Architektur liegt darin, daß er das erste moderne Beispiel einer

26 Tempio Malatestiano, Rimini. Fassade.
Von Alberti. 1446 und später

klassischen Lösung des Problems darstellt, das die
Westfassade einer üblichen christlichen Kirche
bietet: ein hohes Mittelschiff mit zwei niedrige-
ren Seitenschiffen, die jeweils ein Pultdach
haben. Die etwas unbeholfene Form, die sich
daraus ergab, war keine überlieferte klassische
Form, da der traditionelle klassische Tempel aus
einem Portikus vor einer Cella besteht. Die in
Frankreich und England übliche Lösung der
Westtürme wurde in Italien kaum je angewandt,
und Alberti hatte deshalb kein unmittelbares
Vorbild, an das er sich halten konnte. Daß der

Tempio Malatestiano so ausgesprochen dazu
bestimmt war, dem Ruhm eines weltlichen Für-
sten zu dienen, mag zu der Lösung, für die
Alberti sich entschied, beigetragen haben. Er gab
der alten Westfront der Kirche eine Form, die an
den klassischen Triumphbogen erinnert, und
erreichte durch diese Entscheidung, daß der
Triumphbogen als Kircheneingang gleichzeitig
zum Symbol des Sieges über den Tod wurde. Die
meisten klassischen Beispiele bestehen aus einem
einzigen, von Säulen flankierten Bogen – ein solcher Bogen, der Augustusbogen, findet sich auch

41

in Rimini –, oder sie sind dreiteilig mit einem gro-ßen mittleren und zwei kleinen seitlichen Bogen, die durch Säulen abgetrennt sind. Das berühm-teste und Alberti sicher sehr gut bekannte Bei-spiel hierfür ist der Konstantinsbogen in Rom. Er war zweifellos das Vorbild für die Kirche in Rimini, wenn auch viele Details unmittelbar vom Augustusbogen herkommen, Der Konstantins-bogen lieferte jedoch nur eine Lösung für das Problem der Breitenunterschiede zwischen Mit-telschiff und Seitenschiffen. Alberti blieb immer noch die Schwierigkeit, daß das Mittelschiff höher ist, und da Triumphbogen regelmäßig nur eingeschossig sind und allenfalls eine Attika haben, mußte er eine andere Form finden und dem oberen Teil des Gebäudes anpassen. Das Bauwerk wurde nie vollendet, und das Innere ist größtenteils noch gotisch, doch kann man Alber-tis Absichten dem vorhandenen Fragment und einer von Matteo de' Pasti um 1450 geschaffenen Medaille entnehmen. Matteo war in Rimini Albertis Assistent und leitete den größten Teil der Bauarbeiten. Ein vor kurzem wieder auf-gefundener Brief Albertis an Matteo de' Pasti vom 18. November 1454 macht einige Ideen Albertis deutlich, und die Medaille zeigt die Lösung, die er für das obere Stockwerk vorgese-hen hatte. Sie beweist auch, daß er eine sehr umfangreiche Kuppel bauen wollte, die wie beim Pantheon eine Halbkugel sein sollte, aber von Rippen getragen wie die Domkuppel Brunelle-schis. Die Lösung für den oberen Teil der Fassade bestand darin, daß sich die große Bogenöffnung über dem Eingang hier als ein von Säulen (oder eher Pilastern) flankiertes Fenster wiederholen sollte. Die Pilaster sind bereits in Teilen am beste-henden Gebäude zu sehen. Die Dächer der Seiten-schiffe sollten durch niedrige, in Segmente geteilte Wände, die Schmuckmotive tragen soll-ten, verblendet worden. Dieses allgemeine System, bei dem in der Mitte zwei Ordnungen übereinander gestellt werden, wurde zu einer der verbreitetsten Formen in der westlichen Kir-chenbaukunst. In dem Brief an Matteo de' Pasti erklärt Alberti:
»Bedenke und vergiß also nie, daß in dem Modell auf der rechten und der linken Seite längs des Dachrands sich ein Ding wie dies hier befindet (hier folgt eine kleine Zeichnung des Schmuck-details), und ich sagte dir, daß ich dies deshalb hier anbringe, um diesen Teil des Dachs, der auf das Innere der Kirche gesetzt wird, zu verber-gen. . . ; und das Ziel muß sein, das bereits Gebaute zu verbessern, nicht aber zu verderben, was noch getan werden soll. Du kannst sehen, woher sich die Ausmaße und Proportionen der Pilaster ableiten: wenn du etwas änderst, zerstörst du diese Harmonie ganz und gar . . .«
An anderer Stelle betont er im gleichen Brief sei-nen Glauben an eine rationalistische Architektur und an die von der Antike bereitgestellten Muster; er schreibt: ». . . doch wenn du mir sagst, Manetto behaupte, Kuppeln müßten doppelt so hoch wie breit sein, so vertraue ich meinerseits eher denjenigen, die die Thermen und das Pan-theon und alle jene herrlichen Bauten errichtet haben, als ihm, und sehr viel mehr der Vernunft als irgendeinem Menschen.«
Bei all seinen klassischen Zielen steht das Detail am Tempio Malatestiano recht oft der veneziani-schen Gotik viel näher als der römischen Antike. Wahrscheinlich ist das darauf zurückzuführen, daß Alberti seine Bauten brieflich entwarf und daß Matteo mit seinen Steinmetzen sich an die nördlichen Schmuckformen hielt, die ihnen am vertrautesten waren.
Die 1467 vollendete kleine Rucellaikapelle in Flo-renz ist im Detail viel klassischer als der Tempio Malatestiano, was sich vielleicht aus den von Bru-nelleschi verwendeten klassischen Formen erklärt, an die sich die Florentiner Steinmetzen schon viel mehr gewöhnt hatten als ihre Kollegen im übrigen Italien. Man stellt deshalb mit einer gewissen Überraschung fest, daß die Fassade der großartigen Florentiner Kirche S. Maria Novella (Abb. 27) auf das Jahr 1470 datiert werden muß. Auch sie war im Auftrag der Familie Rucellai errichtet worden, aber man weiß heute, daß die Fassade 1458 begonnen wurde. Wie beim Tem-pio Malatestiano hatte sich der Entwurf nach dem vorhandenen Gebäude zu richten, und man hat in diesem Fall vermutet, daß Alberti absicht-lich einige gotische Formen der älteren Gebäude-teile übernahm und daß er einen Kompromiß mit dem alten Stil oder sogar dessen Wiederauf-nahme beabsichtigte. Wegen ihres weniger neuar-tigen (und deshalb eingängigeren) Charakters wurde die Fassade von S. Maria Novella von spä-

teren Baumeistern vielfach kopiert, zumal man
in ihr eine musterhafte »antike« Fassade für eine
im gotischen Stil erbaute Kirche fand. Alberti
teilte den gesamten Raum derart auf, daß die
Höhe des Gebäudes gleich seiner Breite ist und
dadurch ein einziges großes Quadrat zustande-
kommt. Das wird dann in halber Höhe noch einmal durch die Basis der Voluten unterteilt, mit
denen er die Seitenschiffe maskiert. Der durch
den Haupteingang gegliederte untere Teil der Fassade bildet nun zwei Quadrate, von denen jedes
ein Viertel der Fläche des großen Quadrates einnimmt. Das obere Geschoß verdeckt das Ende
des Mittelschiffs und wird von einem klassischen
dreieckigen Giebelfeld gekrönt; es ist genauso
groß wie die beiden unteren Quadrate im unteren Teil der Fassade. Diese mathematische Eintei-

lung in die so einfachen Proportionen 1:1, 1:2,
1:4 ist charakteristisch für alle Bauten Albertis,
und gerade der Umstand, daß sowohl Brunelleschi als auch Alberti sich derart auf die Mathe-
matik stützten, unterscheidet sie so grundsätzlich
von ihren Vorgängern. In seiner Abhandlung
weist Alberti häufig auf die Notwendigkeit solch
einfacher harmonischer Proportionen hin, und
darauf spielt er offenbar auch in dem Brief an
Matteo de' Pasti an, wenn er sagt »wenn du etwas
änderst, zerstörst du diese Harmonie ganz und
gar«.
In seinen letzten Lebensjahren entwarf Alberti
noch zwei Kirchen, die sich beide in Mantua
befinden und die beide von ihm begonnen wurden, ohne daß ein bereits bestehendes Gebäude
seinen Entwurf beeinflußt hätte. Sie waren von

43

großer Bedeutung für spätere Kirchenbauten, weil jede einen der beiden Haupttypen vertritt. S. Sebastiano hat als Grundriß ein griechisches, S. Andrea ein lateinisches Kreuz.

S. Sebastiano (Abb. 28, 29) wurde 1460 begonnen, war aber 1472, im Todesjahr Albertis, noch unvollendet. Der heutige Bau ist eine ungenaue Wiederherstellung. Abb. 28 zeigt dagegen eine von Rudolf Wittkower vorgeschlagene Rekonstruktion.[8] Sie läßt deutlich alle von Alberti in einer Abhandlung niedergelegten theoretischen Erfordernisse erkennen. Man sieht eine hohe Treppe, weil Alberti der Ansicht war, daß Kirchen auf einem hohen Fundament stehen müßten, das sie von der Welt ringsum absetzt. Sechs Pilaster tragen ein Gebälk – das vorhandene Gebäude hat das Gebälk, aber nur vier Pilaster –, da Alberti in diesem Fall bewußt die klassische Tempelfront verwendete, denn die Seitenschiffe sind eliminiert.

Der Grundriß ist vielleicht noch wichtiger als die Fassade, denn er ist der erste einer langen Reihe von Bauten in der Form des griechischen Kreuzes, von denen viele aus dem sechzehnten Jahrhundert stammen. In der Theorie sah Alberti den kirchlichen Zentralbau, für den das griechische Kreuz ein gutes Beispiel ist, als eine in sich vollkommene Form und insofern als ein Symbol der Vollkommenheit Gottes an. Andererseits war er wahrscheinlich auch von frühchristlichen Kirchen beeinflußt, und die nahegelegene Stadt Ravenna bot mindestens zwei mögliche Vorbilder – das Mausoleum der Galla Placidia von etwa 450 und die Kirche S. Croce, die etwa zur gleichen Zeit entstanden war.[9] Trotzdem fand der Grundriß in der Form des griechischen Kreuzes nie sehr weite Verbreitung, was teilweise daran lag, daß solche Kirchen nur schwer eine Gemeinde aufnehmen können. Albertis zweite Kirche in Mantua bot späteren Architekten in dieser Hinsicht ein annehmbareres Modell.

S. Andrea (Abb. 30–32) wurde nur zwei Jahre vor Albertis Tod entworfen, und der Bau begann erst 1472. Ein Assistent führte Albertis Planung aus, aber ein großer Teil der Kirche wurde erst im achtzehnten Jahrhundert vollendet, und die Fassade entspricht heute nur bis zum Giebelfeld den Absichten Albertis. Der Grundriß beruht auf dem üblicheren lateinischen Kreuz, das bereits Brunelleschi seinen Florentiner Kirchen zugrun-

28, 29 S. Sebastiano, Mantua.
Von Alberti. Begonnen 1460
28 Fassade. Rekonstruktion von
R. Wittkower
29 Grundriß

degelegt hatte, allerdings mit einem wesentlichen Unterschied. In Brunelleschis Kirchen sind die Seitenschiffe vom Mittelschiff nur durch schlanke Säulen getrennt, und wenn man im Mittelschiff oder in einem Seitenschiff steht, läuft die Hauptachse auf den Altar am Ostende zu. In S. Andrea gibt es keine Seitenschiffe, sondern eine Reihe von abwechselnd großen und kleinen Räumen, die im rechten Winkel zum Schiff liegen. Der Betrachter hat also, wenn er im Kirchenschiff steht, zwei Achsenrichtungen, von denen die eine in einem Rhythmus klein-groß-klein seitlich längs der Wände des Schiffs verläuft, während die andere als Längsrichtung auf das Ostende zu durch den tunnelartigen Charakter des Schiffs gegeben ist.

Der Hauptgrund für diese starke räumliche Verschiedenheit zwischen den Typen Brunelleschis und Albertis ist darin zu suchen, daß Alberti sein Kircheninneres ganz bewußt nach römischen Vorbildern gestaltete. Das sehr dunkle Hauptschiff von S. Andrea trägt ein mächtiges kassettiertes Tonnengewölbe von etwa 18 m Breite, das größte, das seit der Antike errichtet worden war. Das ungeheure Gewicht dieses Gewölbes muß

notwendigerweise von sehr umfänglichen Stützen getragen werden, die stärker sind als die in Brunelleschis Kirchentyp verwendeten. Alberti hielt sich deshalb an den Prototyp, das heißt, an die römischen Bauten von der Art der Diokletiansthermen oder der Konstantinsbasilika, bei denen riesige Stützpfeiler das Gewicht des Gewölbes trugen, gleichzeitig aber ausgehöhlt werden konnten, so daß Öffnungen im rechten Winkel zu den Hauptachsen entstanden. So konnten die mächtigen Pfeiler von S. Andrea zu kleinen und großen Kapellenräumen ausgehöhlt werden, ohne daß ihr Widerstand gegen den Schub des Gewölbes geringer wurde. Dieser Typus auf einem Grundriß in der Form des lateinischen Kreuzes mit seinem rhythmischen Wechsel und der Möglichkeit, ein steingewölbtes Dach zu verwenden, wurde später weithin kopiert, vor allem unter dem Einfluß Vignolas und der Jesuiten, die diese Form den sehr zahlreichen Kirchen zugrundelegten, die sie im siebzehnten Jahrhundert bauten.

Ein Blick auf die Fassade zeigt, daß Alberti seine Gliederung des Innenraums abwandeln und an der Außenseite wiederholen konnte, indem er sie mit dem Typus der klassischen Tempelfront kombinierte, den er bereits für S. Sebastiano verwendet hatte. Die Fassade von S. Andrea zeigt eine Verschmelzung des klassischen Triumphbogens (hier des Typus mit nur einem Bogen) mit der klassischen Tempelfront. Die Tempelfront bilden die vier großen Pilaster auf hohen Basen, die ein flaches dreieckiges Giebelfeld tragen; der Triumphbogen besteht aus der großen rundbogigen Öffnung unmittelbar unter dem Giebelfeld, flaniert von Pilastern mit eigenem Gebälk, das hinter den Pilastern der Tempelfront verläuft. Insgesamt also eine kleine Öffnung unten zwischen zwei Pilastern, dann eine große Rundbogenöffnung und schließlich eine Wiederholung des kleineren Eingangs. Das ist genau dasselbe wie der rhythmische Wechsel der kleinen und großen Kapellen, der das grundlegende architektonische Charakteristikum des Innenraums ausmacht, und beide Formen stammen direkt vom Triumphbogen des Septimius Severus in Rom ab.

In diesen späteren Bauten ist Alberti zweifellos von römischen Vorbildern abhängig, aber er bin-

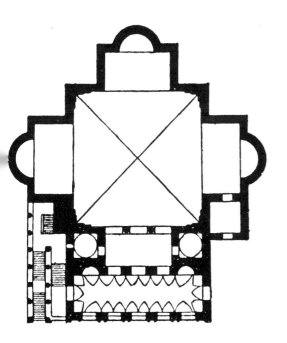

det sich nicht an sie, und diese gleiche distanzierte Haltung gegenüber den antiken Bauten läßt sich auch an vielen Stellen seiner Abhandlung feststellen. Offensichtlich hält er die Architektur der Römer in jeder Hinsicht für höherstehend als die Leistungen der Architektengenerationen, die seine unmittelbaren Vorgänger waren, aber ganz gewiß ist er auch überzeugt, daß Männer wie Brunelleschi (oder er selber) fähig sind, die Regeln, die sie aus der klassischen Architektur ableiten konnten, für andere Zwecke ohne sklavische Nachahmung anzuwenden. Man sollte nicht vergessen, daß Alberti nicht der einzige bedeutende Künstler im Mantua dieser Jahre war, der sich für die Antike begeisterte – schließlich hatte sein Gönner Ludovico Gonzaga Andrea Mantegna zu seinem Hofmaler gemacht. Die Anbetung (in den Uffizien) oder die Fresken in der Camera degli Sposi im Palazzo Gonzaga in Mantua sind zur gleichen Zeit entstanden wie Albertis Kirchen.

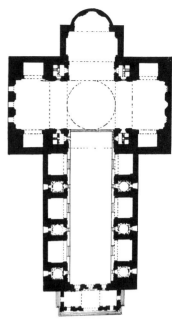

30–32 S. Andrea, Mantua. Von Alberti. Entworfen 1470, begonnen 1472. Fassade, Grundriß und Schiff

Palastgestaltung in Florenz, Venedig und andernorts

Die Entwicklung der Gesellschaft in Italien verlief ganz anders als im übrigen Europa. Im dreizehnten und vierzehnten Jahrhundert bekannte sich fast die gesamte zivilisierte Welt zu einem Gesellschaftsbegriff, der mehr oder weniger feudalistisch war. Das mußte dazu führen, daß sich die Macht in den Händen einzelner Herren auf dem Lande konzentrierte, die jeweils in ihrer Burg saßen und mit Hilfe des kleinen Privatheeres regierten, das sie unterhielten. In Italien dagegen bildete teils die Kirche, teils die frühzeitig entwickelte Stadt die Grundlagen der Gesellschaft. Die von den Römern gegründeten Städte blieben weiterhin die wichtigsten Zentren im Land, und es gibt tatsächlich viele kleine Städte in Italien, die seit über zweitausend Jahren selbständig existieren. Der Aufstieg der Kaufmannsklasse machte sich besonders in den größeren Städten, etwa in Florenz, bemerkbar, und auf Florenz ging dann auch im Verlauf des fünfzehnten Jahrhunderts die wirtschaftliche Führung des Landes über. Die damalige Struktur der italienischen Politik war über die Maßen kompliziert, da es zwei große politische Parteien, die Guelfen und die Ghibellinen gab; in der Theorie unterstützten die Guelfen – die ihrerseits wieder in Schwarze und Weiße Guelfen zerfielen – die Idee der weltlichen Herrschaft des Papsttums gegenüber den Ansprüchen jenes Gebildes, das sich selbst immer noch als Heiliges Römisches Reich bezeichnete. Die Ghibellinen standen zum Prinzip der Oberhoheit des Kaisers in allen weltlichen Angelegenheiten, aber diese theoretischen Positionen wurden in einer Unzahl von Fällen modifiziert. So war zum Beispiel die Stadt Florenz, obwohl eigentlich guelfisch, weit davon entfernt, dem Papsttum in Ergebenheit anzuhängen, während die Stadt Siena, von altersher Florenz feindlich gesinnt, zwar ghibellinisch war, aber in ihrer Politik weit mehr dem Klerus folgte. Stark verallgemeinert könnte man sagen, daß die ghibellinischen Sienesen dazu neigten, eine aristokratische halbfeudale Gesellschaftsform zu fördern, während die guelfischen Florentiner ihren Gesellschaftsbegriff auf eine Kaufmannsoligarchie gründeten. 1250 wurde eine neue Florentinische Republik errichtet, und 1293 wurden die *Ordinamenti di Giustizia,* eine Art republikanische Verfassung, aufgezeichnet. Die politische Macht wurde ausdrücklich den großen Korporationen oder Gilden übertragen, deren es im ganzen einundzwanzig gab. Sieben von ihnen, die *Arti Maggiori,* waren die politischen und wirtschaftlichen Führer, während die übrigen vierzehn, die *Arti Minori,* eingesetzt wurden, um das Gleichgewicht der Kräfte unter den sieben großen Gilden aufrechtzuerhalten. Diese sieben waren die Juristen *(Giudici e Notai),* die Tuchmacher *(Lana* und *Calimala),* die Seidenmacher *(Seta),* die Bankiers und Geldwechsler *(Cambio),* die Kürschner *(Pellicciai)* sowie die Ärzte und Apotheker. Letztere, die *Medici e Speziali,* zählten zu ihrer Gilde auch die Maler, da Farben importierte Drogen waren und Drogen ins Ressort der Apotheker gehörten. Diese größeren Gilden schlossen auch Handwerker aus verschiedenen Gewerben ein – die Goldschmiede zum Beispiel gehörten zur Seidenmachergilde –, so daß in Wirklichkeit die Mitgliedschaft der größeren Gilden weiter verzweigt war, als es den Anschein haben mochte.[10] Andererseits hatten die ersten vier der großen Gilden, *Giudici e Notai, Lana, Calimala* und *Cambio,* in Wirklichkeit die Macht in Händen, seit das Wirtschaftsleben der Stadt weitgehend auf dem Tuchhandel und der internationalen Finanz beruhte, deren Hauptträger in Europa die Florentiner, die Erfinder der doppelten Buchführung, waren. Die Machtkonzentration ging noch weiter, denn die bedeutenderen Gilden wurden vielfach von einzelnen Familien beherrscht, die häufig sehr reich und auch sehr verzweigt waren. Im fünfzehnten Jahrhundert hatte jedes große Familienunternehmen Agenten nicht nur an anderen Orten Italiens, sondern gewöhnlich auch in Brügge und London. Dieser kleinen Anzahl sehr mächtiger Familien stand die Bevölkerung von Florenz gegenüber, der sogenannte *Popolo Minuto,* der keinerlei Machtbefugnis hatte. Es gibt nichts Irrigeres als die Vorstellung, daß Florenz, weil es keinen König und keinen Adel hatte, eine Art moderner Demokratie gewesen sei. Vielmehr drückte sich die politische Unzufriedenheit der Bevölkerung häufig in plötzlichen Aufständen aus, deren bekanntester die Revolte der *Ciompi* von 1378 war, als die

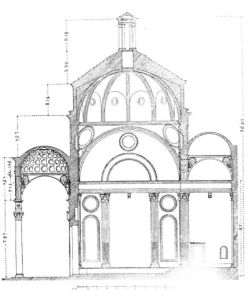

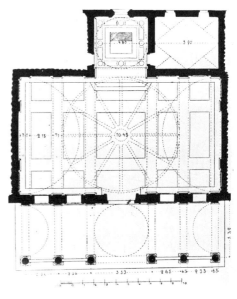

33

27 S. Maria Novella,
Florenz. Fassade.
Von Alberti.
Begonnen 1458

46 Palazzo della
Cancelleria, Rom.
Hof. 1486–96

ist der Einfluß Albertis augenfällig, obwohl es höchst unwahrscheinlich ist, daß er selbst mitwirkte. Der unvollendete Hof des Palazzo Venezia stammt aus dem Jahr 1467/71 und stellt auf lange Zeit hinaus das erste wichtige römische profane Bauwerk dar. Obwohl der Entwurf nicht Alberti zuzuschreiben ist, bringt er eine Lösung des Eckproblems in einem Hof, das sich, wie wir sahen, schon beim Palazzo Medici in Florenz ergab. Die römische Lösung ist in ihrer Ableitung von einem klassischen Vorbild – dem Kolosseum oder dem gegenüber dem Palazzo Venezia gelegenen Marcellustheater – bezeichnend für Alberti. Der Hof unterscheidet sich von dem des Palazzo Medici insofern, als es sich hier um eine Reihe von Bogen handelt, die nicht auf einzelnen Säulen, sondern auf starken Pfeilern ruhen. Den Pfeilern sind Halbsäulen auf hohen Basen vorgelegt, die – ganz wie in den römischen Vorbildern – eher ein schmückendes als ein konstruktives Element darstellen. Unter dem Gesichtspunkt des architektonischen Entwurfs hat diese

65

Lösung vor der florentinischen den großen Vorzug, daß die Ecken infolge der L-Form der Pfeiler den Eindruck einer größeren Tragfähigkeit vermitteln, zu dem auch die bessere Verteilung der Pfeiler beiträgt, deren Proportionen den Basen angepaßt werden können. Höchstwahrscheinlich hat Alberti, vom Kolosseum inspiriert, selbst als erster diese Lösung ausgearbeitet und in der Loggia della Benedizione von Alt-St. Peter verwendet, die uns aus Zeichnungen bekannt ist. Aus diesen Zeichnungen läßt sich entnehmen, daß diese Loggia das Verbindungsglied zwischen dem Kolosseum und dem Palazzo Venezia darstellte, was beweist, daß gerade diese Neuerung Alberti zu verdanken ist.

Das zweite wichtige Bauwerk, der Palazzo della Cancelleria (Abb. 45, 46), ist ein riesiger, für Kardinal Riario begonnener, später aber als päpstliche Kanzlei übernommener Palazzo, der daher auch seinen Namen hat. Der Palazzo della Cancelleria ist eines der größten Rätsel der italienischen Architektur. Er scheint mit Sicherheit zwischen 1486 und 1496 entworfen und erbaut worden zu sein. Wie der Palazzo Pitti in Florenz hat er riesige Außmaße und verrät den Einfluß Albertis, obwohl er nicht von ihm erbaut sein kann, da Alberti schon lange vor dem Baubeginn gestorben war. Man hat ihn, wahrscheinlich seiner Schönheit wegen, gewöhnlich Bramante zugeschrieben, aber man weiß nichts von einem Aufenthalt Bramantes in Rom vor dem Winter 1499/1500, und es besteht kein Zweifel, daß die entscheidenden Charakteristika des Palastes schon lange vorher feststanden. Die außergewöhnlich lange Fassade besteht aus einem hohen Erdgeschoß mit zwei Geschossen darüber, die beide mit Pilastern besetzt sind. Man sieht auf den ersten Blick, daß der Typus dem des Palazzo Rucellai (Abb. 37) sehr ähnlich ist, aber der Palazzo della Cancelleria ist in seinen Proportionen differenzierter und deshalb Rossellinos ziemlich schwacher Kopie in Pienza weit voraus. Zunächst einmal ist die horizontale Gliederung in drei Teile dadurch, daß die Pilaster im Erdgeschoß weggefallen sind, viel einfacher und klarer als im Palazzo Rucellai. Die Rustika und die verhältnismäßig kleinen Fenster des Erdgeschosses bilden so eine ausgedehnte und eindrucksvolle Basis für die beiden Obergeschosse, die ebenfalls

rustiziert sind. Die oberen Geschosse sind jedoch verschieden behandelt. Der *piano nobile* hat größere Fenster, während das oberste Geschoß in jedem Joch zwei Fenster aufweist. Die große Mauermasse ist vertikal und horizontal dadurch aufgelockert, daß die Fassadenenden vorspringen, wobei freilich zugegeben werden muß, daß diese Vorsprünge eigentlich zu klein sind, als daß sie ihre volle Wirkung entfalten könnten. Die horizontale Gliederung ist wirkungsvoller und differenzierter. Beim Palazzo Rucellai hatte Alberti ein sehr einfaches Muster gleichgeformter, durch Einzelpilaster getrennter Fensterjoche eingeführt, deren jedes auf dem Gesims des darunter befindlichen Pilasters ruht, so daß dieses Gesims als Fensterbank und Pilasterbasis dient. Der Palazzo della Cancelleria zeigt einen komplizierten Rhythmus aus einem Pilasterpaar mit einem fensterlosen schmalen Joch dazwischen und einem breiteren Joch mit dem Fenster, so daß hier der Rhythmus AA B AA B des Palazzo Rucellai durch den Rhythmus A B A B A B ersetzt ist. Die Fensterbänke und die Pilasterbasen sind jetzt getrennt und vom Gesims des darunterliegenden Geschosses deutlich unterschieden. Die Einführung breiter und schmaler Joche führt auch zu neuartigen Proportionen. Anstelle der einfachen Proportionen 1 : 2 oder 2 : 3 der früheren Paläste wird bei der Cancelleria reichlich vom Goldenen Schnitt Gebrauch gemacht. So verhält sich zum Beispiel die Breite einer ganzen Vier-Pilaster-Einheit zu ihrer Höhe wie die Höhe eines der Hauptfenster zu seiner Breite, und das gleiche Verhältnis besteht zwischen der Breite der schmaleren und der breiteren Joche. Allein daraus geht schon hervor, daß der Baumeister der Cancelleria mit der Theorie wie auch mit der Praxis Albertis vertraut gewesen sein muß – ein Mann, der fähig war, die Architektur einen großen Schritt voranzubringen.

Die Hoffassade steht in mancher Hinsicht dem Palazzo Rucellai sogar noch näher, da sie mit ihren Säulen der beiden unteren Stockwerke und den Pilastern im oberen Geschoß noch deutlicher auf das Kolosseum verweist. Die beiden unteren Geschosse haben ziemlich breite, von Säulen getragene Bogen, die an das Findelhaus erinnern, während das Obergeschoß eine Abwandlung der Hauptfassade auf gleicher

47, 48 Palazzo Ducale, Urbino. Von Laurana (?).
Entworfen vor 1468. Außenansicht und Grundriß

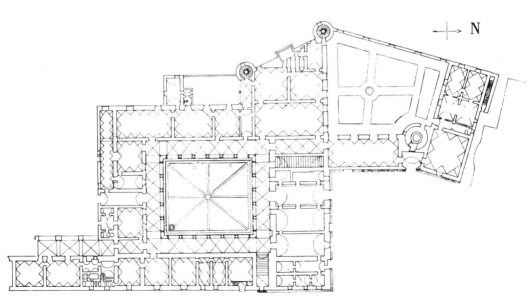

Ebene bringt, wobei keine Pilasterpaare, sondern Einzelpilaster verwendet sind und sich ein Innenrhythmus von A A A ergibt. In den unteren Geschossen allerdings stellen wir einen bedeutenden Unterschied in der Behandlung der Ecken fest, eine Abweichung sowohl vom Typus des Palazzo Medici als auch vom Hof des Palazzo Venezia. Wie bei den früheren Formen ruhen die Bogen auf Einzelsäulen, aber das Eckproblem ist durch die Verwendung eines L-förmigen Pfeilers gelöst, ganz wie im Palazzo Venezia. Alle diese Feinheiten haben dazu geführt, daß man glaubte, Bramante könnte sich, wenn er überhaupt mitwirkte, mit diesem Teil des Palastes befaßt haben. Daß Bramante ursprünglich aus Urbino kam, spricht nicht gegen diese Annahme, sondern

stützt sie vielmehr, denn gerade dort finden wir das erste datierbare Beispiel der Lösung des Eckproblems.

Der Palazzo Ducale in Urbino (Abb. 47–50) ist das dritte dieser großen nicht-florentinischen Gebäude aus der zweiten Hälfte des fünfzehnten Jahrhunderts. Er wurde in der Hauptsache während der sechziger Jahre für den größten Krieger seiner Zeit, Federigo da Montefeltro, den Herzog von Urbino, erbaut, dessen kleiner Hof wahrscheinlich das kultivierteste Zentrum in ganz Europa war.

Auch der Palast in Urbino wirft beträchtliche Probleme der Zuweisung und Datierung auf, aber im großen und ganzen ist wohl anzunehmen, daß er in seinen bedeutenden Teilen von dem geheimnisvollen dalmatinischen Architekten Luciano Laurana gebaut wurde. Wir wissen von Laurana nur sehr wenig und gar nichts über den Beginn seiner Ausbildung, doch steht fest, daß er um 1465/66 in Urbino war und dort ein Modell des Palastes anfertigte. In einem Dokument von 1468 ist er als leitender Architekt des Palastes erwähnt. Er starb 1479 in Pesaro. Das Glanzstück des Gebäudes, der Palasthof, entstand höchstwahrscheinlich zwischen 1465 und 1479, so daß mit gutem Grund Hof und Haupteingangsfassade als Werke Lauranas angesehen werden können. Allerdings arbeiteten auch andere Architekten in Urbino mit, und der Palast war sicher schon im Bau, als Laurana auf der Bildfläche erschien. Vollendet wurde er wahrscheinlich von Francesco di Giorgio aus Siena, und es läßt sich immer noch darüber streiten, wie die genauen Abgrenzungen zwischen Laurana und Francesco in manchen Teilen des Innendekors verlaufen. Außerdem wissen wir, daß der Herzog, der, aus bescheidenen Verhältnissen stammend, die päpstlichen Truppen kommandierte, fast alle bedeutenden Künstler seiner Zeit zu Freunden hatte; Piero della Francesca, Mantegna und Alberti waren gerngesehene Gäste in Urbino. Hier wurden 1444 Bramante und neununddreißig Jahre später auch Raffael geboren. Man hat versucht, die außerordentliche Vollkommenheit der Proportionen des Hofes und der Hauptfassade des Palastes Piero della Francesca zuzuwei-

49, 50 Palazzo Ducale, Urbino. Tor und Hof

sen, doch scheint kein Grund zu bestehen, die rühmenden Worte anzuzweifeln, die Federigo in dem Dokument von 1468 für Luciano Laurana findet, der hier als leitender Architekt erwähnt ist.[13]

Der Palast von Urbino liegt auf dem höchsten Punkt eines Hügels, und abgesehen von der Seite des Haupteingangs, der auf Piazza und Dom gerichtet ist, fällt das Gelände ringsum steil ab. Wie beim Palast von Pienza berücksichtigte man auch hier die herrliche Aussicht, und auf der steilsten Seite wuden zwei hohe runde Türme errichtet, zwischen denen drei Rundbogenöffnungen eine Loggia bilden, die von allen drei Stockwerken aus eine Aussicht auf das Gebirge bietet. Dieser triumphbogenartige Entwurf läßt sich zu dem in Neapel errichteten Triumphbogen für Alfonso von Aragon in Beziehung setzen, und es ist möglich, daß Laurana dort seine Laufbahn begonnen hatte. Hof und Eingangsfassade jedoch sind die bedeutensten Teile des Palastes,

wenn auch das Palastinnere mit großen, leeren Räumen, kunstvoll gearbeiteten Kaminen und Türen mit den vielleicht erlesensten aller Intarsia-Arbeiten zum Schönsten gehört, was uns auf diesem Gebiet geblieben ist. Der Palast ist heute die Nationalgalerie der Marken und enthält eine Bildersammlung, die ihrer Umgebung würdig ist.

Von der Piazza aus gesehen wirkt die Palastfassade (Abb. 47) auf den ersten Blick wie bei so vielen italienischen Bauten sehr enttäuschend. Sie ist übersät mit den kleinen Löchern, die die Gerüstbalken aufnahmen, und wurde offensichtlich nie vollendet; einige der großen Fenster sind zugemauert und einige Eingänge stark verkleinert worden. Trotzdem lohnt es sich durchaus, genauer hinzusehen. Deutlich sichtbar wird zuerst, daß die Haupteingangsfassade, die drei Türen und vier Hauptfenster hat, sich in Größe und Anlage der Fenster durchaus von der sonstigen Hauptfront des Palastes unterscheidet, die durchgehend Rundbogenfenster aufweist, von denen einige die aus den älteren florentinischen Palästen vertraute zweigeteilte Form haben. Wir wissen, daß dieser Teil des Palastes 1447 begonnen wurde und dürfen deshalb mit gutem Grund annehmen, daß diese ganz florentinischen Rundbogenfenster aus jener Zeit stammen. Die Hauptfassade des Palastes ist überaus geschickt gegliedert. Ein Erdgeschoß mit Rustikamauerung und Pfeilern an den Ecken hat drei große viereckige Eingänge mit kleineren viereckigen Fenstern dazwischen. Der *piano nobile* darüber hat vier Fenster, die im Typ den Eingängen ähneln; sie sind von Pilastern flankiert, die ein kräftig modelliertes Gebälk tragen, das als Fensterbedachung dient. Darüber wiederum muß der Architekt mindestens ein Dachgeschoß geplant haben, doch wie das aussehen sollte, können wir beim heutigen Zustand der Fassade nur vermuten.[14] Die ganz unübliche Anordnung der vier Hauptfenster über drei großen Eingängen, die eine Art Zickzackrhythmus ergibt, bei dem die Öffnung

des Fensters über das rustizierte Joch und die Eingangsöffnung zwischen zwei Fenster gesetzt ist, läßt eine Fassadenauffassung erkennen, die sich grundlegend von der aller florentinischen Architekten des fünfzehnten Jahrhunderts unterscheidet. Gleichzeitig weichen auch die rechtwinkligen Öffnungen von der in Florenz üblichen Form ab, was uns in der Annahme bestärkt, daß der Architekt Luciano Laurana war und daß die Fassade unvollendet blieb, als er Urbino verlassen hatte.

Wenn wir den letzten der drei Eingänge durchschreiten, gelangen wir in den Palasthof (Abb. 50). Hier sind die Bauelemente wieder florentinisch und erinnern deutlich an die dortigen großen Vorbilder, etwa den Palazzo Medici, doch sind die gleichen Elemente mit einer Kunstfertigkeit und Subtilität behandelt, wie sie bei einheimischen Florentinern in den sechziger und siebziger Jahren noch nicht zu finden waren. Ein Vergleich mit dem Hof des Palazzo Medici zeigt,

51 Dogenpalast, Venedig. 14. und 15. Jh.

daß das Erdgeschoß in beiden Fällen aus einem offenen Kreuzgang mit auf Säulen ruhenden Kreuzgewölben besteht. Unmittelbar darüber befindet sich der geschlossene *piano nobile* mit Fenstern, die den Bogen des Erdgeschosses entsprechen. Hier zeigt sich ganz deutlich die Überlegenheit des Hofs von Urbino. Erstens ist die Schwäche des Hofs im Palazzo Medici weitgehend auf die Schwierigkeit der 90-Grad-Drehung von zwei Bogen zurückzuführen, bei der in allen vier Ecken jeweils zwei Bogen auf nur einer Säule ruhen. Wie wir sahen, war im Palazzo Venezia in Rom bereits eine Lösung gefunden, die sehr wahrscheinlich von Alberti inspiriert war und zeitlich ungefähr mit den Arbeiten in Urbino zusammenfiel (Abb. 44). Laurana hat in die Ecken einen L-förmigen Pfeiler gestellt, vor dessen beide Schenkel jeweils eine Halbsäule gesetzt ist, auf welcher die Erdgeschoßbogen ruhen. Dem Pfeiler sind Pilaster vorgesetzt, die sich in der Ecke begegnen und ein Gebälk mit einer lateinischen Inschrift zur Lobpreisung Herzog Federigos tragen.[15] Dieses über den Bogen verlaufende Pilaster- und Gebälk-System ist offensichtlich von Brunelleschis Findelhaus inspiriert: Laurana hat sich Brunelleschis Erfindung auf eine Weise zunutzegemacht, die dessen Zeitgenossen in Florenz noch nicht zustandegebracht hatten. Wichtiger ist noch, daß die Anordnung der Ecken es ermöglicht, die Fenster des *piano nobile* genau über die darunter befindlichen Bogen zu setzen, ohne daß sie in den Ecken zu nahe aneinanderrücken müssen und immer noch Raum bieten für eine Pilasterordnung, die den Säulen im Erdgeschoß entspricht. Wir haben jetzt die zwei kräftigen Horizontalen des oberen und des unteren Gebälks und dank der konsequenten Verwendung von Pilastern und Säulen

71

53 Palazzo Corner-Spinelli, Venedig. Begonnen
um 1480

deutlich bestimmte Joche in beiden Geschossen.
Das Verhältnis der Fensteröffnungen zu dem
Raum zwischen den einrahmenden Pilastern ist
ein besonders gutes Beispiel für die außerordentliche Feinfühligkeit dieses Architekten; Michelozzos Hof wirkt im Vergleich dazu plump und
unausgewogen. Man kann kaum daran zweifeln,
daß der Architekt des Hofs von Urbino derselbe
Mann war, der auch die Hauptfassade entwarf,
und ebensowenig daran, daß er, ohne selbst Flo-

rentiner zu sein, alle neuen Bauten in Florenz,
Rom und Neapel genau kannte. Da wir wissen,
daß Laurana 1468 Federigos leitender Architekt
war, dürfen wir annehmen, daß dieses vollkommene Bauwerk, das wiederum Bramante, den
bedeutendsten Baumeister der nächsten Generation, inspirierte, ihm zu verdanken ist.
Ein weiterer, überaus fähiger Architekt arbeitete
ebenfalls am Palast von Urbino – Francesco di
Giorgio, ein Maler und Baumeister aus Siena.

Allerdings war er offenbar hauptsächlich mit der Ausschmückung einiger Räume befaßt, denn das einzige ihm mit Sicherheit zuzuschreibende Bauwerk, die kleine Kirche von Cortona (Abb. 62) vom Ende des Jahrhunderts, zeigt bei weitem nicht die Qualität des Palastes von Urbino.

Der typische venezianische Palast unterscheidet sich grundlegend von allen anderen italienischen Palästen, wie überhaupt die stilistische Entwicklung der venezianischen Architektur wesentlich langsamer verläuft. Wir sahen bereits, daß der normale Palasttyp, der sich in den Florentiner Beispielen verkörpert, durch eine Reihe sozialer, wirtschaftlicher und klimatischer Umstände bedingt ist. Die gleichen Einflüsse waren auch in Venedig wirksam, aber die Umstände an sich waren anders. Zunächst einmal wurde jeder bedeutende Palast in Venedig wegen der Raumknappheit weitgehend auf Pfählen errichtet, die im Wasser stehen; das bedeutet, daß ein offener Hof keinen Sinn hat. Infolge der wirtschaftlichen und politischen Stabilität Venedigs war es ferner nicht so notwendig, die Paläste zu befestigen, so daß man auch keinen zentralen Lichthof brauchte. Der venezianische Palast ist also im allgemeinen ein einziger Block und sein Stil sehr stark durch die Umstände des venezianischen Handels bedingt. Im Mittelalter trieben die Venezianer einen ausgedehnten Handel im östlichen Mittelmeer und vor allem mit dem Oströmischen

54 Palazzo Vendramin-Calergi, Venedig.
Um 1500–09

Reich, wie es bis 1453 bestand, als Konstantinopel von den Türken erobert wurde. Infolgedessen stand es stark unter dem Einfluß der byzantinischen Kunst, die in Venedig noch generationenlang eine lebendige Kraft blieb, nachdem sie im übrigen Italien schon längst gestorben war. Der Handel mit dem nördlichen Europa unterstützte auch die Übernahme gotischer Elemente aus dem Norden.

Die Markuskirche und der Dogenpalast waren die beiden großen Bauten, die die Macht und den Reichtum der Republik symbolisierten. Die Markuskirche geht auf das Jahr 829 zurück, wurde aber 1063 umgebaut und 1094 geweiht. Ein großer Teil der Fassade stammt aus dem frühen fünfzehnten Jahrhundert. Der Dogenpalast wurde im vierzehnten Jahrhundert errichtet, doch die parallel zur Markuskirche gelegene, nach der Piazza gerichtete Seite stammt aus den Jahren 1424–42. Diese beiden Gebäude und vor allem der Dogenpalast (Abb. 51) waren die bleibenden Vorbilder für die venezianische Architektur. Man kann das an der Ca' d'Oro (Abb. 52) von 1427/36 oder dem Palazzo Pisani aus der Mitte des fünfzehnten Jahrhunderts sehen. In diesen und späteren Beispielen des gleichen Palasttyps zeigt sich der Einfluß des Dogenpalastes in der Form und Größe der Fenster des ersten Stockwerks am deutlichsten. In der Ca' d'Oro finden wir die seltsame, aber höchst glückliche Anlage einer Doppelarkade mit den großen Öffnungen im Erdgeschoß und den schmalen unmittelbar darüberliegenden wieder, nur steht die Ca' d'Oro im Gegensatz zum Dogenpalast am und teilweise im Canal Grande. Das hat zur Folge, daß der Palast keinen Mittelhof besitzt und daß außerdem das Erdgeschoß so gut wie unbewohnbar ist. Deshalb hat der typische venezianische Palazzo in Höhe des Wasserspiegels eine große Öffnung und eine Treppe, die von einer Eingangshalle ausgeht; das übrige knapp über dem Wasserspiegel gelegene Erdgeschoß enthält Vorratsräume. Der *piano nobile* ist also in venezianischen Palästen noch wichtiger als in allen anderen italienischen Palazzi. Hieraus ergibt sich noch eine weitere Eigenheit der venezianischen Palastanlage, nämlich die Tendenz, die Fassade in drei vertikale Elemente zu gliedern. Der Hauptraum im ersten Stockwerk, der Gran Salone, nimmt die gesamte

Mitte der Fassade ein, und die kleineren Räume zu beiden Seiten sind nach außen hin durch kleinere Fenster kenntlich. Daraus wiederum ergibt sich, daß die Fenster des Gran Salone so groß wie nur möglich sein müssen, da der große Mittelraum nur von vorn und von hinten her Licht erhalten kann, weil es weder einen Innenhof noch eine Möglichkeit für einen seitlichen Lichteinfall gibt. So erklärt sich das charakteristische Kennzeichen aller venezianischen Palazzi: die große Massierung von Fensteröffnungen in der Mitte der Fassade. Der venezianische Konservativismus war so groß, daß dieser Grundtyp sich so gut wie unverändert vom frühen fünfzehnten bis ins achtzehnte Jahrhundert hielt und die einzigen größeren Veränderungen, die im Lauf des fünfzehnten und sechzehnten Jahrhunderts allmählich eingeführt wurden, sämtlich darauf abzielten, in der Fassade ein symmetrisches System mit mehr oder weniger regelmäßigen Öffnungen zu erreichen. Die meisten großen Paläste aus dem fünfzehnten und sechzehnten Jahrhundert wurden von den Lombardi oder ihrem Verwandten Mauro Codussi entworfen; dazu gehören der Palazzo Corner-Spinelli (Abb. 53), begonnen um 1480, und der Palazzo Vendramin-Calergi (Abb. 54), begonnen um 1500 und beendet 1509. In beiden Fällen wurde die Massierung der Fenster in der Mitte beibehalten, aber die Fenster in den Jochen zu beiden Seiten wurden symmetrisch angelegt und nach Größe und Form den mittleren angeglichen. Im Palazzo Corner-Spinelli ist der Rhythmus A B B A und im Palazzo Vendramin-Calergi A B B B A. Bei dem späteren Bau sind allerdings die klassischen Elemente mit etwas mehr Sicherheit und Geschicklichkeit gehandhabt, was sich zum Beispiel in der Anordnung der Halbsäulen zeigt. Hier wurde die traditionelle Anlage der Fenster dadurch unterstrichen, daß die Seitenjoche ein Säulenpaar, ein Fenster und noch ein Säulenpaar haben, während die drei Hauptfenster des Gran Salone nur durch Einzelsäulen getrennt sind. Trotzdem muß der Palazzo Vendramin-Calergi, wenn man bedenkt, was im übrigen Italien bis 1509 vorgegangen war, als im wesentlichen alt-

55 S. Michele in Isola, Venedig. Von Codussi. 1469 bis um 1479

74

modisch angesehen werden, und bis man von einem Einzug der Formen der Hochrenaissance in Venedig sprechen kann, dauerte es auch noch bis zum Jahre 1537, in dem Jacopo Sansovino, ein florentinischer Flüchtling in Venedig, seinen prachtvollen Palazzo für die Familie Cornaro begann. Eine weitere für Venedig charakteristische Bauform sei nur kurz gestreift – der Typus der unter dem Namen *Scuola* bekannten karitativen Gründung. Hierbei handelte es sich um religiöse Bruderschaften, gewöhnlich von Männern mit gleichem Beruf, die sich unter dem Patronat eines Heiligen zu karitativen und Lehr-Zwecken zusammenschlossen. Diese Gebäude waren also manchmal teils Hospital, teils Schule, dienten aber gleichzeitig als Treffpunkt für die Mitglieder. Als Bauwerke am berühmtesten waren wohl die Scuola di S. Marco und die Scuola di S. Rocco, die erst 1517–60 entstand, trotzdem aber den extremen Konservativismus der venezianischen Architekten erkennen läßt, der hier mit dem anhaltenden Einfluß der Markuskirche auf alle kirchlichen Bauten Venedigs zusammentraf.

Der Einfluß der Markuskirche war auf viele Jahre hinaus maßgebend für fast alle Kirchen Venedigs und des venezianischen Territoriums. Man findet ihn in S. Maria de' Miracoli und in S. Zaccaria, Kirchen, die beide aus der zweiten Hälfte des fünfzehnten Jahrhunderts stammen und ebenfalls von Mauro Codussi und der Familie Lom-

bardi gebaut wurden. Nur zwei Kirchen Venedigs aus dieser Periode müssen besonders erwähnt werden: S. Michele in Isola (Abb. 55), Codussis erste Arbeit in Venedig, 1469 begonnen und um 1479 vollendet, und die viel spätere S. Salvatore. Man möchte S. Michele in Isola einfach deswegen Codussis schönste Leistung nennen, weil bei ihr weniger stark der venezianischen Leidenschaft für Dekor nachgegeben ist als bei allen anderen Bauten des Architekten. Die Kirche wurde auf einer kleinen Insel erbaut, die Venedig als Friedhof dient, und ist deshalb eher eine Begräbnisstätte als eine Pfarrkirche. Vielleicht ist das der Grund für die Schlichtheit und Strenge der Architektur, die eher an die Frühwerke Albertis erinnert als an die Architektur des späteren fünfzehnten Jahrhunderts in Venedig. Die Ähnlichkeiten zwischen S. Michele und Albertis Tempio Malatestiano können schwerlich zufällig sein; von hier muß der klassische Impuls ausgegangen sein, der sich in Venedig zu dieser Zeit bemerkbar machte.

Die zweite Kirche, S. Salvatore (Abb. 56), entstand zwischen 1507 und 1534 und ist vor allem deshalb interessant, weil sie zeigt, wie sich aus der auf dem Grundriß in Form eines lateinischen Kreuzes errichteten Kirche eine neue, unmittelbar von der Markuskirche hergeleitete Form entwickelt. Sie besteht aus einem langen Mittelschiff, das sich aus drei ineinander übergreifen-

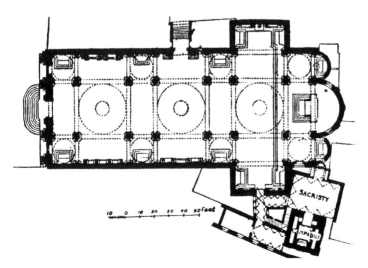

56 S. Salvatore, Venedig. Grundriß. Von Giorgio Spavento. Um 1507

57 Cappella Colleoni, Bergamo. Von Amadeo. Nach 1470

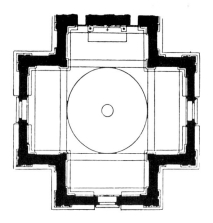

den Zentralbauten zusammensetzt, von denen
jeder eine von vier kleineren Kuppeln umge-
bene Kuppel trägt, und verbindet so den Typus
der Markuskirche mit dem von Filarete und Leonardo in Mailand entwickelten Typ. Das lateinische Kreuz kommt durch die Hinzufügung
von Querschiffen und Apsiden zustande. Der
Grundriß scheint auf Giorgio Spavento zurückzugehen, doch wurde der Bau von einem der
Lombardi oder sogar von Jacopo Sansovino ausgeführt.

Im Norden Italiens finden sich mehrere Beispiele
des gemischten Stils, der sich aus einer Anwendung der klassischen Prinzipien toskanischer
Architekten auf die im Norden üblichen dekorativen Traditionen ergab. Zu den bedeutendsten
unter diesen Bauten zählt die Cappella Colleoni
in Bergamo (Abb. 57), erbaut von dem berühmten und vielbegehrten Giovanni Antonio Amadeo, der später mit Bramante in Mailand zusam-
menarbeitete. Die Cappella Colleoni entstand
bald nach 1470; sie hat insofern viel Ähnlichkeit
mit den Bauten Filaretes, als ein hoher, achteckiger Tambour samt Kuppel und Laterne vorhanden ist, was letztlich auf den Dom von Florenz
zurückgeht. Dennoch zeigt die Fassade als Gan-

zes, daß die dekorativen Elemente die mathematischen Prinzipien der toskanischen Architekten
stets zurückzudrängen vermochten, wenn sich
auch Amadeo selbst wahrscheinlich für einen
klassischen Architekten hielt. Ein sehr viel gelun-
generes, allerdings auch viel späteres Bauwerk ist
der Dom in Como vom Ende des Jahrhunderts.
Weniger gut gelungen, aber berühmter ist die
Certosa von Pavia, das große Karthäuserkloster,
das 1481 entworfen wurde, aber fast 150 Jahre bis
zu seiner Vollendung brauchte. Amadeo war
wahrscheinlich am Entwurf beteiligt, doch wirkten die meisten großen Architekten, Maler und
Bildhauer Mailands an diesem Projekt mit. Ein
großer Teil der Fassadenskulptur ist als Bild-
hauerarbeit hervorragend, die Gesamtwirkung
muß jedoch als überladen bezeichnet werden.
Zwar sind die Hauptlinien der Anlage schlicht,
aber so überdeckt von farbigen Inkrustationen
und schmückender Skulptur, daß der Gesamt-
effekt der eines halbverdauten Klassizismus ist.
Was sonst an bedeutenden Kirchen in den letzten Jahren des fünfzehnten Jahrhunderts in Italien entstand, stammt von toskanischen Architekten, welche die von Brunelleschi festgelegten
Prinzipien fortführten. Zu erwähnen sind S.

Maria delle Carceri in Prato (Abb. 58–61) von Giuliano da Sangallo und S. Maria del Calcinaio bei Cortona (Abb. 62) von Francesco di Giorgio. Beide ähneln den kirchlichen Zentralbauten, an denen Leonardo und Bramante sich in Mailand versuchten, und wir wissen, daß Francesco di Giorgio ein persönlicher Bekannter Leonardos war und eine Abhandlung über die Baukunst schrieb.

Giuliano da Sangallo war der älteste der drei bedeutenden Architekten der Familie. Er wurde wahrscheinlich 1443 geboren und starb 1516. Sein Bruder, bekannt als Antonio der Ältere, wurde 1455 geboren, und beider Neffe, Antonio der Jüngere, 1485. Giuliano wurde in der von Brunelleschi begründeten Tradition erzogen (der starb, als Giuliano drei Jahre alt war). Seine bedeutendsten Werke sind die Kirche in Prato, der Palazzo Gondi in Florenz und die Sakristei, die er an Brunelleschis Kirche S. Spirito anbaute. Seine Laufbahn gipfelte in der offiziellen Ernennung zum Nachfolger Bramantes in der Leitung der Bauarbeiten an der Peterskirche (1514–15), doch konnte er offenbar eine so umfangreiche Aufgabe nicht bewältigen und zog sich nach Florenz zurück, wo er 1516 starb. Seine beiden kirchlichen Bauten zeigen sehr deutlich seine Bindung an die Tradition Brunelleschis, denn die Sakristei von S. Spirito

61 S. Maria delle Carceri, Prato. Innenraum

62 S. Maria del Cal-
cinaio, Cortona.
Innenraum.
Von Francesco di
Giorgio. Begonnen
1484

ähnelt in ihrem ganz auf Brunelleschi abgestimmten Detail dem Baptisterium von Florenz.
Die Kirche S. Maria delle Carceri in Prato wurde
1485 begonnen und steht seit 1516 in ihrem heutigen unvollendeten Zustand. Sie ist als reines griechisches Kreuz angelegt und steht insofern in der
Tradition von Brunelleschis Zentralbauten, aber
auch – und zwar noch unmittelbarer – in der Nachfolge von Albertis S. Sebastiano in Mantua, die
ein Vierteljahrhundert älter ist. Das Innere zeigt
eine Rippenkuppel auf Pendentifs, ganz wie Bru-

nelleschis Pazzikappelle oder Sakristei, während
das Äußere, für das es kein unmittelbares Vorbild
bei Brunelleschi gab, auf das der Architekt
zurückgehen konnte, mit einer plump proportio-
nierten doppelten Ordnung viel schwächer ist.
Trotzdem sehen wir in Giulianos Kirche und in
Francesco di Giorgios ähnlicher und gleichzeitiger S. Maria del Calcinaio den Gipfelpunkt dessen, was die Frührenaissance als Ideal der klassischen Leichtigkeit und Reinheit ansah. Die
nächste Stufe sollte Bramante erreichen.

Mailand: Filarete, Leonardo, Bramante

In der zweiten Hälfte des fünfzehnten Jahrhunderts kam es in Mailand zu bedeutenden Entwicklungen. Die Familie Sforza beherrschte seit 1450, als Francesco Sforza Herzog von Mailand wurde, die politische Szene, bis 1499 Lodovico die Stadt an Ludwig XII. von Frankreich verlor und sein Leben im Gefängnis beendete. Die Sforza waren große Kunstmäzene, und vor allem Lodovico war ein Gönner der beiden größten Künstler der damaligen Welt, Leonardo da Vinci und Bramante, die beide fast zwanzig Jahre lang für ihn arbeiteten. Als Francesco Sforza Herzog wurde, nahmen die Florentiner noch in allen Bereichen der Kunst den ersten Platz ein, und die einheimische lombardische Tradition geriet schon bald unter toskanischen Einfluß, vor allem deshalb, weil Francesco Sforza politisch mit Florenz und Cosimo de' Medici verbündet war. Eine Anzahl florentinischer Künstler, zu denen auch Brunelleschi gehörte, arbeitete zu verschiedenen Zeiten in Mailand, und die drei einflußreichsten waren Michelozzo, Filarete und Leonardo da Vinci. Soviel wir wissen, entwarf Michelozzo zwei wichtige Bauten in Mailand: einen Palazzo, der der Familie Medici gehörte, und eine große, von der florentinischen Familie Portinari errichtete Kapelle. Die Portinarikapelle (Abb. 63) ist ein Teil der Basilika S. Eustorgio, kann aber fast als ein selbständiges Gebäude gelten; sie wird Michelozzo zugewiesen, doch steht keineswegs fest, daß der Entwurf ausschließlich von ihm stammt oder daß er von den Mailänder Handwerkern ganz so ausgeführt worden ist, wie er es beabsichtigt hatte. Die Mailänder Tradition mit ihrer Liebe zu Farbe und Dekor stand deutlich im Gegensatz zu den schlichteren und strengeren Formen, die Michelozzo von Brunelleschi übernommen hatte, und die Geschichte eines großen Teils der Mailänder Architektur aus dem späten fünfzehnten und frühen sechzehnten Jahrhundert ist die Geschichte einer Reihe von Kompromissen zwischen einem reinen klassischen Stil und den Traditionen und Vorlieben örtlicher Mäzene und Handwerker. Die Portinarikapelle ist im Grunde in der Art Brunelleschis angelegt, mit quadratischem Grundriß und einer von Pendentifs getragenen Kuppel darüber, sie hat aber auch an den Ecken vier merkwürdige kleine minarettähnliche Türme, die für die lombardische Vorstellung von Verzierung bezeichnend sind. Dieser Typ eines Zentralbaus mit Türmen an den Ecken wurde charakteristisch für das lombardische Interesse am Zentralbau im späten fünfzehnten Jahrhundert, und die gleichen Ideen lassen sich in einer sehr viel höher entwickelten Form in den ersten Plänen für den Umbau der Peterskirche in Rom erkennen.

Der Palazzo, den Michelozzo als Hauptsitz der Medicibank in Mailand gebaut haben soll, ist uns heute nur aus dem im Castello Sforza in Mailand erhaltenen Portal und aus einer Zeichnung von der ganzen Fassade in Filaretes Abhandlung über Architektur bekannt. Sowohl die Zeichnung als auch das erhaltene Portal zeigen die gleiche Kombination aus florentinischen oder von Brunelleschi verwendeten Formen mit gotischen Schmuckelementen von der Art der auf Filaretes Zeichnung angegebenen Spitzbogenfenster. Die Portinarikapelle und auch der Palazzo Medici stammen aus den frühen sechziger Jahren; sie sind die wichtigsten Beispiele für die Einführung florentinischer Bau-Ideen im Mailand der Jahrhundertmitte.

Die nächste Welle florentinischen Einflusses ist mit dem Namen Filaretes verbunden. Er war ein Florentiner Bildhauer, der eigentlich Antonio di Averlino hieß, sich aber bezeichnenderweise selbst den aus dem Griechischen abgeleiteten Namen Filarete, Liebhaber der Tugend, gab. Er wurde vermutlich 1400 geboren und starb um 1469, und sein frühestes erhaltenes Werk ist die 1445 vollendete große Bronzetür von Alt-St. Peter. Diese Tür gehört zu den wenigen erhaltenen Objekten, die in die heutige Basilika übernommen wurden; sie zeigt deutlich, daß Filarete hoffte, mit den großartigen Bronzetüren wetteifern zu können, die Ghiberti für das Baptisterium von Florenz geschaffen hatte. Sie ist jedoch nicht sehr gut gelungen, und etwa zwei oder drei Jahre später verließ Filarete hastig Rom, da er offenbar in Ungnade gefallen war. Bald danach kam er in die Lombardei, wo er 1456 den Bau des großen Mailänder Hospitals begann, das – stark verändert und umgebaut – bis vor ganz kurzer Zeit das Hauptkrankenhaus von Mailand war (jetzt aber in die Universität von Mailand einbe-

63 S. Eustorgio, Mailand. Portinarikapelle. Von Michelozzo. Nach 1460

zogen ist). Filarete studierte vorher die Hospitäler von Florenz und Siena, damals die beiden großen Beispiele von Krankenhausplanung. Sein Gebäude sollte die sehr zahlreichen Stiftungen, die damals in ganz Mailand verstreut lagen, an einem Ort zusammenfassen; architektonisch ist es deswegen von Bedeutung, weil Filarete den Grundriß des Riesenbaus auf Kreuzen in Viereken gründete, wobei er die Hospitalkirche genau in der Mitte der Anlage anordnete und als Zentralbau konzipierte. Diese Kirche hatte, ganz wie Michelozzos Portinarikapelle, Türme an den Ecken. Erhaltene Teile des Gebäudes zeigen, daß Filarete wie Michelozzo versuchte, den gotisch gesinnten Handwerkern klassische Formen aufzuzwingen, dieses Ziel aber, wiederum wie Michelozzo, nicht erreichte.

Wichtiger als seine wenigen erhaltenen Bauten war die Abhandlung, die er wahrscheinlich zwischen 1461 und 1464 schrieb. Bald nachdem er sie vollendet hatte, fiel er in Mailand in Ungnade. Es gibt eine mit sehr vielen Illustrationen versehene Fassung der Abhandlung, die Piero de' Medici gewidmet und auf 1465 datiert ist. In ihr plädiert Filarete leidenschaftlich für eine Rückkehr zum antiken Stil und für eine Abwendung von dem »barbarischen modernen Stil«, womit die in Norditalien noch fast unangefochten herrschende Gotik gemeint ist. Das Werk besteht aus fünfundzwanzig Büchern, die auf höchst ungewöhnliche Art in mehrere getrennte Gedankengänge unterteilt sind. Das erste ist eine vollkommen sachliche architektonische Abhandlung, die sich auf die Theorien Albertis stützt, im Ausdruck jedoch sehr verworren und unzusammenhängend ist. Der zweite Teil der Abhandlung ist ein kunstvolles Märchen über eine Phantasiestadt mit dem Namen Sforzinda (Abb. 64), die nach seinen Mailänder Gönnern benannt ist. Hier finden sich lange Schilderungen der Stadt, die als frühes Beispiel des sternförmigen Stadtplans große Bedeutung hat, und weiter ausführliche Beschreibungen der einzelnen Bauten mit genauen Angaben über die Verzierungen an den Hauptgebäuden. Es sei daran erinnert, daß die Planung für Pienza, obwohl viel weniger anspruchsvoll als Sforzinda, in den frühen sechziger Jahren tatsächlich realisiert wurde. Manche von den Büchern enthalten den seltsamsten Mischmasch aus astrologischen Berechnungen, die für die Sicherung der Harmonie in der projektierten Stadt unerläßlich sein sollen, dann aber auch wieder daran anknüpfende durchaus vernünftige Bemerkungen über die wünschenswerte Beziehung zwischen Architekt und Mäzen oder den Befestigungsbau. Das elfte Buch enthält eine Beschreibung des Hospitals, das er in Mailand zu bauen hoffte, und einige Zeichnungen. Im vierzehnten Buch wird die Märchenatmosphäre noch verdichtet durch eine Schilderung des Goldenen Buches, das beim Ausschachten der Fundamente für Sforzinda gefunden wurde und das aus dem Grab eines Königs Zogalia stammte. Das Goldene Buch erweist sich als eine Sammlung von Beschreibungen antiker Bauten; es besteht kein Zweifel, daß jedenfalls für Filarete die Relikte des Altertums etwas Magisches an sich hatten, das sie verdientermaßen über die barbarische Gotik triumphieren ließ. Einer späteren Generation erschien Filarete einigermaßen lächerlich, und Vasari, der in der Mitte des sechzehnten Jahrhunderts schrieb, äußert sich ziemlich beißend über die Abhandlung: »Obwohl sich manches Gute darin findet, ist sie doch sehr lächerlich und vielleicht das törichteste Buch, das jemals geschrieben wurde.« Das war der Standpunkt einer rationalistischeren und pedantischeren Generation, aber zweifellos waren Filaretes Begeisterung und vor allem sein leidenschaftliches Eintreten für den Zentralbau von größter Bedeutung für die Entwicklung der Architekturtheorie in Mailand. Da sowohl Leonardo als auch Bramante sich in den achtziger und neunziger

Jahre intensiv mit der Theorie des Zentralbaus beschäftigten, kann man die Folgen für ganz Europa gar nicht hoch genug einschätzen. Leonardo kam höchstwahrscheinlich 1482 nach Mailand und blieb bis 1499 dort. Während dieser siebzehn Jahre war er damit beschäftigt, ein Tonmodell für das große Sforzadenkmal herzustellen, das Abendmahl zu malen und eingehende anatomische Untersuchungen sowie verschiedene andere wissenschaftliche Vorhaben durchzuführen. Gleichzeitig begann er, wahrscheinlich unter dem Einfluß Bramantes und der Abhandlung Filaretes, an einer Reihe von Architekturzeichnungen mit Zentralgrundriß zu arbeiten. Es ist möglich, daß Leonardo durch seine anatomischen Kenntnisse, die das Wissen seiner Zeitgenossen um ein Vielfaches überstiegen, dazu bewogen wurde, sich dem Studium der Architekturzeichnung zuzuwenden. Wir wissen, daß er eine tiefschürfende Abhandlung über Anatomie plante und auch niederzuschreiben begann, um den gesamten Aufbau des menschlichen Körpers mit Hilfe von Diagrammen zu erklären, die auf Schnitten und Zeichnungen von den verschiedenen Stadien des Sezierens beruhten und so angeordnet waren, daß die Funktionen der verschiedenen Körperteile deutlich zutagetraten. Vorher hatte die akademische Anatomielehre fast ausschließlich aus einigen wenigen Diagrammen bestanden, in denen die Körperteile eher symbolisch wiedergegeben als wirklich dargestellt waren; dazu kamen gelegentlich Instruktionen durch praktische Ärzte in Form einer Sektion, die jedoch nicht dem Zweck einer Erforschung des menschlichen Körpers dienten, sondern eher als ein Mittel zur Bestätigung der vorhandenen Diagramme angesehen wurden. Leonardos wissenschaftliche Einstellung zur Anatomie läßt sich aus den zahlreichen Architekturzeichnungen dieser Periode ablesen, und das gilt besonders für die Skizzen im Manuskript MS. B, das sich heute in Paris befindet. Diesem Entwurf zu einer Abhandlung über Architektur legt Leonardo eine Reihe zentral geplanter Formen zugrunde und entwickelt immer kompliziertere Formen aus der ersten einfachen Figur (Abb. 65, 66). Viele von ihnen hätte man wohl kaum bauen können, sie sind offensichtlich Übungen in architektonischer Theorie, aber die

64 Idealstadt Sforzinda.
Von Filarete. Vor 1464

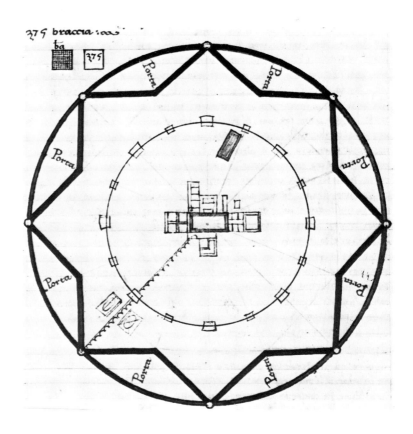

Bedeutung dieser Zeichnungen liegt darin, daß sie bewußte theoretische Spekulationen sind, für die Leonardo eine neue Darstellungstechnik entwickelte. Die meisten dieser Zeichnungen stellen einen komplizierten Grundriß dar und zeigen dann das gleiche Gebäude aus der Vogelperspektive (und gelegentlich auch im Schnitt), so daß wir, ganz wie bei seinen anatomischen Zeichnungen, ein vollständiges Bild der dreidimensionalen Formen erhalten.[16] Soviel wir wissen, hat Leonardo niemals wirklich etwas gebaut, doch besteht kein Zweifel, daß seine Zeichnungen und Überlegungen einen starken Einfluß auf Bramante ausübten und über ihn den gesamten Verlauf des architektonischen Denkens im sechzehnten Jahrhundert beeinflußten. Es gibt sogar gute Gründe für die Annahme, daß Bramantes früher Entwurf für die Peterskirche stark unter dem Einfluß der Zeichnungen Leonardos von Zentralbauten stand; auf beide Künstler machten

die ältesten Bauwerke Mailands und vor allem die frühchristliche Basilika S. Lorenzo tiefen Eindruck. Bramante, der sich zum größten Architekten seiner Generation entwickeln sollte, war von spätestens 1481 bis zum Fall der Stadt im Jahre 1499 in Mailand. Seine Laufbahn liegt im Dunkeln. Wahrscheinlich war er 1444 nicht weit von Urbino zur Welt gekommen, aber über seine Arbeit bis 1477 weiß man nicht das Geringste. In diesem Jahr malte er einige Fresken in Bergamo, von denen noch einige wenige Fragmente erhalten sind. Es scheint sicher, daß er noch weit länger als Maler tätig war, da es einen auf 1481 datierbaren Stich gibt, auf dem »in Mailand« vermerkt ist. Er ist das früheste Zeugnis seines Interesses an Architektur, stellt aber verfallene Gebäude im stark verzierten Stil der lombardischen Gotik dar und verrät wohl eher die Phantasie eines Malers als die eines Architekten. Wahrscheinlich wuchs er in Urbino auf, und man darf mit gutem Grund

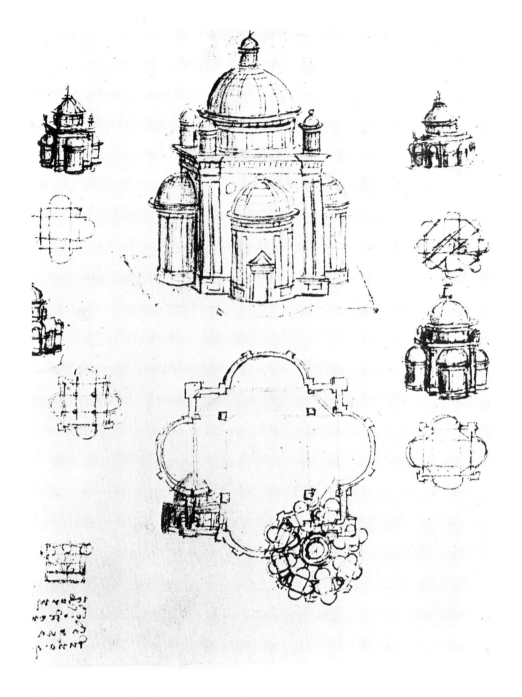

65, 66 Architekturstudien. Von Leonardo da Vinci.
Um 1498 oder später

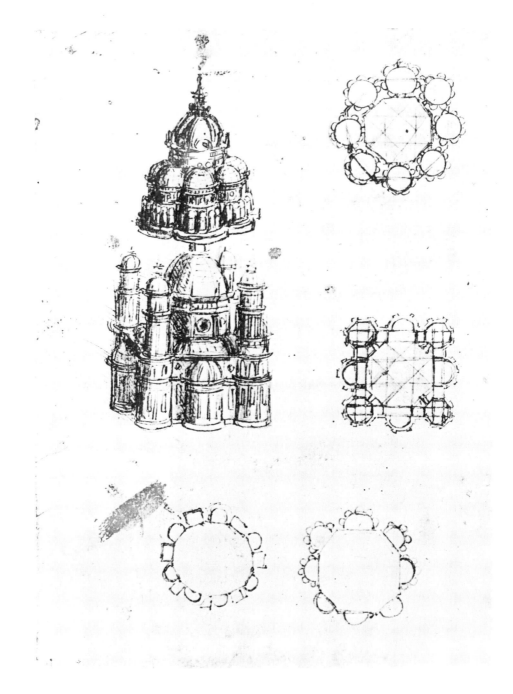

annehmen, daß er ein Schüler Piero della Francescas und Mantegnas war, so daß die Einflüsse, die ihn prägten, von der edlen Schlichtheit des Palastes von Urbino, von der Harmonie der Gemälde Pieros und dem leidenschaftlichen Interesse Mantegnas am klassischen Altertum ausgingen. In dem Stich von 1481 ist davon wenig zu sehen, aber in den folgenden fünfundzwanzig Jahren sollte Bramante die architektonischen Gegenstücke zu diesen Prinzipien erfinden und in ihnen mit klassischen Mitteln ausdrücken, was auf Jahrhunderte hinaus für jede Architektur zur Norm werden sollte.

Bramantes frühester uns bekannter Bau war die Rekonstruktion der Kirche S. Maria presso S. Satiro (Abb. 67–70), ein kleines Gebäude aus dem neunten Jahrhundert in Mailand. Wahrscheinlich begann er in den siebziger Jahren dort zu arbeiten; allerdings wird er erst 1486 in einem schriftlichen Zeugnis erwähnt. Die kleine Kirche hat aus zwei Gründen Bedeutung für die Zukunft. Erstens ist ihr Chor als eine perspektivische Illusion konstruiert, was beweist, daß Bramante noch stark unter dem Einfluß seiner Ausbildung als Maler und vor allem der Architekturideale Piero della Francescas stand. Diese Auffas-

sung des architektonischen Raums als eine Reihe von Flächen und Leerräumen, wie er auf Gemälden erscheint, und nicht als eine Reihe von dreidimensionalen festen Körpern, wie in der Plastik, unterscheidet Bramante von Brunelleschi und von den meisten florentinischen Architekten seiner Generation. Die äußeren Umstände verhinderten, daß der Chor von S. Satiro in der üblichen Weise hätte gebaut werden können, denn eine Straße verlief sehr dicht am Ende des Gebäudes. So war Bramante gezwungen, diese geniale Lösung zu entwickeln, um die ideale einheitliche Raumwirkung von Chor, Mittelschiff und Querschiff zu erzielen. Der dekorative Charakter des kassettierten Gewölbes und die Pilasterformen leiten sich von Piero della Francesca und auch von Bramantes Studium der erhaltenen frühchristlichen Kirchen in Mailand her.

Die bei weitem bedeutendste dieser Kirchen war die berühmte Basilika S. Lorenzo aus dem fünften Jahrhundert. Leider war S. Lorenzo im sechzehnten Jahrhundert stark verändert worden, und die meisten anderen, einst so zahlreichen frühchristlichen Kirchen Mailands sind entweder verschwunden oder gründlichst verändert. Trotzdem waren diese Bauten aus dem fünften und

67, 68 S. Maria presso S. Satiro, Mailand. Umgebaut von Bramante. Begonnen nach 1470.

Grundriß (Kapelle S. Satiro ganz links, Baptisterium rechts) und Schnitt

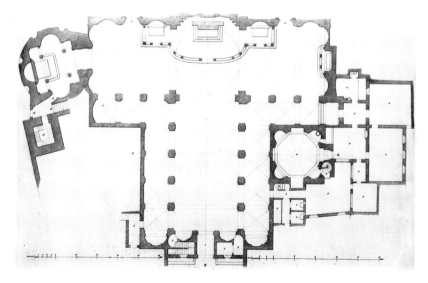

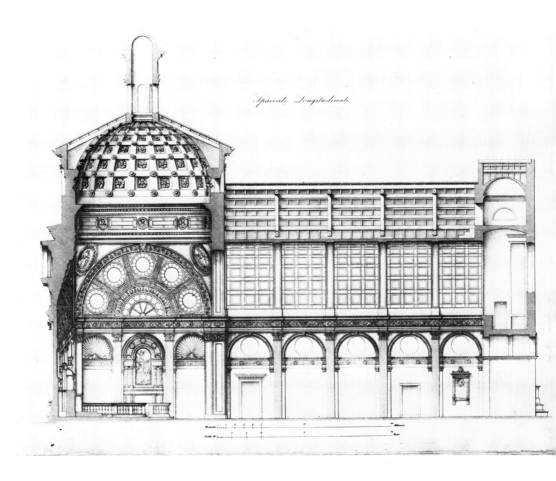

Spaccato Longitudinale

sechsten Jahrhundert für Bramante die Haupt-zeugnisse eines guten Baustils und zweifellos die Hauptquelle klassischer Inspiration in seinem Werk. Das kann sehr leicht an S. Satiro nachge-wiesen werden, da die kleine Kapelle (links in Abb. 67) die Originalkirche S. Satiro aus dem neunten Jahrhundert ist. Bramante hat sie – vor allem im Äußeren – umgestaltet, aber der Grund-riß, ein griechisches Kreuz in dem einem Kreis eingeschriebenen Quadrat, ist eine typisch früh-christliche Anlage und wurde von Bramante im Baptisterium von S. Satiro (rechts in Abb. 67) nachgebildet. Noch wichtiger ist, daß der Grundriß des Baptisteriums zwar unmittelbar von früh-christlichen Vorbildern herkommt, dabei aber auch unter dem Einfluß der auf Brunelleschi zurückgehenden florentinischen Tradition

steht.[17] Der verhältnismäßig einfache Grundriß enthält auch den Keim zu Bramantes ursprüngli-chem Entwurf für den Umbau der Peterskirche in Rom, und diese kleine Mailänder Kirche ist so ein unmittelbarer Vorfahre vieler Kirchen, die im sechzehnten und siebzehnten Jahrhundert in Ita-lien entstanden.

Das florentinische Element in Bramantes Stil kann, wie wir bereits sahen, auf die Bauten Michelozzos und Filaretes und auf die Ideen Fila-retes und Leonardo da Vincis zurückgeführt wer-den. Das Äußere von S. Satiro (Abb. 69) zeigt deutlich diesen florentinischen Einfluß. Bra-mante gab dem Grundriß des Kreuzes im Kreis dadurch Ausdruck, daß er das Gebäude in drei Hauptstufen nach oben entwickelte. Die unterste hat Zylinderform und tiefe Nischen, die zwischen Pilasterpaaren liegen und mit glatter Wand abwechseln. Das erinnert an Brunelleschis S. Maria degli Angeli, doch ist der Zentralplan dadurch betont, daß die zweite Stufe aus den vier Armen des griechischen Kreuzes besteht, die aus dem Zylinder aufsteigen. Jeder Arm enthält ein Fenster, und die Dächer haben Giebel. Der Punkt, an dem die Dächer zusammentreffen, ist als Zwischenstufe gestaltet und wird zum Viereck, aus dem sich ein achteckiger Tambour erhebt, dessen Fenster mit Einzelpilastern abwechseln. Darüber endlich steht eine kleine runde Laterne. Das alles erinnert sehr an die Vorstellungswelt Brunelleschis und an Bauten in der florentinischen Tradition wie die Portinarikapelle. Die Schmuckelemente allerdings sind rein lombardisch, und der Gesamteindruck ist der eines frühchristlichen Baptisteriums.

69 Kapelle S. Satiro, Mailand. 9. Jh. Umgebaut von Bramante

Die gleichen allgemeinen Ideen lassen sich an einem größeren Bau feststellen, der unvollendet blieb, als Bramante nach Rom ging: die Tribuna, die er dem Ostende der Kirche S. Maria delle Grazie (Abb. 71–73) anfügte. Die Arbeiten an dieser Kirche begannen wahrscheinlich in den späten achtziger Jahren und wurden im folgenden Jahrzehnt weitergeführt. Von außen befriedigt das Gebäude wenig; es besteht aus einem langen, ziemlich niedrigen Mittelschiff samt Seitenschiffen, die ein anderer Architekt in den sechziger Jahren gebaut hatte, und einer großen Tribuna am Ostende, die zu einem großen polygonalen Tambour mit kleiner Laterne aufsteigt. An den drei frei stehenden Seiten springen Apsiden vor, von denen zwei die Funktion von Querschiffen haben, während die dritte den Chor abschließt. Die von Bramante zweifellos beabsichtigte Wirkung ist die eines selbständigen zentral geplanten Baus, der einer Langschiffkirche ziemlich lose angefügt ist. Schnitt und Grundriß zeigen sehr deutlich, wie zusammenhanglos die beiden Teile aneinandergesetzt sind. Im Inneren ist die Wirkung befriedigender, was wahrscheinlich darauf zurückzuführen ist, daß ein großer Teil der Ausstattung Bramantes Wünschen entspricht, während das Äußere wohl die Arbeit einheimischer Maurer ist, die möglicherweise nicht von ihm beaufsichtigt wurden. Innen vermittelt S. Maria delle Grazie einen Eindruck von Helligkeit und Klarheit; geometrische Muster, so zum Beispiel die bunten Radfenster, erinnern ein wenig an den Stich von 1481, ordnen sich aber doch der Klarheit der Raumanordnung unter. Unmittelbar nachdem Bramante nach Rom gegangen war, scheint er sich von dieser Art des Dekors abgewandt und versucht zu haben, seinen Stil schwerer und großartiger zu gestalten und so den Denkmälern der römischen Antike näherzubringen. Es ist vielleicht verzeihlich, wenn man bedauert, daß die zerbrechliche Zartheit der Formen in S. Maria delle Grazie und seinen anderen bedeutenden Mailänder Schöpfungen, den drei für S. Ambrogio und das benachbarte Kloster entworfenen Kreuzgängen, dabei bis zu einem gewissen Grad verloren ging. Der erste dieser

70 S. Maria presso S. Satiro, Mailand. Vierung und Chor (mit falscher Perspektive)

Kreuzgänge, die Porta della Canonica, liegt seitlich der Kirche und besteht aus einer Reihe von Rundbogen, die auf Säulen ruhen, während ein viel größerer Bogen in der Mitte von viereckigen Pfeilern mit vorgesetzten Pilastern getragen wird. Die Grundidee ist eine Art Kombination aus den Kreuzgangtypen, die von Brunelleschis Findelhaus herkommen, und der berühmten Kolonnade vor S. Lorenzo in Mailand. Eine Kleinigkeit ist besonders interessant: das Auftreten mehrerer Säulen mit seltsamen Auswüchsen am Säulenschaft. Sie sehen fast wie Baumstämme aus, deren Zweige abgehackt sind, und eben das sollen sie auch sein. Vitruv behauptet in seinem Bericht über die Anfänge der Baukunst, daß die klassischen Ordnungen aus Baumstämmen entstanden seien, die man als vertikale Stützen benutzt habe. So beweisen diese Säulen nicht nur, daß Bramante einen Blick für pittoreske Details hatte, sondern daß er während seines Aufenthalts in Mailand auch Vitruv gelesen hatte (die erste gedruckte Ausgabe erschien etwa 1486, und die erste veröffentlichte Übersetzung besorgte Cesariano, ein Schüler Bramantes).

Die beiden anderen Kreuzgänge, die als der Dorische und der Ionische bezeichnet werden, begann Bramante vor seinem Weggang aus Mailand, sie wurden jedoch erst viel später vollendet. Sie gehören zum alten Kloster S. Ambrogio, in dem sich heute die Katholische Universität befindet. Der Dorische Kreuzgang (Abb. 74) ist eine der erlesensten und reifsten Schöpfungen Bramantes. Den vielleicht augenfälligsten Einfluß übte in diesem Fall der Palasthof von Urbino aus,

71–73 S. Maria delle Grazie, Mailand. Von Bramante. Begonnen vor 1490. Grundriß, Schnitt und Innenraum

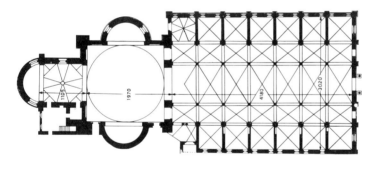

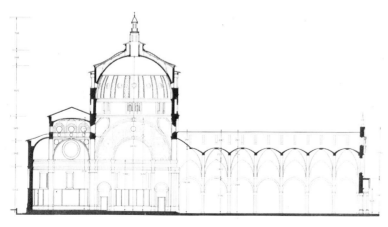

74 S. Ambrogio (heute Università Cattolica),
Mailand. Dorischer Kreuzgang. Von Bramante.
Entworfen nach 1490

der hier auf subtilste Weise mit jenem Typ kombiniert ist, den Brunelleschi mit dem Findelhaus einführte. Die Gewölbe des Kreuzgangs ruhen auf Kämpferplatten, die sich über den Säulen befinden, während diese durch eine fortlaufende Basis miteinander verbunden sind. Anders als im Palasthof von Urbino ist die Arkade an den Ecken nicht durch einen Pfeiler verstärkt, sondern vollzieht die Drehung auf einer Säule wie beim florentinischen Palasttypus. Indessen ist die Wirkung vor allem deswegen befriedigender als in Florenz, weil das Verhältnis zwischen den sehr weitgespannten Arkaden des Erdgeschosses und dem sehr viel kleineren Obergeschoß, das über jedem großen Erdgeschoßjoch in zwei kleine Joche unterteilt ist, überaus sorgfältig geplant

wurde. Diese Einteilung wiederum hat zur Folge, daß die Fenster nicht über der Bogenmitte stehen, die durch kleine Pilaster zwischen den Fenstern markiert ist. Dieser eigene Rhythmus verdankt dem Hof von Urbino viel, aber alles hängt in ihm von der äußersten Präzision der Formen und den subtilen Proportionen ab. Die sehr flachen, scharfkantigen Pilaster, die Blendarkaden, die viereckigen Fenster und die Bogen der Kreuzgänge – alles ist so verschieden wie nur möglich von dem Übermaß an Dekor auf dem Stich aus dem Jahre 1481. Dies sind die Formen, die gewöhnlich als Bramantes *ultima maniera*, seine römische Manier, bezeichnet werden.

Bramante in Rom. Die Peterskirche

Nach dem Sturz von Lodovico Sforza verließen Bramante und Leonardo Mailand. Leonardo kehrte später zurück und arbeitete für die französischen Eroberer, aber Bramante ging geradewegs nach Rom, wo er Ende 1499 eintraf und wo er den Rest seines Lebens verbrachte. Die Jahre zwischen seiner Ankunft im Winter 1499/1500 und der Wahl des Papstes Julius II. im Jahre 1503 liegen einigermaßen im Dunkeln, doch stammen mindestens zwei Bauten von ihm aus dieser Periode, die eine gute Vorstellung von seinem Stil vermitteln. Es handelt sich einmal um den kleinen Kreuzgang an der Kiche S. Maria della Pace, der um 1500 begonnen und, wie wir aus einer in den Fries eingemeißelten Inschrift erfahren, 1504 vollendet wurde, und zum anderen um die winzige Kirche, die wir unter dem Namen Tempietto kennen und die im Hof der Kirche und des Klosters S. Pietro in Montorio steht. Sie wurde laut Inschrift im Jahre 1502 erbaut.

Bramante war schon ein Mittfünfziger, als er nach Rom kam, und es war höchst unwahrscheinlich, daß er seinen Stil noch drastisch verändern würde; dennoch sind wir vollkommen im Recht, wenn wir die römischen Bauten seiner letzten Jahre als beispielhafte Architektur der Hochrenaissance ansehen. Fast das ganze fünfzehnte Jahrhundert hindurch war die politische Bedeutung Roms verhältnismäßig gering gewesen, aber in den letzten Jahren des Jahrhunderts, als Sixtus IV. Papst geworden war und Florenz nach dem Tod Lorenzos de' Medici im Jahre 1492 seine Macht weitgehend einbüßte, nahm Roms politische Bedeutung wieder gewaltig zu und festigte sich noch weiter unter Papst Julius II. (1503–13). Julius war auch einer der aufgeklärtesten Mäzene in einem Zeitalter lebhafter Kunstförderung; er ließ viele Jahre lang Michelangelo, Raffael und Bramante für sich arbeiten. Die künstlerische Bedeutung Roms war also um diese Zeit tatsächlich unbezweifelbar, da sich hier die günstigsten Gelegenheiten boten; dennoch waren im fünfzehnten Jahrhundert Männer wie Donatello, Alberti und Brunelleschi häufig nach Rom gekommen, nicht, weil sie Aufträge ergattern wollten, sondern um aus den Relikten des klassischen Altertums zu lernen. Das spielte auch bei den Arbeiten Bramantes während seiner letzten Lebensjahre die entscheidende Rolle. Wir wissen von Vasari, daß er viel Zeit auf die Erforschung der Ruinen in Rom und der umliegenden Landschaft verwendete, und man kann mit Sicherheit annehmen, daß die Verlassenheit und allein schon die Größe vieler dieser Relikte ihm tiefen Eindruck machten. In Mailand hatte er schon Bauten wie S. Lorenzo und auch einige spätere Kirchen im sogenannten römisch-lombardischen Stil studiert – in Rom sah er jetzt in der Konstantinsbasilika und dem Pantheon Bauwerke in Ausmaßen, wie sie ihm bisher noch nicht begegnet waren. Diese Gebäude waren nicht nur von einer eindrucksvollen Größe, sondern auch von einer unerhörten Einfachheit. Die meisten Marmorverkleidungen der großen Thermen und Basiliken waren längst verschwunden, so daß die Betonkonstruktion und das rohe Mauerwerk freilagen, die den Architekten zwangen, seine Aufmerksamkeit in erster Linie der Konstruktion zuzuwenden und den Dekor als etwas Zweitrangiges zu betrachten. Das Pantheon war schon im siebten Jahrhundert in eine christliche Kirche – S. Maria ad Martyres – verwandelt worden, und von dieser riesigen kreisrunden Kirche, die viel von ihrem alten Dekor behalten hatte, stammen alle Rundkirchen des sechzehnten Jahrhunderts ab, zu denen auch Bramantes Tempietto gehört. Teilweise erklärte sich das aus ihrer Größe und Majestät, in der Hauptsache aber war es darauf zurückzuführen, daß die Kreisform der Weihung entsprach – ein Martyrion war fast immer ein Rundbau.

Bramantes erste Arbeit, der Kreuzgang von S. Maria della Pace (Abb. 75), ist verhältnismäßig einfach und hat vieles mit dem Kreuzgang von S. Ambrogio in Mailand gemein. Der Pace-Kreuzgang hat zwei große Geschosse von etwa gleicher Höhe und geht insofern teilweise auf römische Bauten von der Art des Marcellustheaters zurück. Am meisten fällt als ungewöhnlich an ihm auf, daß jeweils eine Säule unmittelbar über dem Scheitelpunkt des Erdgeschoßbogens steht. Das ist vor allem von den späteren Architekten des sechzehnten Jahrhunderts häufig beanstandet worden, da es gegen die Regel »Öffnung über Öffnung, Masse über Masse« verstößt. Es wäre jedoch ganz offensichtlich unmöglich

75 S. Maria della Pace, Rom. Kreuzgang.
Von Bramante. Vollendet 1504

gewesen, Einzelbogen im Obergeschoß in ihren Proportionen den Erdgeschoßbogen anzugleichen, da die bestehenden Gebäude die Höhe der beiden Geschosse bestimmten. Bramante übernahm deshalb das Schema seines Mailänder Kreuzgangs und entfernte die Wand im Obergeschoß, so daß nur das Mittelglied stehenblieb, aus dem er anstelle des Pilasters eine Säule machte. Irgendeine Stütze war an dieser Stelle notwendig, da das Gebälk sonst sein Eigengewicht nicht hätte tragen können.

Die Wirkung des Pace-Kreuzgangs ergibt sich ausschließlich aus subtiler Anpassung der Proportionen und aus Kontrasten zwischen Licht und Schatten; dagegen ist Bramantes gleichzeitige Schöpfung, der Tempietto von S. Pietro in Montorio (Abb. 76–78) weit komplizierter und für spätere Entwicklungen von größter Bedeutung. Er wurde für Ferdinand und Isabella von Spanien an der Stelle errichtet, an der laut Überlieferung das Martyrium des heiligen Petrus stattgefunden haben soll. Wie wir aus Serlios Abbildung (Abb. 76) ersehen, wollte Bramante den gesamten Hofraum so umgestalten, daß die winzige, zentral geplante Kirche im Mittelpunkt eines größeren, zentral angelegten Kreuzgangs gestanden hätte. In der Idee ähnelt das sehr Bauten wie S. Satiro in Mailand, aber es ist von großer Bedeutung, daß Bramante sich für einen Rundtempel entschied. Man hat oft gesagt, daß italienische Architekten in ihrer Begeisterung für kirchliche Zentralbauten mit Eifer heidnische

Ideale anstrebten, und man hat sogar behauptet, Bramantes als Zentralbau geplante Peterskirche sei so etwas wie ein Triumph der Weltlichkeit. Das alles beruht auf der falschen Voraussetzung, daß christliche Kirchen unbedingt Kreuzform haben müßten. Die zwei Typen der frühesten christlichen Kirchen waren das Martyrion und die Basilika. Martyria waren fast immer klein und, wie bereits erwähnt, fast immer Zentralbauten. Sie wurden an Orten mit irgendwelchen religiösen Assoziationen errichtet, an Stellen, wo ein Martyrium stattgefunden hatte oder die im Heiligen Land lagen.[18] Sie waren keine Gemeindekirchen, sondern Erinnerungsmäler. Den Bedürfnissen einer Gemeinde entsprach die Basilika, die, wie wir sahen, der Typus war, den Brunelleschi und seine Nachfolger in Nachahmung antiker Vorläufer für Gemeindekirchen übernommen hatte. Es ist deshalb für jeden, der über frühchristliche Altertümer und spätantike Architektur Bescheid weiß, selbstverständlich, daß es für den Auftrag, eine kleine Kirche zur Kennzeichnung der Stelle der Kreuzigung Petri zu errichten, nur eine einzige Lösung gab. Der Tempietto ist infolgedessen rund. Alles übrige ist auf Bramantes Wunsch zurückzuführen, antike Formen im Dienst der modernen christlichen Erfordernisse neu zu schaffen, und das Ergebnis ist, wie Raffaels Fresken im Vatikan, eines jener Bauwerke der Hochrenaissance, an dem alle anderen gemessen werden. Es ist kein Zufall, daß Palladio in seiner Abhandlung über Architektur eine große Anzahl klassischer Bauten und viele eigene Schöpfungen abbildete, als einzige sonstige moderne Arbeit jedoch den Tempietto (Abb. 77). Obwohl der Hof als Ganzes nie vollendet wurde, ist doch ganz deutlich, daß die geometrische Wirkung hauptsächlich auf der Kombination konzentrischer Kreise im Grundriß mit konzentrischen Zylindern im Aufriß beruht. Der Tempietto selbst besteht aus zwei Zylindern – dem Peristyl und der Cella –, wobei das Peristyl niedrig und breit und die Cella hoch und schmal ist. Die Breite des Peristyls ist gleich der Höhe der Cella ohne Kuppel, und dieses einfache Proportionssystem läßt sich durch das ganze Gebäude verfolgen. Die Kuppel ist innen und außen halbkugelförmig[19] und so mit der Höhe der Cella ins richtige Verhältnis gebracht.

Der Tempietto geht auf mehrere antike Vorbilder zurück; in erster Linie auf den kleinen Rundtempel am Tiber (den man im sechzehnten Jahrhundert für einen Vestatempel hielt) und auf den berühmten Tempel der Sibylle in Tivoli. Beide haben Peristyle, die dem des Tempietto ähneln, allerdings mit einer wichtigen Ausnahme. Der Tempel in Tivoli ist berühmt wegen des überaus reichen Frieses seiner korinthischen Ordnung, während der Tempietto das erste moderne Bauwerk ist, das eine korrekte toskanische Ordnung aufweist. Vitruv hatte darauf hingewiesen, daß die Bauweise der Tempel ihrer Bestimmung entsprechen solle, mit anderen Worten, daß ein Tempel, der einer jungfräulichen Göttin geweiht sei, die korinthische Ordnung verlange, während für Hercules und Mars die dorische angemessen sei. Alberti und später Palladio griffen diesen

76 S. Pietro in Montorio, Rom. Tempietto. Von Bramante. 1502. Plan der Umgestaltung des Kreuzgangs

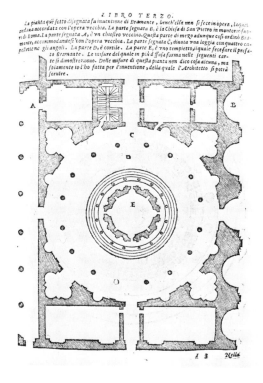

77, 78 S. Pietro in Montorio, Rom.
Tempietto. Von Bramante. 1502.
Schnitt und Aufriß sowie Außen-
ansicht

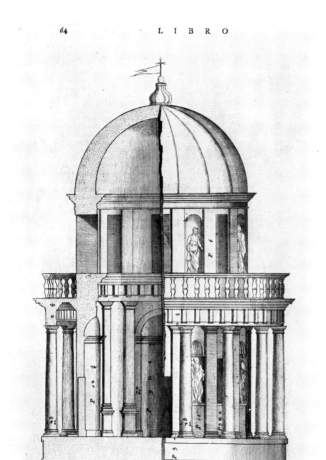

Gedanken wieder auf, der also für die Renaissan-
cearchitekten nichts Neues war, aber erst von
Bramante in die Praxis umgesetzt und mit dem
Thema des Martyrions kombiniert wurde. Er
verwendete die toskanische Ordnung, also die
dorische Ordnung der Römer, weil sie für Petrus
die richtige war, ging aber in der Behandlung des
Frieses noch weiter.

Vom Vespasianstempel gibt es ein Friesfragment
mit Reliefs verschiedener heidnischer Opferge-
räte und Symbole. Der Tempietto hat antike, von
Bramante mit neuen Kapitellen und Basen aus
Marmor versehene toskanische Granitsäulen.

Weil das Toskanische eine Form des Dorischen
ist, wechseln in den Friesskulpturen Metopen mit
Triglyphen ab. Eine genauere Untersuchung läßt
erkennen, daß die Metopen denen der üblichen
klassischen Ordnung nicht gleichen, wohl aber
dem Fries des Vespasianstempels insofern, als sie
liturgische Geräte zeigen – nur sind es hier die
Geräte der christlichen Liturgie. Bramantes Über-
zeugung, daß gute moderne Architektur ebenso
organisch aus guter antiker Architektur hervor-
gehe, wie das Christentum sich aus der antiken
Welt entwickelt habe, konnte kaum deutlicher
zum Ausdruck kommen.

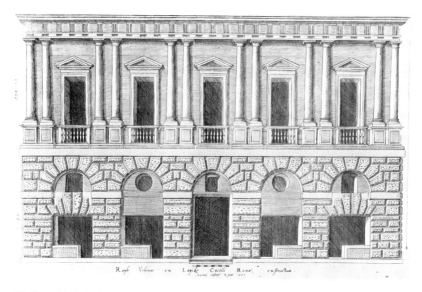

79 Haus Raffaels, Rom. Von Bramante. Um 1512.
Aufriß

Der Tempietto enthält also trotz seiner bescheidenen Größe den Keim zu den grandiosen Entwürfen für den Neubau der Peterskirche, und er muß in diesem Zusammenhang gesehen werden, wenn wir Bramantes Bauten und durch ihn die gesamte italienische Architektur des sechzehnten Jahrhunderts verstehen wollen.

Ein anderes Gebäude Bramantes spielt eine ähnliche Rolle in der profanen Architektur, wurde aber leider im siebzehnten Jahrhundert zerstört und ist uns nur aus einigen wenigen Zeichnungen und Stichen bekannt. Zwei von ihnen (Abb. 79, 80) vermitteln jedoch eine sehr gute Vorstellung vom Äußeren des Palastes, der gewöhnlich als das Haus Raffaels bezeichnet wird. Vasari verzeichnet ihn, und wahrscheinlich hat Bramante ihn für sich selbst gebaut; später wohnte Raffael darin. Zum Palastentwurf des sechzehnten Jahrhunderts verhält sich das Gebäude ganz so wie der Tempietto zu späteren sakralen Zentralbauten, und man kann ohne Übertreibung sagen, daß in den folgenden zweihundert Jahren und wohl noch darüber hinaus alle italienischen Paläste zu ihm in Bezug gesetzt werden können, auch dann, wenn sie eine Gegenposition einnehmen. Wir können den Bau nicht genau datieren,

aber er war wohl ein spätes Werk Bramantes und dürfte um 1512 entstanden sein. Wie der Tempietto geht er eindeutig auf ein klassisches Vorbild zurück, in diesem Falle auf die *insula*, den Wohnblock über einer Ladenreihe. Diese Läden mit Wohnungen darüber waren im alten Rom sehr häufig, und in Ostia haben sich Reste erhalten, die uns eine Vorstellung von diesem Gebäudetyp vermitteln. Wie wir schon bei der Entwicklung der florentinischen Paläste sahen, war die Grundidee einer Ladenreihe im Erdgeschoß mit Wohnräumen darüber keineswegs etwas Neues. Neu ist jedoch am Haus Raffaels die Vereinfachung und die strenge Symmetrie.

Es fällt sofort auf, daß die Läden zu beiden Seiten der Mittelachse alle einander gleichen. Das Erdgeschoß hat schwere Rustika und ist dann durch eine Bahn aus glattem Stein vom *piano nobile* abgesetzt, der durch eine dorische Ordnung und Tabernakeleinrahmung der Fenster hervorgehoben ist. Es gibt nur eine einzige Ordnung, und die Obergeschosse entfallen, wodurch der größtmögliche Gegensatz zwischen Läden und den Wohnungen erzielt wird.[20] Jedes Element ist deutlich vom daneben befindlichen abgesetzt; die Fenster samt ihren Balkonen berühren die flankierenden Säulen nicht und sind auch nicht mit dem darunterliegenden Gesims verbunden. Alle Fenster haben einheitliche Frontispize: so wie das Grundelement eingeführt ist, kann es wiederholt werden. Diese Prinzipien – Symmetrie, Wiederholung gleicher Elemente und Klarheit der Funktion – sind Bramantes Hauptbeitrag zum Palastentwurf.

Dennoch führte Bramante seine bedeutendsten Bauten – Neuplanung und Neuentwurf von Neu-St. Peter und viele Arbeiten im Vatikan – im unmittelbaren Auftrag des Papstes aus. Leider ist das meiste von dem, was er im Vatikan schuf, fast bis zur Unkenntlichkeit verändert, während die Peterskirche, wie wir sie heute sehen, kaum etwas mit dem ursprünglichen Projekt Bramantes – soweit wir es rekonstruieren können – gemein hat. Den heutigen Haupthof im Vatikanpalast, den Cortile di S. Damaso, hatte Bramante als eine Arkadenreihe angelegt, die der des Kolosseums nicht unähnlich war, doch sind die offenen Fassadenteile verglast worden, um die Fresken Raffaels und seiner Schüler in der Loggia zu schützen, und dadurch ist die ursprüngliche Wirkung von Licht und Schatten gänzlich verloren gegangen. Ein noch viel großartigeres Projekt war das riesige Amphitheater, das für Julius in bewußter Nachahmung eines klassischen Amphitheaters und einer klassischen Villa gebaut wurde. Es liegt auf drei Ebenen und erstreckt sich vom eigentlichen Palast bergauf bis zu einem kleinen Sommerhaus, dem Belvedere (Abb. 81, 82). Die ganze Anlage war etwa 275 m lang und bestand aus zwei langen Gebäudeflügeln, die am Palastende drei Geschosse und am Belvedereende nur noch ein Geschoß hatten. Die Zwischenflächen enthielten kunstvolle Rampen und Treppen, und die ganze Anlage endete in einer geschwungenen Wand, die ins eigentliche Belvedere führt. Das Belvedere war bereits vorhanden, und die große Exedra kaschiert den schwierigen Winkel, in dem Bramantes abschließende Mauer auf die Villa stößt. Die ganze riesige Anlage wurde nie vollendet und im sechzehnten Jahrhundert einschneidend verändert. Da später ein Teil des Museums und der Bibliothek des Vatikans quer über den Höfen errichtet wurde, ist es unmöglich, die Anlage so zu sehen, wie es ursprünglich gedacht war, nämlich von den durch Raffael

ausgeschmückten Stanzen her. Am Belvedere in seiner heutigen Form interessiert uns vor allem die von Bramante erfundene Behandlung einer überlangen einfachen Wandfläche. Die Struktur der Seitenwände wird durch den Gegensatz zwischen den gefugten Teilen des Mauerwerks und den glatten Oberflächen der Bogen und der vorgesetzten Pilaster belebt. Die Pilasterpaare haben jeweils einen gemeinsamen Gebälkvorsprung über sich, während ihre Basen getrennt sind. Zwischen jedem Pilasterpaar befindet sich ein Rundbogen, dessen Breite nach dem Prinzip des Goldenen Schnitts auf den Raum zwischen den Pilastern abgestimmt ist. Ganz ähnlich hatte Alberti in Mantua die Wände von S. Andrea gegliedert, und beide Formen sind von späteren Architekten vielfach kopiert worden.

All das jedoch wurde in den Schatten gestellt durch das Projekt eines Neubaus der Peterskirche. Julius II. war zweifellos der bedeutendste Kunstmäzen seiner Zeit. Er konnte Bramante,

80 Haus Raffaels. Rom. Ansicht. Zeichnung von Palladio

Michelangelo und Raffael gleichzeitig und mit Arbeiten beschäftigen, die sie zu Höchstleistungen anspornten. Bramantes Peterskirche hätte sich, wenn sie jemals gebaut worden wäre, mit der Sixtinischen Kapelle Michelangelos oder Raffaels Stanzen messen können, und in der Großartigkeit ihrer Konzeption hätte sie beide übertroffen.

Um die Mitte des fünfzehnten Jahrhunderts zeigte sich bereits, daß Alt-St. Peter (Abb. 83), damals schon über tausend Jahre alt, in sehr schlechtem Zustand war. Nikolaus V. begann mit Fundamenten für einen Neubau des Chors, aber nach seinem Tod im Jahre 1455 geschah bis zur Wahl von Julius II. im Jahre 1503 nichts mehr. Selbst dann schienen die Absichten des Papstes kaum über eine Fortsetzung der Konservierungsarbeiten an der alten Basilika und unerläßliche Umbauten hinauszugehen. Die alte Basilika war geheiligt durch ihre Beziehung zum ersten christlichen Kaiser und zum Petrusgrab, und nur ein Papst, der so selbstsicher war wie Julius II., konnte es wagen, sie um eines Neubaus willen zu zerstören. Im Sommer des Jahres 1505 müssen Julius und Bramante gemeinsam beschlossen haben, die Gelegenheit zu nützen und die größte Kirche der westlichen Christenheit – die Hagia Sophia war 1453 in den Besitz der Türken übergegangen – in einem wahrhaft triumphalen, römischen Maßstab umzubauen und das Ganze als einen riesigen Kuppelbau neu zu schaffen. Soviel jedenfalls können wir aus der Medaille, die zur Erinnerung an die Grundsteinlegung am 18. April 1506 geprägt wurde (Abb. 86), und aus der Zeichnung schließen, die als Bramantes ursprünglicher Entwurf gilt und leider das einzige erhaltene Blatt ist, das ihm mit Sicherheit zugewiesen werden kann (Abb. 84). Die Bedeutung der Inschrift auf der Medaille zur Grundsteinlegung – TEMPLI PETRI INSTAURACIO – kann gar nicht ernst genug genommen werden, denn *instaurare* bedeutet »wiederherstellen, wiederbeleben, zur Vollendung bringen« und wird im Kirchenlatein oft in diesem Sinn gebraucht. Daraus geht deutlich hervor, daß man vorhatte, die Konstantinsbasilika in ihrer eigentlichen Gestalt wiederherzustellen, nicht aber, sie zu beseitigen und durch etwas Neues zu ersetzen.

Die Baugeschichte der Peterskirche ist leider sehr kompliziert, und wir haben keine Aufzeichnungen aus den frühesten Jahren. Wir wissen nicht einmal, wann Bramante den Auftrag erhielt, neue Entwürfe zu machen, ja eigentlich liegt die größte Schwierigkeit darin, daß es so aussieht, als habe er nie spezielle Anweisungen in dem Sinn erhalten, in dem ein moderner Architekt den Auftrag erhält, ein Gebäude von einem bestimmten Umfang und für eine bestimmte Summe zu entwerfen. Man muß sich unbedingt klarmachen, daß es für Bramante wie auch für Julius in erster Linie auf die Symbolik ankam: das Grab des Apostelfürsten sollte von einer Basilika umschlossen sein, die auch die Baumeister des

81 Vatikan, Rom. Belvederehof. Von Bramante. Rekonstruktion von J. Ackerman

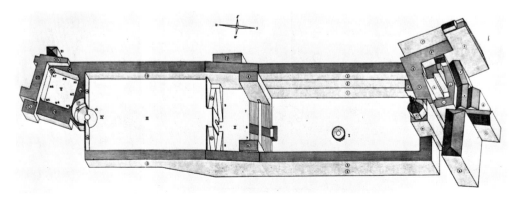

102

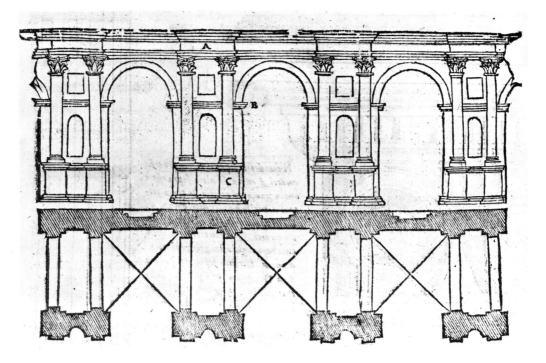

82 Vatikan, Rom. Belvederehof. Grundriß und Aufriß

vierten Jahrhunderts vom Stil her als klassisch anerkannt hätten. Das Problem wird dadurch noch schwieriger, daß Bramantes Zeichnung sich durchaus nur auf den Umbau des Chors beziehen könnte, also auf eine Erweiterung der vorhandenen Kirche in der Art seines Anbaus an S. Maria delle Grazie in Mailand. Dennoch wird gewöhnlich angenommen, daß seine ursprünglichen Überlegungen einem Zentralbau galten und daß ihm die Pläne mit einem Grundriß in Form des lateinischen Kreuzes, die sich schließlich durchsetzten, von der Geistlichkeit aufgezwungen wurden. Tatsächlich hat eine Kirche mit diesem Grundriß vielerlei liturgische Vorzüge vor allem insofern, als sie mehr Raum für Prozessionen bietet, und diese praktischen Vorteile waren sicher auch der Grund dafür, daß die vorhandene Basilika schließlich in einen Bau mit einem Grundriß in Form des lateinischen Kreuzes umgewandelt wurde. Ganz falsch ist es jedoch, anzunehmen, daß dieser Grundriß »religiösen«, der Zentralbau dagegen »profanen« oder sogar heidnischen Charakter habe. Es hieße die Entwicklung der italienischen Architektur, die Kunst Bramantes und vor allem die Wesensart des Papstes Julius II. völlig mißverstehen, wenn man annehmen wollte, daß der Umbau dieses einzigartigen Denkmals einem rein architektonischen Interesse hätte entspringen können und daß Bramante und Julius II. versucht hätten, es in einer heidnischen Form neu zu schaffen.

Der Bauplan leitet sich insofern unmittelbar vom Tempietto her, als Bramante ein Martyrion enormen Ausmaßes entwarf. Weiterhin wollte er mit diesem Martyrion eine frühchristliche Basilika kombinieren und so ein altrömisches Bauwerk innerhalb des gleichen Rahmens neu entwerfen, an den sich schon im vierten Jahrhundert die Architekten Konstantins halten mußten. Konstantins andere Bauten, die Grabeskirche und die Geburtskirche kombinierten ebenfalls ein Martyrion mit einer Basilika. Außerdem wissen wir,

83 Alt-St.Peter. Zeichnung von M. van Heemskerck

84 St.Peter, Rom. Grundriß von Bramante

85 St.Peter, Rom. Zeichnung von Menicantonio de' Chiarellis

86 Medaille von Caradosso zur Grundsteinlegung des Neubaus. 1506

daß für Bramantes Generation die mathematische Vollkommenheit eines Zentralbaus insofern theologische Symbolik besaß, als sie ihr die Vollkommenheit Gottes widerspiegelte, wobei dieser Generation freilich die Kreuzsymbolik einer Kirche mit einem Grundriß in Form des lateinischen Kreuzes stets bewußt blieb; wir wissen aber auch, daß gut fünfzig Jahre später, zur Zeit des Konzils von Trient, die mittelalterliche Kirche in Kreuzform wieder eindeutig bevorzugt wurde, und dieser Geschmackswandel blieb wahrscheinlich nicht ohne Einfluß auf die Änderungen im Entwurf für die Peterskirche.

Bramante hinterließ bei seinem Tod keinen endgültigen Bauplan, der für seinen Nachfolger Raffael bindend gewesen wäre. Über die Fundamente der Hauptpfeiler und den Ansatz der großen, die Pfeiler verbindenden Bogen hinaus war noch wenig gebaut. Damit jedoch waren die Ausmaße des heutigen Baus schon festgelegt, so daß alle, die ihm im Amte des *Capomaestro* nachfolgten, durch seine aufs Grandiose abzielenden Ideen gebunden waren. Allerdings muß man zugeben, daß er, da es ihm an Erfahrung in derartigen Kolossalbauten fehlte, Pfeiler vorsah, die für das Gewicht, das sie tragen sollten, völlig unzureichend waren. Da keiner von den Stein-

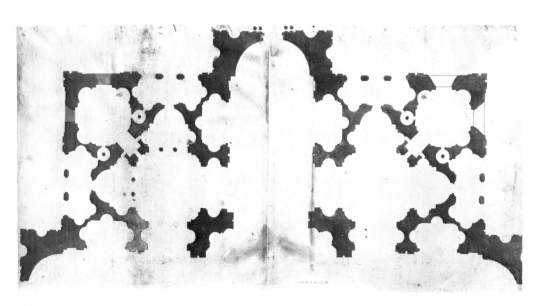

metzen praktische Erfahrung in Bauten dieser Art hatte, konnte ihn niemand beraten, und alle seine Nachfolger sahen sich immer wieder gezwungen, die Pfeiler zu vergrößern und weitere Widerlager für den Schub der Kuppel vorzusehen, die, wenn sie nach Bramantes Originalentwurf gebaut worden wäre, noch mehr Unterstützung erfordert hätte, als sie der heutige Bau bietet. Obwohl es einen endgültigen Bauplan Bramantes nicht gab, kann man sich doch eine einigermaßen genaue Vorstellung von den Absichten Bramantes in seinen letzten Lebensjahren machen und sie den Plänen gegenüberstellen, die er bei Beginn der Arbeiten verfolgte.

Außer Bramantes eigener Zeichnung in den Uffizien und der Medaille zur Grundsteinlegung gibt

es noch zahlreiche Zeichnungen, die mit seiner Bauleitung in Verbindung gebracht werden können; viele stammen von seinem Assistenten und Nachfolger Baldassare Peruzzi, und neuerdings sind einige höchst interessante Zeichnungen von Menicantonio de' Chiarellis zutage gekommen, der lange Jahre in der Fabbrica di S. Pietro mitarbeitete. Sein (jetzt in der Sammlung von Paul Mellon befindliches) Skizzenbuch enthält mindestens eine Zeichnung (Abb. 85), die die im sechzehnten Jahrhundert aufgestellte Behauptung zu bestätigen scheint, daß Bramante ein Holzmodell angefertigt habe. Falls ein solches Modell vorhanden war, scheint es absurd, anzunehmen, daß Bramante keinen endgültigen Bauplan hinterlassen habe. Allein schon die Verwir-

rung, die unter seinen Zeitgenossen und Mitarbeitern hinsichtlich seiner Absichten herrschte, sprechen aber gegen einen solchen Plan.

Zunächst einmal wird die Zeichnung in den Uffizien gewöhnlich als Zentralplan in der Form wiedergegeben, wie sie in Abb. 92 gezeigt ist. Beweise für diese Deutung bieten die Medaille zur Grundsteinlegung und die Zeichnung Menicantonios, aber auch die Tatsache, daß zahlreiche Architekten dieses Zentralplanthema variiert haben, so zum Beispiel Giuliano da Sangallo, der sicherlich in einer nicht genau zu bestimmenden Weise mit der *Fabbrica* in Verbindung stand. Es gibt auch Beweise für die Annahme, daß Bramante dem vorhandenen Mittelschiff eine Tribuna etwa in der Art der Tribuna von S. Maria

delle Grazie (Abb. 71) anfügen wollte und daß er beabsichtigte, das ursprüngliche Mittelschiff dann durch ein neues zu ersetzen und deshalb den Grundriß in Form des lateinischen Kreuzes beizubehalten. Beweismaterial hierfür läßt sich – abgesehen von der Existenz der Kirche S. Maria delle Grazie – auch der Tatsache entnehmen, daß die Uffizienzeichnung nur einen halben Grundriß zeigt (Abb. 84) und vor allem, daß Raffael – laut Serlio – einen Grundriß in Form des lateinischen Kreuzes zeichnete. Serlios Zeugnis ist besonders wichtig. Er war etwa dreißig Jahre alt, als Bramantes erste Entwürfe für die Peterskirche entstanden, war also ein Zeitgenosse, und er stand, was noch wichtiger ist, lange Zeit in enger Verbindung mit Peruzzi, dessen Zeichnungen er

87–89 S. Biagio, Montepulciano. Von Antonio da Sangallo dem Älteren. 1518–45. Innenraum, Außenansicht, Grundriß und Schnitt

90 S. Maria della Consolazione, Todi. 1508. Von Cola da Caprarola begonnen

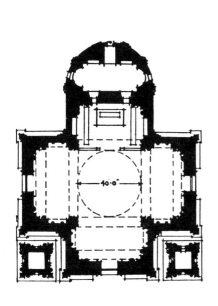

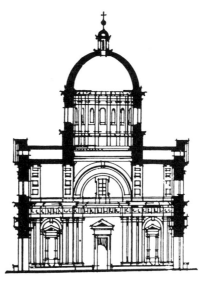

107

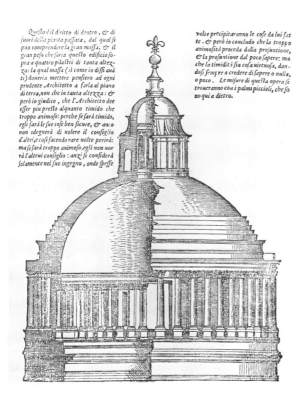

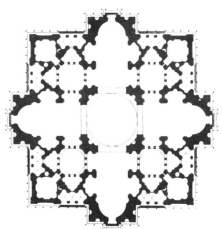

erbte. Serlio jedoch bildete in seiner Abhandlung einen Zentralplan ab, den er mit Peruzzi in Verbindung brachte, und einen Plan in Form des lateinischen Kreuzes, den er Raffael zuwies.

Darüber hinaus gibt es jedoch auch noch Beweismaterial ganz anderer Art, nämlich die Kirchen, von denen man annehmen kann, daß sie auf das eine oder andere Projekt Bramantes zurückgehen. Von manchen weiß man, daß sie von ihm oder unter seiner unmittelbaren Aufsicht entworfen wurden, während andere von Architekten erbaut wurden, von denen keine Verbindung zu Bramante führt, die aber offensichtlich unter dem Einfluß seiner Bauideen standen. Die Hauptbeispiele sind die Kirchen S. Biagio alla Pagnotta, SS. Celso e Giuliano und S. Eligio degli Orefici (Abb. 98), alle in Rom, sowie die Madonna di S. Biagio in Montepulciano (Abb. 87–89) und S. Maria della Consolazione in Todi (Abb. 90).

S. Biagio alla Pagnotta und SS. Celso e Giuliano hatte Bramante als Versuche für die Peterskirche selbst entworfen, aber leider ist keine dieser beiden Kirchen in ihrer ursprünglichen Form erhalten. SS. Celso e Giuliano war der zentral angelegten Version in der Uffizienzeichnung sehr ähnlich, doch scheint die Betonung einer Seite die Kirche zu einer »gerichteten zentralen«, einer eindeutig orientierten Anlage gemacht zu haben. S. Biagio alla Pagnotta war ähnlich, hatte aber ein echtes Schiff von zwei Joch Länge, das dem mittleren Kuppelraum angefügt war. Diese Idee einer großen Kuppel mit einem angefügten Kirchenschiff, die mindestens bis auf den Dom von Florenz zurückgeht, findet sich auch auf Zeichnungen von Fra Giocondo und Giuliano da Sangallo, die beide zur Zeit der letzten Krankheit und des Todes Bramantes (1513–14) den Bau der Peterskirche beaufsichtigten.

S. Eligio degli Orefici war wahrscheinlich von Raffael zusammen mit Bramante entworfen worden; die Kirche hat viel Gemeinsames mit der

grandiosen Basilika auf Raffaels Fresko »Die Schule von Athen«, das aus dieser Zeit stammt. Vollendet wurde S. Eligio von Peruzzi, und es ist schwer, ihren Platz in der Entwicklung der Peterskirche genau zu bestimmen, kein Zweifel jedoch besteht darüber, daß die herrliche Kirche der Madonna di S. Biagio im toskanischen Montepulciano unmittelbar von Bramantes Planung für die Peterskirche beeinflußt ist. Sie wurde von Antonio da Sangallo dem Älteren, der ein jüngerer Bruder Giulianos und Onkel Antonios des Jüngeren war, zwischen 1518 und 1545 gebaut, und zwar laut Vasari wegen der Wunder, die sich dort ereignet hatten. So erklärt sich ihre Martyrionform. Im Grundriß ist sie S. Maria delle Carceri in Prato von Giuliano da Sangallo sehr ähnlich, wenn man von dem bezeichnenden Unterschied absieht, daß sie ein zur Apsisform erweitertes Ostende hat und daß im Westen zwei große Campanili vorgesehen waren, von denen nur einer vollendet wurde. Sie ist also in der

Anlage einer möglichen Deutung von Bramantes Peterskirche, wie sie auf der Medaille zur Grundsteinlegung zu sehen ist (Abb. 86), sehr ähnlich. Das Innere ist von einer schlichten, strengen Erhabenheit, die sie von S. Maria delle Carceri und auch von allen anderen bekannten Arbeiten der Familie Sangallo abhebt. Die Vermutung, daß sie Bramantes Vorstellungen widerspiegelt, wird fast zur Gewißheit, wenn wir sie mit der Madonna della Consolazione im umbrischen Todi vergleichen, einer Kirche, die angeblich von dem fast unbekannten Architekten Cola da Caprarola erbaut sein soll. Tatsache ist, daß Peruzzi nach Bramantes Tod am Bau beteiligt war und der Grundriß eine fast genaue Wiederholung einer in Mailand viele Jahre zuvor entstandenen Zeichnung Leonardos (Abb. 65) darstellt. Aus all diesen Teilzeugnissen lassen sich deshalb eine oder zwei Phasen der Gedankengänge Bramantes beim Umbau der Peterskirche rekonstruieren.

109

Als Bramante 1514 gestorben war, folgten ihm Raffael und Peruzzi im Amt des *Capomaestro* nach; beide erarbeiteten jene uns durch Serlio bekannten abweichenden Baupläne, scheinen aber auch beide wenig eigentliche Bauarbeit geleistet zu haben. Die Plünderung Roms durch die kaiserlichen Truppen im Jahr 1527 setzten auf viele Jahre hinaus allen Bauarbeiten ein Ende, und die 1530 von dem holländischen Künstler Maerten van Heemskerck angefertigten Zeichnungen lassen erkennen, daß ihm die gewaltige Schale einen ebenso starken Eindruck machte wie die übrigen Ruinen Roms. Um diese Zeit begann Antonio da Sangallo der Jüngere – der auch unter Bramante gearbeitet hatte – das Bauwerk als Ganzes neu zu planen und die durch lange Vernachlässigung entstandenen Schäden auszubessern. Der Mittelraum war dadurch festgelegt, daß Bramantes Pfeiler bereits standen, aber Sangallo vergrößerte sie bedeutend und entwarf gleichzeitig eine neue, fast bienenkorbför-

mige Kuppel, die sich weit einfacher hätte bauen lassen. Von diesem Projekt gibt es einen Stich und ein großes Holzmodell (Abb. 93) aus dem letzten Lebensjahr Sangallos. Glücklicherweise verhinderte sein Tod im Jahr 1546, daß es ausgeführt wurde, denn Sangallos Modell zeigt sehr deutlich, daß keiner der unmittelbaren Nachfolger Bramantes fähig war, in wirklich großem Maßstab zu denken, und daß sich alle recht kraftlos auf Kompromißlösungen verließen. So stellt das Modell einen unschönen Kompromiß zwischen dem Zentralbau und der längsverlaufenden Form dar, die Raffael unmittelbar vor 1520 zur Planung beigetragen hatte. Der Wunsch, die Qualitäten des Zentralbaus mit den praktischen Vorteilen eines Baus in Form des lateinischen Kreuzes zu verbinden, läßt sich bis in die Lebenszeit Bramantes zurückverfolgen und sollte noch Michelangelo beeinflussen, der am 1. Januar 1547, mehr als dreißig Jahre nach dem Tod Bramantes, Sangallos Nachfolger wurde. Obwohl Michelan-

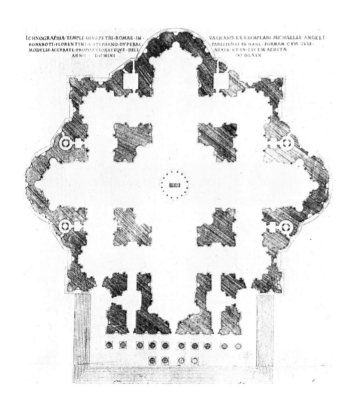

94 St. Peter, Rom. Grundriß von Michelangelo

110

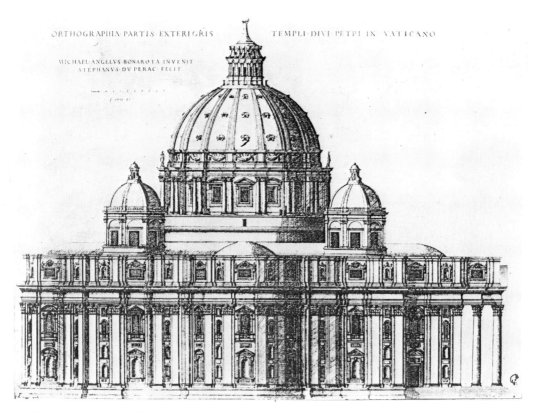

MICHAEL·ANGELVS·BONAROTA·INVENIT
STEPHANVS·DV·PERAC·FECIT

95 St. Peter, Rom. Aufriß der Rückseite von
Michelangelo

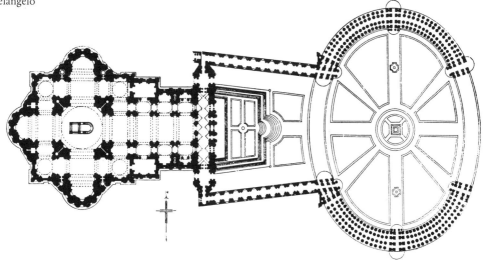

96 St. Peter, Rom. Grundriß des heutigen Baus

gelo und Bramante nie Freunde gewesen waren, gab ersterer der Absicht Ausdruck, zu einer Form im Sinne Bramantes zurückzukehren; er tat das, indem er Bramantes Grundriß sehr kunstvoll und sehr scharfsinnig in eine Kombination aus Zentralplan und lateinischem Kreuz verwandelte, die sich im Stil des Manierismus darbietet (Abb. 94). Im wesentlichen bedeutet das, daß Michelangelo den von Bramante vorgesehenen quadratischen Zentralgrundriß mit Eingängen an allen vier Seiten auf eine Ecke stellte und so eine Diamantform erhielt; dabei machte er die Ecke zur Hauptfassade, indem er die Spitze abstumpfte und ihre Bedeutung durch Hinzufügung einer großen Vorhalle hervorhob. Ein Vergleich der beiden Grundrisse zeigt ferner, daß Michelangelo den Gesamtumfang reduzierte, das Ausmaß der Hauptpfeiler vergrößerte und den offenen Raum zwischen den Pfeilern und den Außenwänden verkleinerte. Durch diese drastische Reduktion und Kompression sicherte er die Stabilität des Gebäudes und sorgte für eine ausreichende Stützung der Kuppel. Allerdings kam er davon ab, Bramantes Kuppel (Abb. 91) zu bauen und nahm an seinen eigenen Projekten und Modellen ständig Änderungen vor.

Er förderte die Bauarbeiten energischer, als das in den fast vierzig Jahren zuvor der Fall gewesen war, so daß bei seinem Tod 1546 ein beachtlicher Teil der Basilika in der uns bekannten Form stand und der Tambour bis zum Kuppelansatz vollendet war. Die Kuppel ist eines der Probleme der Peterskirche. Man weiß, daß Michelangelo in einer bestimmten Phase plante, sie als Halbkugel zu bauen, wie Bramante sie entworfen hatte (Abb. 95), dabei aber stark betonte Rippen vorsah, die den Hauptlinien seiner Wandbehandlung entsprechen sollten. Das wäre eine Ausführung mit stärkerer Dynamik gewesen, als Bramantes glatte Schale versprach; sie hätte die Verschiedenheit im Temperament der beiden Männer zum Ausdruck gebracht, aber auch den einschneidenden Wandel der architektonischen Ideale in den fünfzig Jahren zwischen Bramantes und Michelangelos Tod.

Michelangelo plante jedoch auch eine Kuppel in leicht zugespitzter Form, und dies war die Form, die dann ausgeführt wurde (Abb. 97). Wie bei der Kuppel Brunelleschis ist der Schub hier geringer,

und das gab den Ausschlag, als sie zwischen 1585 und 1590 von Giacomo della Porta mit Unterstützung von Domenico Fontana, dem wohl besten Ingenieur seiner Zeit, gebaut wurde. Michelangelos Konzeption der Kirche war, im Gegensatz zum Entwurf Bramantes, dynamisch – von der Rückseite des Baus her (Abb. 95) kann man noch heute eine Vorstellung der von ihm beabsichtigten Wirkung gewinnen. Hier sind die riesigen Pilaster etwa so wie in Bramantes Belvedere miteinander verbunden und bilden einzelne vertikale Elemente, die oben in die Rippen der Kuppel übergehen und eine fast gotische Wirkung des Emporstrebens vermitteln. Die Rippen der heutigen Kuppel sind im Grunde die von Michelangelo vorgesehenen, doch sind sie in der Gesamtwirkung wahrscheinlich anmutiger und ein wenig schlanker.

Der Grundriß wurde jedoch noch einmal entscheidend verändert, und der heutige Bau in Form des lateinischen Kreuzes (Abb. 96) ist das Ergebnis einer Umgestaltung durch Carlo Maderna in der ersten Hälfte des siebzehnten Jahrhunderts. Maderna schmückte nicht nur einen großen Teil des Kircheninneren aus, sondern erweiterte und veränderte auch Michelangelos Grundriß, indem er ein langes Schiff und danach eine Fassade hinzufügte, die infolge der Erweiterung notwendig geworden war. Schließlich wurde die neue Anlage zu einem Meisterwerk des Barocks, als sie durch die große Piazza und die herrlich theatralische Wirkung der toskanischen Kolonnaden mit vielen Statuen in ihren gigantischen Ausmaßen vervollständigt wurde, die Bernini entworfen hatte und von 1656 an baute.

97 St. Peter, Rom. Kuppel. Von Giacomo della Porta und Domenico Fontana. 1585–90

Raffael und Giulio Romano

Möglicherweise war Raffael mit Bramante verwandt. Es wäre einleuchtend, wenn Bramante, als ihm klar wurde, welche Riesenaufgabe er mit der Peterskirche übernommen hatte, sich nach einem fähigen Nachfolger umgesehen hätte; und seine Wahl fiel auf Raffael, obwohl die meisten bedeutenden Architekten der nächsten Generation irgendwann einmal unter ihm arbeiteten. Wahrscheinlich war es 1509 zu einem engeren Zusammenschluß zwischen den beiden gekommen, denn Raffaels Fresko »Die Schule von Athen« zeigt ein Gebäude, das Bramantes ursprünglichen Entwürfen für die Peterskirche so gleicht, daß man gewöhnlich dessen unmittelbaren Einfluß vermutet. Im gleichen Jahr entwarfen Bramante und Raffael die kleine römische Kirche S. Eligio degli Orefici (Abb. 98; in der Form ein kleines griechisches Kreuz, also vielleicht ein Experiment für die Peterskirche), die von 1514 an im Bau war und deren Kuppel wahrscheinlich Peruzzi vollendete. Raffael starb 1520 mit siebenunddreißig Jahren; sein Amt als Bauleiter der Peterskirche war also weder von so langer Dauer noch so bedeutend, wie man vernünftigerweise hätte erwarten können. Trotzdem scheint Raffael in den letzten sechs hektischen Jahren seines Lebens neben seiner enormen Arbeitsleistung als Maler genügend Zeit für die Entwürfe zu drei Palästen, einer Kapelle und einer Villa gefunden und bis zu einem gewissen Grad eine neue Richtung in der Architektur eingeleitet zu haben, die der Entwicklung in seinen allerletzten Bildern einigermaßen ähnlich ist. Anders ausgedrückt: Raffael hat sich als Maler und auch als Architekt in seinen letzten Jahren anscheinend von dem ruhig-heiteren Klassizismus seiner »Schule von Athen«, die Bramantes reifem Stil entspricht, wegbewegt und einen reicheren und gleichzeitig dramatischeren Stil angestrebt, mit dem der Manierismus einsetzt. Das läßt sich an der Kapelle feststellen, die er in S. Maria del Popolo für den reichen Agostino Chigi, Bankier in Siena, baute; sie ist viel prunkvoller als S. Eligio, obwohl die Konstruktion in beiden Fällen fast gleich ist. Noch wichtiger waren vielleicht die zwei Paläste, die er in Rom baute, und die beide von ihrem Prototyp, seinem eigenen Haus, abweichen. Beim Palazzo Vidoni-Caffarelli (Abb. 99), der später stark vergrößert wurde,[21] unterscheiden sich die Grundelemente – das Rustika-Erdgeschoß, der *piano nobile* mit Säulen und ein Obergeschoß – nicht sehr stark vom Typ des Raffaelhauses. Sein

98 S. Eligio degli Orefici, Rom. Kuppel

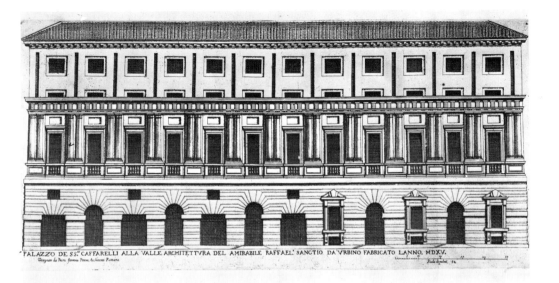

PALAZZO DE S.S. CAFFARELLI ALLA VALLE ARCHITETTVRA DEL AMIRABILE RAFFAEL SANCTIO DA VRBINO FABRICATO L'ANNO. MDXV.

99 Palazzo Vidoni-Caffarelli, Rom

nächster Palazzo allerdings, der vielleicht in seinem letzten Lebensjahr entstand, ist völlig anders. Es handelt sich um den Palazzo Branconio dell'Aquila (Abb. 100), den wir nur aus Zeichnungen und einem Stich kennen. Hier sind die Verschiedenheiten wesentlich, und eine Untersuchung wird die Prinzipien des neuen Stils, den wir als Manierismus bezeichnen, deutlich machen.

Man sollte die Fassade des Palazzo Branconio dell'Aquila mit jener des Hauses von Raffael (Abb. 79) vergleichen, um die Unterschiede zu erkennen, die dem Anschein nach zwar ganz geringfügig sind, aber die durchaus veränderte architektonische Auffassung dennoch erkennen lassen. Zunächst einmal ist der Palazzo Branconio offensichtlich viel reicher strukturiert und zeigt an der Außenfläche viel mehr Dekor. Am Haus Raffaels beschränkt sich der Dekor im wesentlichen auf Balustraden und Frontispize über den Fenstern, die an sich Konstruktionselemente sind, oder er ergibt sich aus dem strukturellen Gegensatz zwischen der Rustika des Erdgeschosses und der glatten Wand des *piano nobile*. Selbst da kann man noch behaupten, daß dieser strukturelle Gegensatz dem unteren Gebäudeteil einen Eindruck größerer Festigkeit verleiht und

insoweit auch konstruktionsbedingt ist. Vom Schmuck an der Fassade des Palazzo Branconio kann man nicht sagen, daß er irgendetwas mit der Konstruktion zu tun hat, und gerade darin liegt die eigentliche Verschiedenheit. Das beste Beispiel sind vielleicht die Säulen, die vom *piano nobile* ins Erdgeschoß verlegt wurden – an sich sehr einleuchtend, weil man so von ihnen sagen kann, daß sie den oberen Teil des Gebäudes tragen. Aber gerade das tun sie nicht, denn jede Säule hat eine leere Nische unmittelbar über sich, und wir haben das unangenehme Gefühl, daß eine massive Stütze unter einer Öffnung steht. Es ist richtig, daß in mindestens einer der Zeichnungen, die uns das Äußere des Palastes überliefern, diese Nischen durch Statuen ausgefüllt sind, aber derart massive Säulen sollten doch augenfällig mehr zu leisten haben, als kleine Statuen zu tragen. Ebenso offensichtlich bildet das Fensterschema im *piano nobile* mit abwechselnd dreieckigen und halbkreisförmigen Bedachungen einen Teil der Wandoberfläche; die Fenster sind durch ein Gebälk zusammengehalten, das außer den Säulen der Tabernakelfenster keine stützende Säulenordnung aufweist. Die Anordnung des *piano nobile* steht in stärkstem Gegensatz zur Wiederholung der identischen Elemente im Haus

Raffaels, denn er hat einen überaus komplizierten Rhythmus aus Nischen, Fenstern mit dreieckigen und halbkreisförmigen Bedachungen und den dekorativen Girlanden. Diese Überladenheit in Verbindung mit einer bewußten Umkehrung der Funktionen architektonischer Elemente – Säulen, die nichts tragen – sind charakteristisch für die Stilrichtung, die noch zu Raffaels Lebzeiten einsetzte und bis zum Jahrhundertende in allen Bereichen der italienischen Kunst vorherrschte.

Der Begriff Manierismus wurde vor etwa fünfzig Jahren geprägt, als man sich darüber klar wurde, daß der rein klassische Stil des Frühwerks von Bramante, Raffael und Peruzzi in seinen Zielen nicht mit dem Stil übereinstimmt, den Giulio Romano, ja auch Raffael und Peruzzi in ihren letzten Lebensjahren ausbildeten. Ähnliche Tendenzen sind in der Malerei und in der Plastik festzustellen, am deutlichsten vielleicht in Raffaels Spätwerk, etwa in der »Verklärung Christi« im Vatikan. In allen drei Künsten war dieser neue, unruhige Stil auf eine Reihe von Faktoren zurückzuführen, deren wichtigste die Persönlichkeit Michelangelos und die Tatsache waren, daß der klassische Stil Bramantes und des frühen Raffael Jüngeren wohl ein Endstadium zu sein schienen. Sie müssen den Eindruck gehabt haben, daß man in dieser Richtung nichts mehr leisten könne, was besser wäre als das bereits Vorhandene, so daß es ihnen vernünftiger schien, gar nicht erst den Versuch zu machen, mit Bramantes Tempietto oder Raffaels »Schule von Athen« zu konkurrieren, sondern sich um einen anderen, aufregenderen Stil zu bemühen. In der Architektur war die bloße Nachahmung klassischer Vorbilder jetzt ganz einfach geworden, und es schien der Mühe wert zu sein, mit dem klassischen Vokabular zu experimentieren, um neue Zusammenstellungen zu finden, die vielleicht zu ebenso befriedigenden Ergebnissen für das Auge führen könnten wie irgendetwas aus dem Erbe der Antike. Viele andere Umstände trugen zum Aufkommen und zur Verbreitung der manieristischen Kunst bei; wenn der Marxismus die Bewegung mit den politischen und wirtschaftlichen Krisen erklärt, die 1527 im *Sacco di Roma* und der wachsenden Problematik durch Reformation und Gegenreformation ihren Höhepunkt erreichten und Europa zweihundert Jahre lang spalteten, so trifft das zweifellos auf einen Teil des Phänomens zu. Doch damit ist noch längst

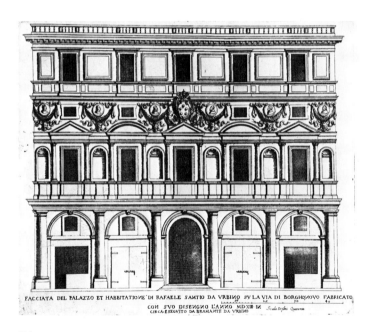

100 Palazzo Branconio dell' Aquila, Rom. Von Raffael

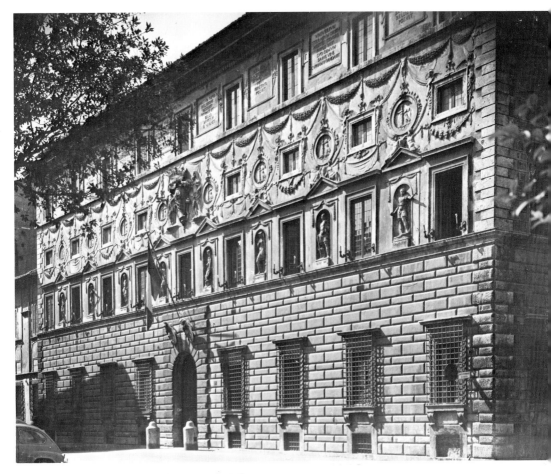

101 Palazzo Spada, Rom. Ein Palazzo aus der Mitte
des 16. Jahrhunderts, der auf Raffaels Palazzo
Branconio basiert

nicht alles erklärt, denn als Raffael – lange vor
dem *Sacco di Roma* – starb, war seine »Verklärung Christi« unvollendet, und das vielleicht
schönste manieristische Bauwerk, Giulio Romanos Palazzo del Tè in Mantua, war seit 1524 in
einer Stadt im Bau, die von den politischen Wirren kaum betroffen war.

Der Begriff »Manierismus« ist nützlich, wenn es
gilt, eine Phase zu charakterisieren, die zwischen
der bewußten klassischen Harmonie, wie sie ein
Künstler von der Art Bramantes anstrebte, und
dem leidenschaftlichen Drama des Barockstils

lag, das am deutlichsten in Bernini zum Ausdruck kommt. Fast alle in diesem Zwischenjahrhundert entstandenen Kunstwerke sind auf
irgendeine Weise gekünstelt, frustriert oder geradezu neurotisch. Deshalb muß die Bezeichnung
»Manierismus« beibehalten werden, wenn wir
auch nie vergessen dürfen, daß viele Künstler – so
etwa Giulio Romano – sich selbst für Vertreter
eines klassischen Stils hielten und daß viele
Kennzeichen der Bauten Giulios tatsächlich bis
auf die Architektur der römischen Kaiserzeit
zurückverfolgt werden können. Es ist interessant

zu beobachten, wie die neuen Intentionen die Architekten des sechzehnten Jahrhunderts dazu brachten, antike Bauwerke auf Eigenheiten hin zu untersuchen, die ihre Vorgänger übersehen hatten; und es ist ganz falsch anzunehmen, sie hätten kein Gefühl für klassische Vorbilder gehabt, weil sie an der Kunst der römischen Kaiserzeit Dinge schätzten, die Bramante oder Raffael nicht ansprachen. Man könnte vielmehr sogar das Gegenteil behaupten, denn die ersten großen Abhandlungen über Architektur – von Serlio, Palladio und Vignola – entstanden alle in dieser Zeit, und sie alle setzen voraus, daß das klassische Altertum das Fundament des Architekturstils ist. Insofern kommen sie alle von Albertis Abhandlung her, aber alle drei Autoren schrieben Traktate, die als Lehrbücher für Architekten gedacht waren, nicht aber als Abhandlungen über Ästhetik, wie Alberti sie im Auge hatte. Raffael entwarf auch den Palazzo Pandolfini in Florenz (Abb. 102), eine schlichte Version des Palazzo Branconio, die dem florentinischen Geschmack angepaßt war und auch der Vorstellung von einer ländlichen Villa im Gegensatz zum städtischen Palast entsprach, da das Gebäude am Stadtrand in der Nähe der Porta S. Gallo lag. Die Entwicklung der Villa spielt in der italienischen Architektur des sechzehnten Jahrhunderts eine wichtige Rolle; einerseits geht sie von den Villen der Römer aus, wie Plinius sie beschrieb, andererseits weist sie auf eine ganze Kategorie (zu der auch das englische country-house gehört) voraus, die unmittelbar unter dem Einfluß der Regeln Palladios entsteht. Eine der ersten und sicherlich eine der schönsten dieser Villen wurde 1516 von Raffael und anderen – unter ihnen Antonio da Sangallo dem Älteren und Giulio Romano – begonnen. Es handelt sich um die nur zur Hälfte vollendete Villa Madama an den Hängen des Monte Mario an der Peripherie von Rom (Abb. 103–105). Es besteht kaum ein Zweifel, daß ursprünglich beabsichtigt war, eine klassische Villa mit einem Mittelhof neu zu schaffen, inmitten eines großen, wie ein Amphitheater terrassenförmig am Hang aufsteigenden Gartens gelegen. In Wirklichkeit wurde nur die Hälfte des Hauses gebaut; die tiefe Einbuchtung der heutigen Eingangsfassade sollte die Hälfte des runden Mittelhofs bilden. Trotzdem ist die

Villa Madama mit ihren klassischen Intentionen von erstrangiger Bedeutung, denn die heute verglaste rückwärtige Loggia (Abb. 105) enthält die prachtvollste uns erhaltene Ausschmückung. Sie wurde von Raffael und seinen Schülern als genaue Nachahmung des Goldenen Hauses ausgeführt, das Nero sich hatte bauen lassen. Die große Loggia besteht aus drei Jochen, von denen die an beiden Enden gelegenen mit vierteiligen Wölbungen überdeckt sind, während das Mitteljoch ein Kuppelgewölbe hat. An einem Ende stößt die Mauer in den Abhang vor und bildet eine tiefe Apsis mit einer reich geschmückten Halbkuppel darüber. Der gesamte Dekor ist in Flachrelief und in kräftigen leuchtenden Farben ausgeführt, die mit strahlend weißem Stuck kontrastieren; man kann gut verstehen, daß dies in den Augen der Zeitgenossen dem berühmten Goldenen Haus Neros nicht nur gleichkam, sondern es in mancher Hinsicht sogar noch übertraf. So war es nur logisch, daß ein junger Künstler wie Giulio Romano, der einen großen Teil der Ausschmückung der Villa Madama ausführte, keinen Sinn darin sah, einen solchen Stil einfach nur fortzusetzen, und daß er es für richtiger hielt, sich um eigene neue Erfindungen zu bemühen. Das tat er dann am Palazzo del Tè.

Giulio Romano wurde, wie sein Name verrät, in Rom geboren – der erste bedeutende Künstler, den diese Stadt seit Jahrhunderten hervorgebracht hatte. Er war Raffaels Schüler und künstlerischer Testamentsvollstrecker; da er erst 1499 geboren wurde, muß er wohl außerordentlich früh zur Reife gekommen sein.[22] Jedenfalls war Giulio Romano einige Jahre vor 1520 Raffaels erster Assistent, und ein beträchtlicher Anteil an der eigentlichen Ausführung der späteren Fresken im Vatikan und der späteren Gemälde – zum Beispiel der »Verklärung Christi« und der »Heiligen Familie unter dem Eichbaum« – wird ganz allgemein Giulio zugeschrieben. Dennoch muß gesagt werden, daß Raffael, so sehr er auch unter dem Druck seiner zahlreichen Aufträge stand, Giulio nicht erlaubt haben würde, den Stil der Werkstatt Raffaels zu verändern, wenn er nicht selbst seinen Stil in ähnlicher Weise verändert hätte. Unmittelbar nach Raffaels Tod im Jahr 1520 erhielt Giulio den Auftrag, die Fresken im Vatikan zu vollenden und vermutlich auch die

102 Palazzo Pandolfini, Florenz. Von Raffael

Fertigstellung von hervorragenden Ölgemälden, zu denen auch die »Verklärung Christi« zählte, zu überwachen. Er blieb bis 1524 in Rom und arbeitete in diesen vier Jahren als Architekt. Zwei römische Paläste werden ihm glaubwürdig zugeschrieben: der Palazzo Cicciaporci und der Palazzo Maccarani.

1524 ging Giulio nach Mantua, um für den Herzog Federigo Gonzaga zu arbeiten, in dessen Diensten er bis zu seinem Tod im Jahr 1546 verblieb. Sein Meisterwerk ist zweifellos der Palazzo del Tè (Abb. 106–111), der im November 1526 im Bau war und um 1534 vollendet wurde. Wie die Villa Madama war er eine Neuschöpfung einer klassischen *Villa suburbana*.[23] Der Stadtpalast in Mantua ist ein riesiges Bauwerk, aber Federigo Gonzaga war ein großer Pferdeliebhaber und beschloß, sich eine Villa unmittelbar vor der Stadt zu bauen, bei der er sein Gestüt unterbringen wollte, die ihm aber gleichzeitig an heißen Sommertagen auch Zuflucht in schönen Gartenanlagen bieten sollte. Schlafzimmer sind in der Villa nicht vorgesehen, da sie keine zwei Kilometer vom Palazzo Ducale entfernt liegt. Der Grundriß zeigt die typische Anlage einer römischen Villa, das heißt, vier lange, niedrige Bauzüge, die einen quadratischen Mittelhof einfassen. Auf den ersten Blick wird das durch das Äußere der Eingangsfassade (Abb. 106) bestätigt, aber gerade hier wird dem Betrachter klar, daß der Palazzo del Tè alles andere ist als ein einfaches Gebäude und daß die scheinbar klar überschaubare Villa ein höchst raffiniertes Bauwerk ist. Wenn wir beim Grundriß (Abb. 111) beginnen, so zeigt sich, daß das Prinzip der symmetrischen Anlage durchbrochen ist, denn das Gebäude hat vier verschiedene Flügel, und die Achse des Gartens und der Gartenhauptfront führt zu einem Nebeneingang, während die Achse des Haupteingangs rechtwinklig zum Garten liegt. Man könnte einwenden, das Terrain habe diese Lösung notwendig gemacht, aber eine genaue Prüfung zeigt, daß der Bau als Ganzes voll von Überraschungen und Widersprüchen ist, die

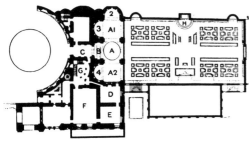

103–105 Villa Madama, Rom. Von Raffael,
Antonio da Sangallo dem Älteren, Giulio Romano
und anderen. Begonnen um 1516. Außenansicht,
Grundriß und Loggia

offensichtlich beabsichtigt sind und einen überaus raffinierten Geschmack ansprechen sollen.
Die meisten konventionellen architektonischen
Regeln nämlich sind ganz bewußt ignoriert, und
hinter alledem steht die Absicht, den Betrachter
in ein mit Gruseln gemischtes Entzücken zu versetzen. Man erkennt das sofort an der Haupteingangsseite (Abb. 106), die man mit der Westseite
(Abb. 107) vergleichen muß, um dann beide Seiten
mit der Gartenseite (Abb. 109) zu vergleichen. Stets
wiederholen sich Elemente einer Seite in den
anderen, doch sind sie dort umgestaltet.
Die Haupteingangsseite ist ein langer, niedriger
Block mit drei gleichen Bogen in der Mitte und

mit je vier Fensterjochen, die scheinbar symmetrisch auf beiden Seiten angeordnet sind. Die
Wand ist rustiziert und durch toskanische Pilaster gegliedert, die ein reich skulptiertes Gebälk
tragen. Etwa in Dreiviertelhöhe der Pilaster verläuft ein Sims, der als Fensterbank für die Fenster
des Obergeschosses dient und mit dem Schlußstein der Hauptgeschoßfenster verbunden ist.
Mit anderen Worten, wo Bramante sich
bemühte, jedes Element getrennt und deutlich
abgesetzt anzubringen, scheinen die Einzelteile
hier ganz bewußt zu einem Oberflächenmuster
verbunden zu sein. Bei näherem Zusehen ent-
deckt man jedoch noch weitergehende Merkwür-

digkeiten: die Pilasterabstände sind keineswegs gleich. Rechts von den Eingangsbogen findet sich ein breites Joch, aber das korrespondierende Joch auf der linken Seite ist nicht nur schmaler, sondern hat auch ein Fenster, das nicht in der Mitte liegt. Man könnte das für ein Versehen im Entwurf halten, wenn das auch bei einem so wichtigen Gebäude und einem so erfahrenen Architekten sehr befremdlich wäre. Dann stellen wir weiter fest, daß die drei Eingangsjoche auf beiden Seiten von drei Fensterjochen flankiert werden, und daß dann eine Zäsur in Form eines Pilasterpaars folgt, das eine kleine, in eine glatte Mauer eingefügte Nische einschließt. Darauf folgt wieder ein normales Fensterjoch, und schließlich wird die Fassade durch ein Pilasterpaar abgeschlossen. Vom Mittelbogen des Eingangs ausgehend liest man also den Rhythmus $A\,A\,B\,B\,B\,C\,B$, wobei sich das letzte Joch von den übrigen dadurch unterscheidet, daß es auf beiden Seiten Pilasterpaare aufweist. Der Entwurf ist also überaus differenziert und bewußt asymmetrisch, aber die ganze Raffiniertheit dieser Architektur erkennt man erst, wenn man zur Seitenfront weitergeht, die eine ähnliche, jedoch nicht völlig gleiche Gliederung zeigt, bei

106

106–110 Palazzo del Tè, Mantua.
Von Giulio Romano. Um 1526–34.
Haupteingangsseite, Seitentor,
Hofseite, Gartenseite und Vorhalle

109

107

110

der die schmalen Nischenjoche den einzigen Eingangsbogen einrahmen. Und noch raffinierter ist es, beim Betrachter vorauszusetzen, er habe die grundlegenden Verschiedenheiten der Außenfronten noch im Gedächtnis, wenn er bei seinem Rundgang auf der Gartenseite (Abb. 109) ankommt, die wiederum um eine Mitte von drei großen Bogen angelegt ist. Die Wandstruktur ist hier jedoch ganz anders, denn die Rustika reicht nur bis zur Höhe der Brücke, die den jetzt leider ausgetrockneten Graben überspannt. Das Hauptgeschoß hat glatte Wände und kein Obergeschoß, stattdessen aber einen völlig anderen Struktureffekt, der durch eine Reihe von Rundbogen erreicht wird, die in einem komplizierten Rhythmus auf Pfeilern und Säulen ruhen. Die größeren Mittelbogen sind zusätzlich durch ein

dreieckiges Giebelfeld betont. Beim Vergleich der Eingangsfront mit der Gartenfront stellen wir fest, daß sie drei Mittelbogen gemeinsam haben, denen zu beiden Seiten drei Fensterjoche folgen; an diese schließt sich dann ein merkwürdiges schmales Joch mit einer Nische an, welches die Hauptfenster vom Endjoch trennt, das nun die Form der ersten drei Joche wieder aufnimmt. Zwei auf den ersten Blick völlig verschiedenen Jochen liegen also die gleichen Motive zugrunde, und es besteht kein Zweifel, daß der Architekt das beabsichtigte, um dem Betrachter ein ähnliches geistiges Vergnügen zu bereiten, wie er es bei Variationen eines musikalischen Themas empfindet. Füllen wir in unserer Phantasie den Graben mit Wasser, so daß in der italienischen Sonne das von der Wasseroberfläche gespiegelte Licht in den flachen Bogen über den Gartenfenstern spielen kann, so erkennen wir, wie überaus raffiniert die architektonische Erfindung Giulio Romanos war.

Gleiches gilt auch für eine Reihe von anderen Einzelheiten des Gebäudes, so zum Beispiel für die präzise Gliederung dieser Bogen auf der Gartenseite. Die vier großen Säulen, auf denen die Hauptbogen der Gartenfront ruhen, vermitteln die Wirkung massiver Stützen, die ein beträchtliches Gewicht tragen, so daß die Bogen und das Gewölbe dieser Vorhalle (Abb. 110) – die deutlich an die Villa Madama erinnert – ihrer Aufgabe angemessen zu sein und in symmetrischer Harmonie dazustehen scheinen. Es finden sich Säulen in den Mittelgruppen und Säulen und Pfeiler an den Enden. Die kleineren Fensterjoche jedoch sind in ihrer Anlage etwas komplizierter, da sie mit einem Motiv beginnen, das allgemein – aber fälschlich – als Palladiomotiv[24] bezeichnet wird; es besteht aus einem halbkreisförmigen von Säulen getragenen Bogen mit einer vom Gebälk und einer weiteren Säule gebildeten rechteckigen Öffnung zu beiden Seiten. Das Fensterjoch, das dem Haupteingang am nächsten liegt, weist ein solches Motiv auf, und das zweite ebenfalls. Dann jedoch zeigt das dritte Fenster einen Rundbogen, der nicht auf Säulen, sondern auf Pilastern ruht, und die seitlichen Öffnungen sind weggefallen.

111 Palazzo del Tè, Mantua. Grundriß

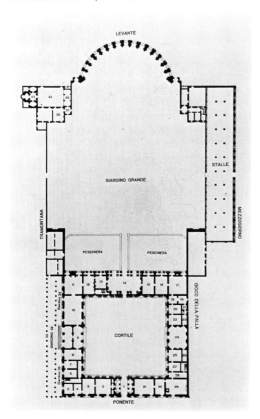

112 Palazzo Ducale, Mantua. Cortile della Mostra. Von Giulio Romano

Auf dieses Motiv folgt das kleine Nischenjoch, und dann wiederholt der letzte Bogen den neuen Fenstertypus. Verglichen mit der Haupteingangsfront liegt also eine weitere Komplikation in der Anlage der Joche vor, die sich vom Mittelbogen aus jetzt A A B B B C B lesen! Tatsächlich ist der gesamte Palazzo del Tè voll von solchen ausgeklügelten Erfindungen, und das erklärt, warum er sofort nach seiner Vollendung derart berühmt wurde und stets als Giulio Romanos Meisterwerk galt.

In diesem Zusammenhang muß noch zweierlei erwähnt werden. Erstens entsprechen die Seiten des Innenhofs (Abb. 108) nicht genau den Außenseiten, sondern sie haben ihren eigenen Rhythmus und ihre eigenen Komplikationen. Noch merkwürdiger ist die Behandlung einiger Details, die für unser Auge nicht allzu auffällig sind, den Zeitgenossen aber seltsam vorgekommen sein müssen; sie stellen wesentliche Elemente des Manierismus dar. Einige Schlußsteine an den Fensterbogen scheinen in den eigentlichen Fensterraum hinabgerutscht zu sein und widersprechen so dem Eindruck der Stabilität, der dem Schlußstein eines Bogens üblicherweise zugedacht ist. Dieses Gefühl der Unsicherheit wird noch deutlicher am Gebälk des Innenhofs (Abb. 108), wo Giulio tatsächlich eine Anzahl von Triglyphen scheinbar in den darunterliegenden Wandraum hat abrutschen lassen, was beim Betrachter ein ausgesprochenes Unbehagen hervorruft. Dieses beabsichtigte ungute Gefühl wird wegen seiner Gegensätzlichkeit zu der heiteren Gelassenheit der Architektur Bramantes oder der Leidenschaft und Selbstsicherheit des Barocks allgemein als Kennzeichen der manieristischen Kunst angesehen.

Die zweite wichtige Eigenheit des Palazzo del Tè bestätigt diesen Eindruck. Die Innenausschmückung wurde weitgehend von Giulio Romano und einer Reihe seiner Schüler besorgt; sie ist teilweise so kunstvoll ausgeführt, daß sie mit dem Vorbild der Villa Madama verglichen werden kann. Ihr bedeutendster Teil jedoch, die sogenannte *Sala dei Giganti*, ist im Charakter grundverschieden und in der Ausführung eher roh. Diesen außergewöhnlichen Raum, der zum größten Teil zwischen März 1532 und Juli 1534 ausgemalt wurde, hat Vasari, der von Giulio selbst geführt wurde, eingehend beschrieben. Er ist klein, fast lichtlos, und die Winkel zwischen Fußboden, Wänden und Decke sind sämtlich abgerundet und dann so bemalt, daß der Betrachter zunächst die Übergänge zwischen Wand und Decke nicht zu erkennen vermag. Auch die Bemalung ist bemerkenswert. Die gesamte Decke ist mit der Darstellung eines großen schwebenden kreisrunden Tempels ausgefüllt, der über dem Kopf des Betrachters im Raum aufgehängt zu sein scheint. In ihm sind die Götter versammelt, und Jupiter schleudert einen Blitz auf die Erde hinab. Der Bereich, in dem wir selbst uns befinden, ist ein Schauplatz chaotischer Zustände, denn rings um uns geht der Aufstand der Giganten gegen den Olymp vor sich, und die Rebellen werden durch riesige Steinblöcke, Gebäude und Felsen zerschmettert, die von den an der Decke befindlichen Göttern auf sie herabgeschleudert worden sind. Die Wirkung dieses wenig erfreulichen Bildes wird noch durch die illusionistischen und perspektivischen Kunstgriffe verstärkt, die Giulio unter Raffael meisterhaft anzuwenden gelernt hatte; in diesem besonderen Fall wetteiferte er mit dem berühmtesten aller seiner Vorgänger auf diesem Gebiet, mit Mantegna, dessen großartige Leistung im Illusionismus die *Camera degli Sposi* im Palazzo Ducale von Mantua war. Der große Unterschied zwischen beiden liegt in den Absichten der Künstler; Mantegnas Illusionismus ist bezaubernd, sorglos und überzeugend, während Giulio nur das eine Ziel verfolgt, den Betrachter in Schrecken zu versetzen und die Virtuosität des Künstlers zur Schau zu stellen. Ein Zitat aus Vasari verdeutlicht das, wobei zu bedenken ist, daß Vasari Giulios eigene Erklärungen wiederholt:

»Außerdem kann man durch eine Öffnung im Dunkel einer Grotte, die den Blick in eine mit wunderbarer Könnerschaft gemalte ferne Landschaft freigibt, viele fliehende Giganten sehen, die alle von den Blitzen Jupiters getroffen sind und gewissermaßen im nächsten Augenblick von den Felsstücken der Gebirge erschlagen werden wie die übrigen. An einer anderen Stelle bildete Giulio weitere Giganten ab, über welche Tempel, Säulen und andere Gebäudeteile herabstürzen und ein unermeßliches Blutbad und große Verheerungen unter diesen übermütigen Geschöp-

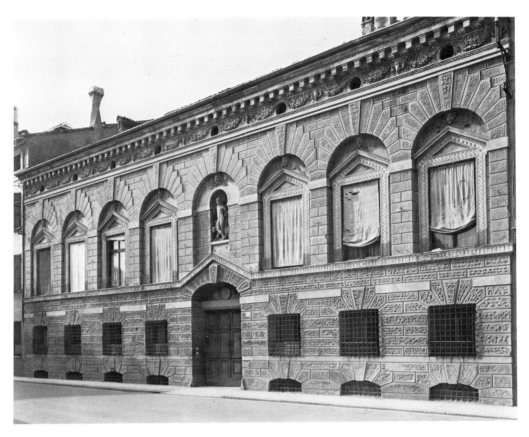

113 Eigenes Haus in Mantua. Von Giulio Romano.
Nach 1540

fen anrichten. Und hier, unter den fallenden Gebäudetrümmern, befindet sich der Kamin des Zimmers, der, wenn ein Feuer in ihm brennt, die Illusion hervorruft, daß die Riesen in Flammen stehen, denn hier ist Pluto abgebildet, der in seinem von dürren Pferden gezogenen Wagen und von Furien begleitet auf die Mitte zustürmt; so hat Giulio, ohne sich vom Thema der Sage von der Erfindung des Feuers zu entfernen, eine überaus schöne Verzierung des Kamins geschaffen. Außerdem hat Giulio, um sein Kunstwerk noch fürchterlicher und schrecklicher zu gestalten, die Riesen, die gewaltig und phantastisch anzusehen sind, dargestellt, wie sie – auf verschiedene Weise von Blitz und Donner getroffen – auf die Erde niederfallen, manche im Vordergrund und

andere im Hintergrund, manche tot, andere verwundet, und wieder andere bedeckt von Felsen und Gebäudetrümmern. Deshalb soll niemand glauben, er könne irgendwo ein Werk des Pinsels sehen, das gräßlicher und schreckenerregender oder naturgetreuer ist als dieses hier; und wer auch immer diesen Raum betritt und die Fenster, Türen und anderes Derartige überall schief und gewissenmaßen im Augenblick des Zusammensturzes erblickt und die Berge und Bauten herabsausen sieht, muß notwendig fürchten, daß alles über ihn hereinbricht, zumal außerdem noch die Götter im Himmel hastig hierhin und dorthin eilen und alles in der Flucht begriffen ist. Und das Erstaunlichste an der Arbeit ist, daß die gesamte Malerei weder Anfang noch Ende hat,

sondern so geschickt ineinandergefügt und ohne
Trennungen oder schmückende Teilungen miteinander verbunden ist, daß alles, was sich in der
Nähe der Gebäude befindet, sehr groß erscheint,
und was fern ist, wo die Landschaft zu sehen ist,
sich ins Unendliche verliert; daraus ergibt sich,
daß der Raum, obwohl er weniger als 10 Meter
lang ist, wie ein offenes Gelände wirkt. Überdies
ist der Fußboden mit kleinen runden Steinen
ausgelegt, die auf die Kante gestellt sind, und auf
den unteren Teil der Wände sind ähnliche Steine
gemalt, so daß kein scharfer Winkel zu sehen ist
und diese ebene Oberfläche wie eine ungeheure
Weite wirkt, was Giulio mit viel Verstand und
wunderbarem Können ausgeführt hat, so daß
ihm unsere Künstler dieser Erfindungen wegen
zu großem Dank verpflichtet sind.«
Ein großer Teil der sonstigen Arbeiten Giulio
Romanos befindet sich ebenfalls in Mantua,
darunter der Dom, der Cortile della Mostra im
Palazzo Ducale (Abb. 112) und vor allem sein
eigenes Haus (Abb. 113), das kurz vor seinem Tod
gebaut wurde und für uns deshalb von besonderer Bedeutung ist, weil es zweifellos ohne alle
Auflagen von außen her entstanden ist. Er war
der Lieblingsarchitekt des Herzogs und recht
wohlhabend, wie wir aus der Größe des Hauses
schließen können. Die Fassade läßt sich am
besten als eine Parodie auf das Haus Raffaels von
Bramante (Abb. 79) bezeichnen. Die Art, wie das
Gesims in der Mitte zu einer Spitze hochgezogen
ist, um so etwas wie ein unvollständiges Fronti-
spiz zu bilden, das wiederum auf den Schlußstein
des drunter befindlichen abgeflachten Bogens
drückt, ist ganz offensichtlich eine bewußte
Umkehrung der Vorstellungen Bramantes. Gleiches gilt für die seltsamen Fensterumrahmungen,
die in für sie etwas zu kleine flache Bogen hinein-
gezwängt sind, über denen ein kunstvolles
Gebälk ohne stützende Säulen verläuft. Ein
derartiger Fauxpas wäre in den ersten Jahren des
sechzehnten Jahrhunderts undenkbar gewesen,
aber in den vierziger Jahren konnten solche
Abweichungen als witzig und amüsant gelten.
Das allein schon zeigt die leichte Affektiertheit
eines großen Teils der besten manieristischen
Architektur, und es erklärt vielleicht auch die Tatsache, daß die Architekturhistoriker an diesem
Stil stärker interessiert sind als die Allgemeinheit.

Peruzzi und Antonio da Sangallo der Jüngere

Baldassare Peruzzi war wie Raffael und Giulio Romano ein führendes Mitglied des Bramantekreises. Er wurde 1481 in Siena geboren und kam 1503 nach Rom, wo er als Maler und Architekt im Jahr 1536 starb. Laut Vasari war er bei seinen Zeitgenossen berühmt als Erneuerer der lange Zeit verschollenen Kunst der Theaterdekoration, und im Zusammenhang damit war er auch ein Virtuose in der Kunst der Perspektive. Hunderte seiner Zeichnungen sind uns – vor allem in Florenz und Siena – noch erhalten, aber seine Person bleibt einigermaßen rätselhaft. Am besten kennen wir ihn vielleicht als den maßgebenden Mitarbeiter Bramantes, und er wiederum hatte Serlio zum Schüler. Wir wissen, daß Serlio in seiner Abhandlung ausgiebigen Gebrauch von Peruzzis Zeichnungen machte, und wir wissen weiter, daß Bramante und auch Peruzzi eigene Abhandlungen planten, die uns nicht erhalten sind. Serlios Werk ist deshalb eine wichtige Informationsquelle für diese beiden Künstler, doch besitzen wir außerdem einige wenige Gemälde Peruzzis und zwei Gebäude, die ihm von Vasari zugeschrieben wurden.

Das ältere der beiden ist die Villa Farnesina (Abb. 114–117), in Rom nahe dem Tiber gelegen, die 1509 begonnen und 1511 vollendet wurde. Das Gebäude ist verhältnismäßig klein, hat aber trotzdem seine Bedeutung als ein frühes Beispiel des Villentyps mit Mittelblock und vorspringenden Flügeln. Es ist viel älter als die Villa Madama, und man könnte es auf den ersten Blick sogar eher auf das fünfzehnte als auf das sechzehnte Jahrhundert datieren. Der Bauherr war Agostino Chigi, ein Bankier aus Siena, für den Raffael später die Chigikapelle ausschmückte, und das Gebäude scheint als *villa suburbana* gedacht gewesen zu sein. Das Äußere ist in seiner Wirkung dadurch stark verändert worden, daß die fünf Erdgeschoßjoche der Eingangsfront verglast wurden, wodurch der Gegensatz zwischen Öffnung und Masse vollkommen beseitigt worden ist. Allerdings war die Verglasung unerläßlich, da die Eingangsloggia herrliche Fresken mit Amor und Psyche enthält, die von Raffael und dessen Schülern stammen. Im übrigen ist die Fassade auch dadurch verändert worden, daß die Fresken, mit denen die glatten Wände ursprünglich verziert waren, seit langem schon verwittert sind. So erklärt sich die seltsame Diskrepanz zwischen der Kahlheit der Wände und der Pracht des plastischen Frieses unterhalb der Dachkante, der zwischen kleinen Attikafenstern Putti und Girlanden aufweist. Die Architektur ist von einer Einfachheit, die an Francesco di Giorgio erinnert (der durchaus Peruzzis Meister gewesen sein könnte), und die unbefriedigende Wirkung des Mittelpilasters, der die Flügelenden in zwei – statt drei – Joche unterteilt, trägt dazu bei, daß der Bau ein wenig altmodisch wirkt.

Peruzzi gehörte auch zu den zahlreichen Malern, die mit der Ausschmückung des Gebäudeinneren beschäftigt waren, und wir verstehen durchaus die Begeisterung seiner Zeitgenossen für seine illusionistischen Künste als Bühnenbildner, wenn wir sehen, was er aus der Sala delle Prospettive (Abb. 117), dem großen Raum im ersten Stock, gemacht hat. Die Illusion einer Öffnung, die eine Aussicht auf Rom freigibt, ist erstaunlich realistisch.

Neun Jahre lang arbeitete Peruzzi nach der Vollendung der Villa Farnesina erst mit Bramante und dann mit Raffael an der Peterskirche. Wir haben Dutzende von Zeichnungen von ihm, die zahlreiche Probleme aufwerfen, da unmöglich mit Sicherheit festgestellt werden kann, wessen Ideen sie wiedergeben. Im Jahr 1520 wurde Peruzzi nach Raffaels vorzeitigem Tod zum Leiter der Bauarbeiten ernannt, leistete aber wenig, und 1527 geriet er beim *Sacco di Roma* in Gefangenschaft, so daß viele Jahre überhaupt nicht weitergebaut wurde. Zu seinem Glück konnte er nach Siena flüchten, wo er einige Zeit arbeitete, ehe er nach Rom zurückkehrte; dort wurde er 1530 wieder zum *Capomaestro* von St. Peter ernannt. Er ließ sich jedoch erst 1535 in Rom nieder und starb dort am 6. Januar des folgenden Jahres.

Diese genaue Datierung ist nicht ohne Bedeutung, da sein letztes und größtes Werk, der Palast, den er in Rom für die Brüder Pietro und Angelo Massimi baute (Abb. 118–120), mit Sicherheit nach Peruzzis Tod vollendet und nicht vor 1532, möglicherweise erst 1535, begonnen wurde. Er wird oft als ein Beispiel des Frühmanierismus

angesehen, und es ist deshalb wichtig, festzuhalten, daß er aus einer späteren Periode stammt als der Palazzo del Tè und Raffaels römische Paläste. Der Palazzo Massimi wurde an der Stelle eines Palastes errichtet, der der Familie gehört hatte und im *Sacco* niedergebrannt worden war. Einige Teile der weniger wichtigen Gebäude standen noch, und Peruzzi erhielt den Auftrag, zwei getrennte Paläste für die beiden Brüder auf einem einzigen unregelmäßigen Baugrund zu errichten und dabei die noch vorhandenen Bauten soweit wie möglich zu benutzen. Der Grundriß (Abb. 118) beweist sein Geschick in der Anordnung einer großen Anzahl von Staatsräumen, die – auf einem sehr schwierigen Grundriß – alle rechteckig sind und scheinbar symmetrisch um die Hauptachsen liegen. Im Grundriß kann man erkennen, daß die Achsen in Wirklichkeit etwas schräg verlaufen, aber im Gebäude selbst ist das nicht zu spüren. Der Palast auf der rechten Seite

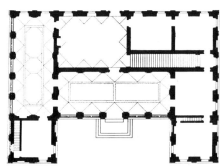

des Grundrisses mit der großartigen Fassade
(Abb. 119) war für Pietro Massimi bestimmt, während Angelos Palast auf der linken Seite einfacher
gebaut ist. Der Plan zeigt auch eine gebogene Fassade – damals etwas Einzigartiges –, die es
erlaubte, den Bauplatz bestmöglich auszunutzen.
Man kann die Fassade nur sehr schwer in den
Blick bekommen; sie steht an einer Kurve und
gegenüber der Einmündung einer Straße, und
der Betrachter kann sich kaum weit genug von
ihr entfernen, um das Gebäude als Ganzes zu

überblicken. Wahrscheinlich erklärt das den
Unterschied in der Behandlung der Fassaden der
beiden Paläste. In der Fassade des Palazzo Pietro
Massimi will man manieristische Elemente
erkennen. Die Anlage entspricht ungefähr dem
Typ Bramantes – ein schweres Erdgeschoß trägt
einen *piano nobile* mit Obergeschossen, der durch
ein stark hervorgehobenes Gesims abgesetzt ist.
Doch wie in Raffaels Palazzo Branconio sind die
Säulen aus dem *piano nobile* ins Erdgeschoß hin-
abgerückt worden, und die Rustika zieht sich

131

jetzt über die ganze Höhe des Gebäudes hin. Ferner sind die Stützen in einem alternierenden Rhythmus so angeordnet, daß Joche mit von zwei Pilastern eingerahmten Fenstern entstehen, auf die ein Joch mit einem Pilaster und einer vollen Säule folgt, und dann gibt es in der Mittelachse, in der Eingangsloggia, Joche mit Paaren von Vollsäulen. Als Ganzes jedoch ist die Anlage streng symmetrisch. Über dem Gesims der Ordnung befindet sich ein zweiter Steinsims, der die vorspringenden Fenstersimse verbindet und so das horizontale Band unterstreicht, das in etwa einem Drittel der Höhe des Gebäudes quer über den Palast verläuft. Wenn der Palast irgendwie kopflastig erscheint, so ist dies darauf zurückzuführen, daß die Masse der Rustikamauer über diesem Sims durch die großen Fenster des *piano nobile* und dann durch die zwei Reihen der Obergeschoßfenster von gleicher Größe dreigeteilt ist. Diese Abweichung von der üblichen Praxis, die Größe der Fenster nach dem Dach zu in einer regelmäßigen Ordnung zu verkleinern, hat etwas Unbefriedigendes. Aus der kunstvollen Umrahmung der Obergeschoßfenster entwickelte Serlio später die verschlungene Bandverzierung, die sich im späteren sechzehnten und frühen siebzehnten Jahrhundert wie ein Ausschlag über das ganze nördliche Europa verbreitete.

Die Haupthöfe beider Paläste sind als römische Atrien entworfen, teilweise zweifellos deswegen, weil die Massimi sich schmeichelten, von dem großen Römer Fabius Maximus abzustammen und deshalb ihren Palazzo so antik wie nur irgend möglich gestalten wollten. Die Schwierigkeiten bei der Anlage des Hofes bewältigte Peruzzi mit viel Geschick; die Photographie aus dem Palazzo Pietro Massimi (Abb. 120) zeigt, wie die untere Ordnung ein durchbrochenes Gebälk über sich hat, das nicht nur der inneren Loggia Licht gibt, sondern auch den offensichtlichen Höhenunterschied zwischen dieser und der offenen Loggia im ersten Stockwerk bedeutend vermindert. Dieser perspektivische Kunstgriff, der des Malers der Sala delle Prospettive würdig ist, vermittelt uns den Eindruck, daß die beiden Geschosse für das Auge von gleicher Höhe sind. Die Loggia im ersten Stockwerk ist mit ihrem reichen Schmuck dem *piano nobile* durchaus angemessen.

Der wichtigste Palazzo, der etwa um die gleiche Zeit wie Peruzzis Palazzo Massimi in Rom entstand, war der riesenhafte Palazzo Farnese von Antonio da Sangallo dem Jüngeren. Er war der Neffe von Giuliano da Sangallo und Antonio da Sangallo dem Älteren, die ihn ausbildeten, ehe er um 1503 als Zwanzigjähriger nach Rom ging. Er starb 1546 in Rom, nachdem er einen großen Teil seines Lebens der Arbeit an der Peterskirche gewidmet hatte, zuerst als Assistent und Zeichner Bramantes und in den letzten Jahren seines Lebens als Verantwortlicher für den Bau und Schöpfer eines großen Holzmodells (Abb. 93), das noch erhalten ist. Eines der frühesten Bauwerke Antonios ist der Palazzo Baldassini in Rom aus der Zeit um 1503, der bereits seinen massigen, aber ziemlich phantasielosen Stil erkennen läßt. Er besaß keineswegs das Einfühlungsvermögen Peruzzis, der unter Bramante eng

118–120 Palazzo Massimi alle Colonne, Rom. Von Peruzzi. Begonnen 1532/35. Grundriß, Fassade und Hof

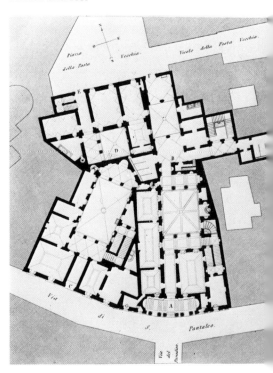

132

mit ihm zusammengearbeitet haben muß, hatte aber ein feines, vielleicht von seinem Onkel Antonio dem Älteren übernommenes Gefühl für schlichtes, massives Mauerwerk. Dabei war seine Begeisterung für altrömische Architektur zwar groß, ging aber nicht sehr tief, und er neigte dazu, aufs Geratewohl Motive aus dem Kolosseum oder dem Marcellustheater zu benutzen. Möglicherweise war es auf diese mangelnde geistige Beweglichkeit zurückzuführen, daß Michelangelo ihn so wenig schätzte. Man sieht den Unterschied zwischen beiden nicht nur an Michelangelos drastischer Korrektur der Arbeit Sangallos an der Peterskirche, sondern auch am Palazzo Farnese (Abb. 121–125), der unbestreitbar Antonios Meisterstück ist.

Schon sehr früh in seiner Laufbahn trat Antonio in den Dienst des Kardinals Farnese, für den er um 1513 einen Palast zu bauen begann. Die Arbeiten gingen nur langsam voran, aber als der Kardinal 1534 unter dem Namen Paul III. Papst wurde, kam es zu einer bedeutenden Vergrößerung und Veränderung des Bauplans (Abb. 121). Der Palast wurde jetzt zum Hauptsitz der neureichen und nicht allzu beliebten Familie Farnese, und Antonio arbeitete bis kurz vor seinem Tod im Jahr 1545 an der Ausführung des umfangreichen Entwurfs. Für das große krönende Gesims veranstaltete der Papst einen Wettbewerb, und Antonio fühlte sich sehr gedemütigt, als man sich für einen Entwurf Michelangelos entschied. Tatsächlich vollendete Michelangelo unmittelbar nach Antonios Tod den größten Teil des Palastes und nahm eine Reihe von Änderungen des ursprünglichen Entwurfs vor.

Der Palast ist der bei weitem umfangreichste und prächtigste aller fürstlichen Paläste in Rom.[25] Er nimmt eine ganze Seite einer großen Piazza ein und ist als riesiger, felsenähnlicher Block entworfen, dessen Hauptfront fast 30 m hoch und fast 60 m lang ist (Abb. 123). Die Anlage wirkt eher florentinisch als römisch, denn sie besteht aus einem ungefähr quadratischen frei stehenden Block, der um einen quadratischen Mittelhof angeordnet ist. Der größte Teil der rückwärtigen Front des Palastes einschließlich der großen offenen Loggia mit Blick auf den Tiber wurde gegen Ende des sechzehnten Jahrhunderts vollendet, doch die Hauptfassade steht dem Palazzo Pitti in Florenz näher als Peruzzis gleichzeitiger Arbeit am Palazzo Massimi. Hier wird nicht der Versuch gemacht, die riesige Mauerfläche durch ein Rustikafundament mit darüberliegenden Ordnungen zu gliedern. Wie bei dem florentinischen Beispiel

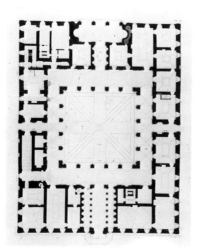

121–125 Palazzo Farnese, Rom. Von Antonio da Sangallo dem Jüngeren und Michelangelo

121, 122 Grundriß und Eingangshalle

123–125 Eingangsseite, Rekonstruktion des Entwurfs von Sangallo dem Jüngeren sowie Hof

aus dem fünfzehnten Jahrhundert ist die Struktur teils durch Rustikasteine an den Ecken, die nach oben hin allmählich kleiner werden, teils durch die Plazierung und Anordnung der Fensteröffnungen erreicht. Die Geschosse sind durch stark markierte horizontale Gesimse und durch Steinbänder voneinander abgesetzt, die über den Fensterbalkonen in Höhe der Basen der kleinen, jeweils ein Fenster einrahmenden Säulen verlaufen. Diese in eine glatte Mauermasse eingesetzten Tabernakelfenster gehen auf Antonio da Sangallo zurück, aber an der Hauptfassade sind auch zwei für Michelangelo bezeichnende Merkmale festzustellen. Einmal handelt es sich dabei um den stark vorspringenden krönenden Fries, der im Detail ganz klassisch ist und etwas höher hinaufgerückt wurde, als Antonio da Sangallo es vorgesehen hatte, damit der Eindruck vermieden würde, daß er auf das oberste Geschoß drücke. Noch bezeichnender für Michelangelo ist die Behandlung des großen Mittelfensters mit dem Wappen der Farnese darüber, das unmittelbar über dem Eingangsbogen liegt. Das Fenster ist dadurch betont, daß es verkleinert und scheinbar tiefer in die Wandfläche hineingedrückt wurde, eine Art umgekehrter Hervorhebung, die, wie wir sehen werden, für Michelangelos persönliche Form des Manierismus sehr bezeichnend ist. Man betritt den Palast durch einen Einzelbogen, der in einen schmalen aber außerordentlich eindrucksvollen Eingangstunnel (Abb. 122) führt, in dem antike Granitsäulen den mittleren Fahrweg von den seitlichen Fußwegen trennen. Dieser wuchtige Klassizismus geht sicher auf Antonio zurück; man nimmt gewöhnlich an, daß er sich vom Marcellustheater herleitet. Der Hof (Abb. 125) ist mit Sicherheit vom Marcellustheater und vom Kolosseum beeinflußt. Das Erdgeschoß und das erste Stockwerk, schlichte Arkaden, sind sicher Arbeiten von Antonio da Sangallo, während das oberste Geschoß, weder schlicht noch eine Arkade, in seiner extremen Differenziertheit typisch für Michelangelo ist. Höchstwahrscheinlich waren von Antonio ursprünglich drei Arkaden geplant, deren Bogen von den Pfeilern getragen und denen jeweils Säulen dorischer, ionischer und korinthischer Ordnung mehr oder weniger als Schmuckmotiv beigegeben werden sollten. Irgendwann wurde es

notwendig, die Bogen der beiden Obergeschosse auszufüllen, und offensichtlich wurde das gesamte oberste Geschoß in seiner gegenwärtigen Form von Michelangelo entworfen und ausgeführt. Es ist auch anzunehmen, daß der Entwurf des sehr unorthodoxen Frieses über der ionischen Ordnung sowie der in die ausgefüllten Bogen des ersten Stockwerks eingesetzten Fensterrahmen von ihm stammt. Man kann heute an dem Gebäude noch an ein oder zwei Stellen erkennen, daß dort Balkone zugemauert und Fenster eingesetzt wurden, wo sich ursprünglich eine offene Arkade befand. Der Palast ist freilich größer und prächtiger als der Palazzo Massimi, aber beide verraten eine bewußte Absicht des Architekten, so weit wie möglich einen klassischen Bau neu zu schaffen. Peruzzi läßt mehr Erfindungsgeist erkennen, während Sangallo sich als typischer Vertreter einer eingeführten, akademischen Bauweise zeigt, die infolge ihrer festgelegten Regeln lehrbar war. Tatsächlich war sie eine Art Grammatik, die bis ziemlich weit ins neunzehnte Jahrhundert hinein gültig blieb; man kann das etwa an Londoner Gebäuden – dem Reform Club in der Pall Mall oder den großen viktorianischen Stadthäusern in Kensington – sehen, wo die Tabernakelfenster entfernte Nachkommen der Fenster im Palazzo Farnese sind. Diese schlichte, ziemlich phantasielose Architektur hat vieles, was sie als Lehrgrundlage empfiehlt, und Antonio da Sangallo wird manchmal zu Unrecht die Schuld an Fehlern zugeschrieben, die er nicht beging. Michelangelo mißfiel sein Florentiner Kollege aus verschiedenen Gründen; er argwöhnte unter anderem, daß Antonio persönlichen Nutzen aus den Bauarbeiten an der Peterskirche zog. Auf festem Grund bewegte er sich allerdings, wenn er die »Sangallo-Clique« wegen ihrer Eintönigkeit und Phantasielosigkeit angriff. Und gerade die Phantasie verleiht ja Michelangelos Bauten ihre unbestreitbare Größe. Sie war freilich auch darauf berechnet, viele Zeitgenossen zu überraschen und zu schokkieren und manche vielleicht sogar in die Irre zu führen. Michelangelo war als Architekt einer der Erfinder und sicherlich der bedeutendste Vertreter des Manierismus, und deshalb verdienen seine Bauten ein eigenes Kapitel.

Michelangelo

Michelangelo Buonarroti wurde 1475 geboren und starb 1564. Im Verlauf seines überaus langen Lebens entwickelte er sich zum unbestreitbar größten Künstler der Welt in den Bereichen der Malerei, der Plastik und der Architektur. Außerdem schrieb er auch noch einige der schönsten Gedichte der italienischen Sprache. Er hatte einen überaus schwierigen Charakter und wurde von fast allen jüngeren Künstlern seiner Zeit geradezu abgöttisch verehrt. Seine Frömmigkeit war so groß, daß sie unter seinen Zeitgenossen sprichwörtlich wurde; so war er auch ein Freund von Ignatius von Loyola, dem Gründer des Jesuitenordens. Obwohl er stets nur Bildhauer und nichts anderes sein wollte, sah er sich doch gezwungen, den riesigen Freskenzyklus an der Decke der Sixtinischen Kapelle zu malen, und mit den ursprünglichen Entwürfen zu dem für Julius II. vorgesehenen Grab hatte er auch architektonische Aufgaben zu lösen. Der fortwährende Aufschub der Arbeit am Juliusgrab kam dadurch zustande, daß die Nachfolger des Papstes Michelangelo andere dringende Aufträge erteilten, die

Vorrang haben sollten. Ein solcher Auftrag war die Arbeit für die Familie Medici in Florenz; sie begann mit dem Projekt einer Fassade für Brunelleschis Kirche S. Lorenzo, wurde in der gleichen Kirche mit der Medicikapelle oder Neuen Sakristei fortgesetzt, die das Gegenstück zu Brunelleschis Alter Sakristei bildet, und umfaßte schließlich auch den Bau der Biblioteca Laurenziana als eines Teils des Klosters S. Lorenzo. Wie Michelangelo diese Aufgaben in Angriff nahm, berichtet am ausführlichsten Vasari, der von sich selbst sagt, er sei als Vierzehnjähriger 1525 nach Florenz gekommen und zu Michelangelo in die Lehre gegeben worden. Viele Jahre später schildert er Michelangelos Arbeit an S. Lorenzo folgendermaßen:

»Und da er hierbei die Alte Sakristei Filippo Brunelleschis nachahmen wollte, aber mit anderen Ornamenten, so schuf er eine Verzierung in gemischter Ordnung, die mannigfaltiger und außergewöhnlicher war, als sie jemals zu irgendeiner Zeit ein alter oder neuer Meister hatte anbringen können, denn die schönen Gesimse, Kapitelle, Basen, Türen, Tabernakel und Grabmäler sind völlig anders als die von Maß, Ordnung und

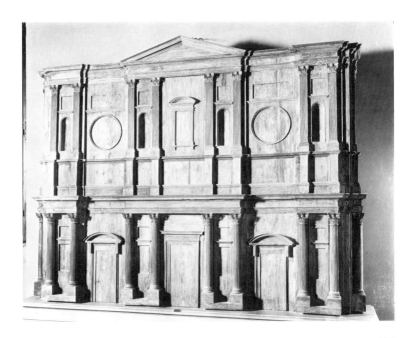

126 S. Lorenzo, Florenz. Holzmodell der Fassade, Michelangelo zugeschrieben

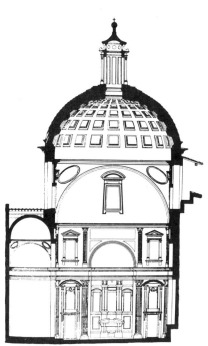

127–129 S. Lorenzo, Florenz. Medicikapelle. Von Michelangelo. Innenraum
vom Altar aus gesehen, Schnitt und
Grabmal des Giuliano de' Medici

Regel geleiteten Schöpfungen anderer, die sich an
den üblichen Brauch hielten und Vitruv und den
Altertümern folgten, denen er sich nicht
anschließen wollte. Diese Eigenwilligkeit hat viel
dazu beigetragen, andere, die sein Verfahren
sahen, zur Nachahmung zu ermutigen, und man
kann seither neue Erfindungen sehen, deren Verzierungen eher dem Grotesken zuneigen als den
herkömmlichen Gesetzen der Ornamentik. So

sind ihm die Künstler zu unendlichem und ewi-
gem Dank verpflichtet, weil er die Bande und
Ketten der Gewohnheit zerbrach, an die sie sich
stets gehalten hatten. Später zeigte er seine Ver-
fahrensweise sogar noch deutlicher an der Bibliothek von S. Lorenzo am gleichen Ort in der schönen Anordnung der Fenster, im Deckenmuster
und in dem wunderbaren Vestibül oder *ricetto*.
Auch hat man nie zuvor eine kühnere Anmut

des Stils im Ganzen und in den Einzelheiten gesehen, in den Konsolen, Tabernakeln und Gesimsen, nie eine bequemere Treppe, der er so bizarre Unterbrechungen in der Führung der Stufen gab und bei der er so weit von den Methoden anderer abwich, daß jedermann staunte.« Michelangelo erhielt 1516 zunächst den Auftrag, der Kirche S. Lorenzo eine Fassade zu geben. Er verwandte mehrere Jahre auf dieses Projekt – das schließlich abgelehnt wurde, uns aber aus Beschreibungen, Zeichnungen und einem Holzmodell (Abb. 126) verhältnismäßig gut bekannt ist. Man nimmt allgemein an, daß das Holzmodell nicht Michelangelos endgültigen Entwurf darstellt, im Grunde aber seinen Absichten entspricht. Es zeigt deutlich, daß er eine breite Front vorsah, die viel Skulptur aufnehmen sollte, nicht aber eine Fassade entwarf, welche die Form von

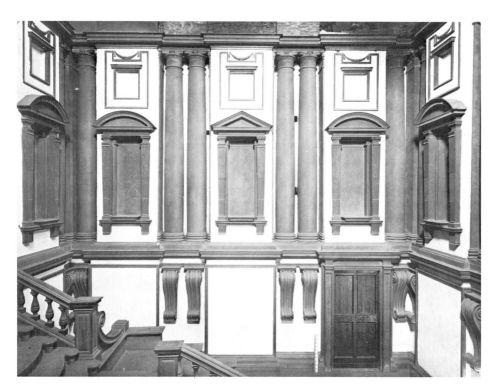

130 Biblioteca Laurenziana, Florenz. Von Michelangelo. Begonnen 1524. Vorhalle

Brunelleschis Bau in Architektur umsetzte. Diese
Auffassung vom Gebäude als einer Ausweitung
der Skulptur ist grundlegend für Michelangelos
Bauten und läßt sich sehr deutlich an der Medici-
kapelle von S. Lorenzo (Abb. 127–129) erkennen.
Die Kapelle war dem Andenken an verschiedene
Mitglieder der Familie Medici gewidmet, und der
Entwurf ging deshalb von dem Wunsch aus, ein
Mausoleum oder eine Grabstätte zu schaffen. Als
Ganzes – das nie zustandekam – kann er nur
dann völlig verstanden werden, wenn wir uns
klarmachen, daß die Statuen der Toten, der
Schutzheiligen der Medici, der Madonna mit
dem Jesuskind und die eigentliche Architektur
zusammengesehen werden müssen, und daß
man zu diesem Zweck hinter dem Altar stehen
und zum entfernten Ende der Kapelle schauen
muß, wo die Madonna ihren Platz finden sollte.
Die beiden ausgeführten Grabdenkmäler von

Lorenzo und Giuliano de' Medici stellen die Vita
contemplativa und die Vita activa dar, und die
Figur Lorenzos, der sinnend den Kopf auf die
Hand stützt, blickt ebenso zur Madonna hin wie
die Figur Giulianos in ihrer lebhaften Pose. Die
Statuen beider Männer haben ihren Platz über
symbolischen Sarkophagen, die jeweils zwei liegende Figuren tragen. Morgen und Abend gehören zu Lorenzo, Tag und Nacht, die aktiven
Zustände, zum Grabmal Giulianos (Abb. 129).
Im ursprünglichen Entwurf gab es noch zwei weitere liegende Figuren auf Fußbodenniveau, die
dazu beigetragen hätten, den durch die gegenwärtige Anordnung hervorgerufenen Eindruck zu
korrigieren, als könnten die Figuren von den Sar-
kophagdeckeln abrutschen. Es hätte sich
dadurch auch eine kraftvolle Dreieckskomposi-
tion ergeben, deren Spitze die Figuren der toten
Medici gebildet hätten. Die architektonische

131 Biblioteca Laurenziana, Florenz. Treppe in der Vorhalle

Anordnung mit drei vertikalen Abteilungen, deren Seitenjoche leere Nischen mit großen segmentförmigen Giebelfeldern darüber aufweisen, konzentriert sich auf die Figur im Mitteljoch, die eine negative Betonung dadurch erhält, daß sie von Pilasterpaaren eng eingerahmt ist und kein Giebelfeld über sich hat. Zudem ist diese Nische bedeutend schmaler als die leeren Nischen zu beiden Seiten. Diese negative Betonung ist an sich schon ein manieristisches Charakteristikum, aber Michelangelos Bedeutung als Schöpfer des Manierismus wird in Details wie den blinden Tabernakeln über den Türen (Abb. 127) noch augenfälliger. Hier haben wir auf den ersten Blick einen vollkommen einfachen Tabernakelrahmen um eine leere Nische, die ihrerseits von großen korinthischen Pilastern eingerahmt ist. Wir stellen aber fest, daß der Segmentgiebel für den Raum, den er einnimmt, ein klein wenig zu groß

ist und deshalb durch die Pilaster zu beiden Seiten einem unbehaglichen Druck ausgesetzt zu sein scheint. Der Raum innerhalb des Tabernakels ist noch komplizierter. Zunächst einmal besteht das Tabernakel selbst scheinbar aus einem segmentförmigen Giebelfeld, das auf zwei Pilastern ruht, aber diese Pilaster entsprechen keiner klassischen Ordnung und haben auf der Vorderseite merkwürdige vertiefte Felder. Der Segmentgiebel ist im oberen Teil des Bogens, wo eine zweite bogenähnliche Form dem ursprünglichen Segmentgiebel vorgesetzt ist, scheinbar verdoppelt. Noch mehr überrascht, daß der Boden des Segmentgiebels weggeschnitten ist und die Nische nach oben in den Giebelfeldraum zu schweben scheint, während sie unten durch die Einführung eines sinnlosen Marmorblocks scheinbar nach außen gedrängt wird. Schließlich ist die flache Wand der Nische verkürzt, um eine

141

132, 133 Kapitol, Rom.
Neugestaltung von
Michelangelo. 1546.
Grundriß (links der
Palazzo Capitolino)
und Gesamtansicht

Patera und eine reich skulptierte Girlande aufzunehmen. Kurz, die Elemente des klassischen
Vokabulars sind einigermaßen brutal behandelt
und zu neuen Kombinationen zusammengefügt,
so daß sie eine Anzahl von Formen ergeben, die
damals ohne Vorbild waren. Wie es bei Vasari
heißt, machte er es »völlig anders als die von
Maß, Ordnung und Regel geleiteten Arbeiten.«
Das alles wurde mehrere Jahre vor Giulio Romanos Palazzo del Tè entworfen und ist deshalb
eines der ersten und eines der hervorragendsten
Beispiele des Manierismus. Wir wissen, daß die
Arbeit an der Kapelle im November 1520 begann
und bis 1527 fortgesetzt wurde. In dieses Jahr fiel
die Vertreibung der Medici, und Michelangelo
war kurze Zeit damit beschäftigt, Florenz für die

republikanische Regierung zu befestigen, deren
Anhänger er war. 1530 jedoch mußte die Arbeit
wieder einsetzen, da die Medici mit Waffenge-
walt wieder zur Herrschaft gekommen waren
und er sich ihren Forderungen nicht widersetzen
konnte, als sie verlangten, daß die Arbeit wieder
aufgenommen würde. 1534 verließ Michelangelo
schließlich Florenz und machte sich in Rom
ansässig, so die Medicikapelle und die Biblioteca
Laurenziana unfertig zurücklassend. Die Kapelle
wurde nie vollendet, während die Arbeiten an der
Bibliothek teilweise von Ammanati zu Ende
geführt wurden. Die Arbeit an der Neuen Sakristei ist ganz offensichtlich auf die Alte Sakristei
Brunelleschis bezogen und in mancher Hinsicht
nichts anderes als eine Neuformulierung des

Themas Brunelleschis in Anlehnung an die für Michelangelo in dieser Phase seiner Laufbahn gültige Version der klassischen Architektur. Die Biblioteca Laurenziana (Abb. 130, 131) dagegen war eine völlig neue Schöpfung, und in der Vorhalle sind Michelangelos persönliche Formen noch deutlicher zu erkennen als in der Medicikapelle. Der Auftrag scheint im Dezember 1523 oder im Januar 1524 erteilt worden zu sein, und 1524 wurden mehrere Pläne zur Wahl vorgelegt. Die Vorhalle bereitete deshalb Schwierigkeiten, weil Michelangelo vorschlug, sie von oben her zu beleuchten; dagegen protestierte Clemens VII., das Oberhaupt der Familie Medici, und um dem Wunsch des Papstes nach Fenstern in den Seitenwänden nachzukommen, entwickelte Michelan-

gelo die erstaunliche Konstruktion, die wir heute sehen. Das Bodenniveau der eigentlichen Bibliothek liegt bedeutend höher als das der Vorhalle, da es auf Pfeilern über den vorhandenen Klostergebäuden ruht, auch das eine Bedingung, die der Papst gestellt hatte. Es war also notwendig, die Wände der Vorhalle in die Höhe zu ziehen, um Fenster einfügen zu können. Das Ergebnis ist ein einzigartiger Raum, der viel höher als breit oder lang ist und dessen Bodenfläche fast ganz von einer riesigen Treppe eingenommen wird, die unten drei Fluchten breit ist und vom Bibliotheksniveau herabzufließen und sich wie Lava über den Boden der Vorhalle zu verbreiten scheint. Die Innenwände der Vorhalle sind wie Fassaden behandelt, die nach innen gewendet die

Treppe umschließen. Wie in der Medicikapelle zeigen die Tabernakelnischen ausgesprochen merkwürdige Formen, aber das auffallendste Kennzeichen der Vorhalle in ihrer Gesamtheit ist die Art und Weise, in der die Säulen scheinbar in die Wand versenkt sind, anstatt von ihr entfernt zu stehen; sie scheinen auch auf großen Konsolensockeln zu ruhen. Neuerdings zeigte sich, daß diese merkwürdige Behandlung der stützenden Säulen – ihre scheinbare Versenkung in die Wand, die sie angeblich tragen – in Wirklichkeit mit der Konstruktion des Gebäudes übereinstimmt, da die Bibliothek auf einer vorhandenen Fundamentmauer errichtet wurde, die die einzige Stütze für die Säulen bildet. Trotzdem ist die Wirkung sehr eigenartig und besitzt genau jene Qualität des Unerwarteten, die wir mit dem Begriff Manierismus und mit Michelangelo verbinden; es kann kein Zweifel bestehen, daß Brunelleschi, hätte er vor einem ähnlichen Problem gestanden, eine unkompliziertere Lösung entwickelt hätte. Die Treppe wurde in den fünfziger Jahren gemeinsam von Vasari und Ammanati vollendet, doch scheinen sie sich nicht ganz an Michelangelos ursprüngliche Vorstellungen gehalten zu haben, obwohl er 1558/59 aus Rom ein kleines Modell schickte.

Michelangelo verbrachte die letzten dreißig Jahre seines Lebens in Rom, wo er eine Anzahl bedeutender Architekturaufträge in Angriff nahm, von

134, 135 Palazzo Capitolino. Fassade und Aufriß

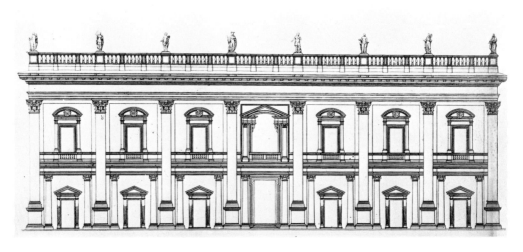

136 Porta Pia, Rom.
Von Michelangelo.
Begonnen 1562

denen allerdings kaum einer ganz nach seinen Plänen ausgeführt wurde. Bei weitem am wichtigsten waren die Arbeiten, die er von 1546 bis zu seinem Tod an der Peterskirche durchführte; er sah sie als die bedeutendste Leistung seines Lebens an und lehnte es ab, sich dafür bezahlen zu lassen.

Trotzdem leitete er eine Anzahl anderer Projekte ein, die er auch teilweise bis ins Detail überwachte. Die wichtigsten profanen Schöpfungen, die er in seinen letzten Lebensjahren in Angriff nahm, waren die Neuplanung des Kapitolinischen Hügels in Rom und das befestigte Tor, das wir als Porta Pia kennen. Das Kapitol war stets das Regierungszentrum Roms und wurde in der Zeit der Römischen Republik und des Kaiserreichs oft als *Caput Mundi*, Mittelpunkt der Welt, bezeichnet. Das Vorhaben einer Neuplanung des ganzen Geländes, das ein würdigeres Aussehen erhalten sollte, war deshalb ein politischer Akt von großer Bedeutung; es begann 1538 mit der Überführung der Statue Mark Aurels, der einzigen Reiterstatue eines römischen Kaisers, die uns aus dem zweiten Jahrhundert unbeschädigt erhalten geblieben ist, aufs Kapitol. Im Mittelalter und noch später nahm man an, der Kaiser sei nicht Mark Aurel, sondern Konstantin, der erste christliche Kaiser, und die Statue spielte deshalb als ein wertvolles Symbol des christlichen Reichs eine wichtige Rolle bei der Neugestaltung des Kapitolinischen Hügels (Abb. 132–135). Michelangelos Planung begann 1546, aber die Arbeiten gingen unglücklicherweise sehr langsam voran, und nach Michelangelos Tod nahm Giacomo della Porta Änderungen an den Entwürfen vor. Wir besitzen eine Reihe von Stichen, die in den ersten fünf Jahren nach Michelangelos Tod entstanden sind und eine gute Vorstellung von seinen Absichten vermitteln; man erkennt aus ihnen das Vorhaben, dem gesamten Raum einen keilförmigen Grundriß zu geben und das breitere Ende der vierseitigen Fläche durch den Palazzo

Senatorio, den eigentlichen Sitz der römischen Regierung, abzuschließen, sowie das kürzere Ende auf die steil hügelabwärts führende Treppe zu öffnen. Diese Trapezform wird durch die ovale Pflasterung inmitten des Raums unterstrichen, die wiederum auf die Statue Mark Aurels ausgerichtet ist. Della Portas Korrektur des Gesamtentwurfs veränderte Michelangelos Formen und machte aus der Konzentration nach innen eine Ausweitung nach außen, indem er das Muster der Pflasterung änderte und vor allem, indem er vier von den Ecken ausgehende Straßenöffnungen an die Stelle der drei von Michelangelo geplanten Ausbuchtungen setzte. In neuerer Zeit hat man den Platz entsprechend Michelangelos Plan neu gepflastert, allerdings ohne Della Portas vier Straßen zu beseitigen, so daß der gegenwärtige Zustand noch verwirrender ist als der frühere. Die Paläste zu beiden Seiten des offenen Raums, die jetzt zwei Museen beherbergen, hat Della Porta ebenfalls verändert, doch hat sich vieles von Michelangelos Arbeit erhalten und läßt sich noch an Details wie den in Abb. 134 wiedergegebenen erkennen. Unter baugeschichtlichem Gesichtspunkt war die wichtigste an diesen Palästen vorgenommene Neuerung die Einführung der sogenannten Kolossalordnung, das heißt, von Pilastern oder Säulen, die sich über zwei Geschosse erstrecken.[26] Hier stehen die Pilaster auf hohen Basen, erfüllen jedoch den Zweck, die beiden Geschosse des Bauwerks aneinanderzubinden, wobei das untere Stockwerk ein weiteres neues Motiv insofern erhält, als die Säulen keine Bogen, sondern gerades Gebälk tragen. Das Verhältnis, in dem die riesigen Pilaster, die Säulen im Erdgeschoß und die kleineren Säulen der Tabernakelfenster im Obergeschoß zueinander stehen, ist also höchst kompliziert und sehr weit entfernt von den einfachen Proportionen, die ein Baumeister des fünfzehnten Jahrhunderts verwendet haben würde. Wieder sind die Fensterdetails oder auch die scheinbare Paneelierung hinter der Kolossalordnung typische Kennzeichen der manieristischen Vorliebe für Kompliziertheit. Michelangelos letzte Arbeiten waren die Sforzakapelle in der frühchristlichen Basilika S. Maria Maggiore, ein höchst raffinierter Versuch im Gewölbebau, und das befestigte Tor, das als Porta Pia bekannt ist (Abb. 136). Der größte Teil des Tores wurde nach Michelangelos Tod ausgeführt, aber er fertigte mindestens drei Zeichnungen an, und der Bau begann 1562. Der Stich von 1568 zeigt, daß Michelangelos Formen, verglichen mit dem vierzig Jahre älteren Tabernakel der Medicikapelle, noch komplizierter geworden waren; ein Beispiel dafür ist die Einfügung eines unterbrochenen Segmentgiebels innerhalb eines vollständigen dreieckigen Giebelfelds. Gleichzeitig zeigte er ein großes Interesse an Strukturkontrasten, die in der glatten Mauerung des Mittelteils und der rauhen Oberfläche der Seitenjoche zum Ausdruck kommen. Die an den Fensterjochen erkennbare erfinderische Phantasie wurde erst später von den Baumeistern des siebzehnten Jahrhunderts aufgegriffen und weiterentwickelt, so zum Beispiel von Bernini und Borromini, die Michelangelos römischen Bauten zutiefst verpflichtet sind.

Sanmicheli und Sansovino

Bramantes Ideen erfuhren die weiteste Verbreitung in Italien, da sich die Schar seiner Schüler und Mitarbeiter über die ganze Halbinsel zerstreute, während die zweite Generation – die Schüler seiner Schüler – oft außerhalb Italiens arbeitete oder, wie im Falle Serlios, Abhandlungen schrieb, die zur Verbreitung seiner Prinzipien beitrugen. Giulio Romano, Raffaels Schüler, hatte eine stark veränderte Form des Bramanteschen Klassizismus in Mantua verwirklicht, doch im Norden Italiens kam der bedeutendste Einfluß aus dem venezianischen Bereich, wo im zweiten Viertel des sechzehnten Jahrhunderts Sanmicheli und Sansovino tätig waren. Die große politische Krise, die dem *Sacco di Roma* von 1527 folgte, bewirkte, daß in Mittelitalien fast gar keine Aufträge mehr vergeben wurden, während andererseits Venedig seine Macht behielt und der Dienste sowohl von Militäringenieuren als auch von Architekten bedurfte. Sanmicheli und Sansovino waren beide bezahlte Beamte der Republik Venedig, aber nur Sansovino arbeitete in Venedig selbst. Sanmicheli (1481–1559) wurde in Verona geboren, das damals zu Venedig gehörte. Er ging als etwa Sechzehnjähriger nach Rom und arbeitete wahrscheinlich als Schüler oder Assistent von Antonio da Sangallo; die ihm zugeschriebenen erhaltenen Zeichnungen sagen uns allerdings nicht sehr viel. 1509 ging er nach Orvieto, wo er fast zwanzig Jahre lang tätig war. Er baute einige kleine Kapellen und Häuser in der Stadt selbst sowie den prachtvollen Dom von Montefiascone, das etwa dreißig Kilometer von Orvieto entfernt liegt. Bald nach 1527 kehrte er in seine Heimatstadt Verona zurück und begann eine lange Laufbahn als Militärarchitekt im Dienst der Republik Venedig. In dieser Zeit unternahm er eine Reihe weiter Reisen nach Kreta, Dalmatien und Korfu, wo die Vorposten der venezianischen Macht das Hauptbollwerk gegen die türkische Bedrohung bildeten. Er baute auch eine große Festung am Lido bei Venedig und mehrere befestigte Tore in Verona und andernorts. Man kann kaum daran zweifeln, daß in der gefährlichen Situation um die Mitte des sechzehnten Jahrhunderts dies der wichtigste Dienst war, den er seinem Vaterland leisten konnte, und er widmete ihm denn auch eine lange Spanne seines Lebens. Von uns aus gesehen war das – von wenigen Ausnahmen, etwa den befestigten Toren in Verona abgesehen – für diesen großen Künstler eine Zeitverschwendung, die allerdings in seiner Architektur ihre Spuren hinterließ. Eine Festung muß nicht nur

137 Porta Palio, Verona. Von Sanmicheli.
Nach 1530

147

stark sein – sie muß auch stark aussehen, und Sanmichelis Porta Palio (Abb. 137) und Porta Nuova wirken uneinnehmbar allein durch die sorgfältig überlegte Rustika, die rustizierten Säulen und die schweren Schlußsteine über den kleinen Bogen. Die Porta Palio hat eine obere Rustikaschicht, die wie abgeschlagen wirkt und noch einmal Rustika freigibt, was den Eindruck rauher Stärke vermittelt, die in bewußtem Gegensatz zu der offenen Säulenreihe an der inneren, der Stadt zugewandten Seite steht. Die Außenseite, die ja den Kanonenkugeln ausgesetzt war, ist trotzdem mit der größten in der dorischen Ordnung möglichen Prachtentfaltung behandelt, so daß Vasari von den Veroneser Toren schreiben konnte: »An diesen beiden Toren kann man wahrhaftig sehen, daß der venezianische Senat vollen Nutzen aus den Fähigkeiten des Architekten zog und hinter den Bauten und Schöpfungen der alten Römer nicht zurückblieb.«

Als Architekt von Wohnbauten hinterließ er drei bedeutende Paläste in Verona, die offenbar alle aus den dreißiger Jahren stammen und zeitlich schwer einzuordnen sind. Der älteste ist der Palazzo Pompei (Abb. 138), der etwa 1530 begonnen worden sein muß. Im wesentlichen ist er eine Spielart von Bramantes Haus des Raffael, doch zeigt er dem norditalienischen Geschmack entsprechend eine etwas reichere Struktur. Er besteht aus sieben Jochen mit einem Haupteingang im Mitteljoch, das ein wenig breiter ist als die Fensterjoche auf beiden Seiten. Die Gebäudeenden sind durch eine mit einem Pilaster gekoppelte Säule abgeschlossen, so daß die vollkommen gleichmäßige Gliederung am Haus Raffaels am Palazzo Pompei zur gleichmäßigen, in der Mitte und an den Enden leicht betonten Gliederung wird. Der Grund dafür war vermutlich, daß das Erdgeschoß des Hauses zur Wohnung gehört und nicht an selbständige Läden vermietet wurde, was wiederum zur Folge hatte, daß die Fenster etwas kleiner sind als im Haus Raffaels und der Haupteingang entsprechend größer ist. Die zusätzliche Breite des Mitteljochs fiele unangenehm auf, wenn sie nicht durch die Betonung

ausgeglichen würde, die die Hausenden durch die Kopplung von Säule und Pilaster erfahren.

Diese Tendenz, das Haus Raffaels für neue Zwecke zu verwenden, tritt auch in Sanmichelis Palazzo Canossa (Abb. 139, 140) deutlich zutage, wo der Grundriß vom Typus des römischen Palastes zugunsten einer Form abweicht, die eher an Peruzzis Farnesina erinnert. Der rückwärtige Teil des Palastes zieht sich hinab zur schnellfließenden Etsch, so daß eine vierte Mauer überflüssig ist, und so entstand ein dreiseitig umbauter Hof mit dem Fluß dahinter. In mancher Hinsicht erinnert der Palazzo Canossa an Giulio Romanos Palazzo del Tè, so etwa in dem dreiteiligen Bogen des Haupteingangs und den Mezzaninfenstern des Erdgeschosses. Daraus möchte man schließen, daß der Palast aus den späteren dreißiger Jahren stammen muß (1537 war er im Bau), und jedenfalls steht er dem Typus des Hauses von Raffael weniger nahe. Allerdings zeigt die Fassade als Ganzes trotzdem die grundlegende Gliederung in ein Rustika-Erdgeschoß und einen glatten *piano nobile* mit großen, durch Pilasterpaare getrennten Fenstern. Die Mezzaninfenster

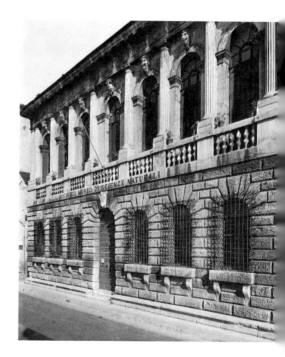

138 Palazzo Pompei, Verona. Von Sanmicheli. Begonnen um 1530

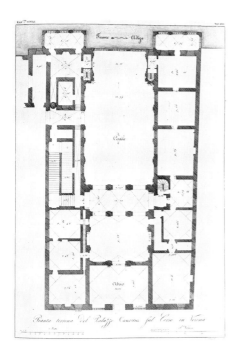

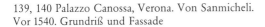

139, 140 Palazzo Canossa, Verona. Von Sanmicheli.
Vor 1540. Grundriß und Fassade

des Erdgeschosses wiederholen sich im Obergeschoß, man hat also das Problem ausreichender Raumbeschaffung durch einen gewissen Verzicht auf formale Klarheit gelöst. Der *piano nobile* hat eine komplizierte Struktur, die weitgehend sowohl Bramantes Belvedere im Vatikan als auch dem Haus Raffaels verpflichtet ist. Die Fassade wird an den Enden wieder durch zwei einander überlagernde Pilaster abgeschlossen, während sie im übrigen einfach durch gekoppelte Pilaster und große Rundbogenfenster gegliedert ist. Die Fenster haben jedoch ein stark vorspringendes Kämpfergesims, das sich auf beide Seiten bis an die Pilaster fortsetzt, zu denen die Verbindung auch noch durch eine flache paneelartige Form hergestellt wird, die von den Fenstern aus hinter den Pilastern vorbei ins nächste Fensterjoch weiterläuft. Dadurch entsteht eine starke horizontale

Betonung, die an die Paneelformen Bramantes im Belvedere (Abb. 82) erinnert.

Weder der Palazzo Pompei noch der Palazzo Canossa bereitet auf Sanmichelis dritten bedeutenden Bau vor, den Palazzo Bevilacqua (Abb. 141). Er ist sehr schwer zu datieren; man bringt ihn gewöhnlich mit Sanmichelis Arbeit an der Pellegrinikapelle in Verbindung, die wahrscheinlich 1540 entstand.[27] Ganz offensichtlich ist der Palazzo Bevilacqua weitgehend Giulio Romano und den neuen manieristischen Ideen verpflichtet, denn die Fassade zeigt ein überaus kompliziertes Ineinanderspielen von Motiven, die teilweise unmittelbar auf Giulio Romano zurückgeführt werden können. Zunächst einmal ist die Struktur des Ganzen viel reicher als bei allen anderen Bauten dieser Periode, wenn man von Giulios Palazzo del Tè, Raffaels Palazzo Bran

149

conio und einigen gleichzeitigen Bauten Sansovinos in Venedig absieht. Das Rustika-Erdgeschoß ist nicht nur durch die Fugen stark strukturiert, sondern hat auch eine Reihe von Pilastern in Streifenrustika, und in den Fenstern finden sich reich skulptierte Schlußsteine; die Fenster und die Türöffnungen haben selbst einen alternierenden Rhythmus aus kleinen und großen Jochen, mit der Taktfolge A B A B A, woraus folgt, daß die Joche des *piano nobile* dieses Schema übernehmen müssen und nicht wie bei Bramante gleich groß sind. Das wiederum hat zur Übernahme eines Triumphbogenmotivs im *piano nobile* geführt, so daß auf einen kleinen Bogen mit einem Mezzaninfenster darüber ein großer Bogen und auf diesen wieder ein kleines Fenster folgt. Wie überaus kompliziert diese Fassade ist, wird jedoch erst ganz offenbar, wenn man noch weitere Details untersucht. Es gibt nicht nur den Rhythmus A B A der Joche, sondern es sind gewissermaßen Kontrapunkte eingeführt durch die kleinen – und sehr manieristischen – Giebelfelder über den kleinen Bogenfenstern, die abwechselnd dreieckig und bogenförmig sind.

Man müßte also eigentlich die Fassade in ihrer gegenwärtigen Form A B C B C B A lesen, womit man allerdings von der Annahme ausginge, daß der Entwurf den Haupteingang in der Hauptachse vorsah und nicht, wie jetzt zu sehen, im zweiten Joch auf der linken Seite. Man hat oft angenommen, der Palast sei unvollendet, und es seien elf Joche statt der heutigen sieben vorgesehen gewesen. Doch das ist unwahrscheinlich, da der Palast ohnehin schon groß ist und elf Joche für eine vergleichsweise bescheidene Familie ihn zu einem Riesenbau gemacht hätte; übrigens läßt auch das bestehende Verhältnis von 2:3 zwischen Höhe und Breite auf Vollständigkeit schließen. Darüber hinaus ergibt sich eine beachtliche Komplikation durch die Struktur der Säulen, welche die Joche im *piano nobile* trennen. Im heutigen Gebäude sind sie sämtlich gerillt, und Ordnung wie Gebälk sind entsprechend reich verziert; die Rillung hat jedoch einen eigenen Rhythmus, und zwar – in der linken Ecke beginnend – : gerade, linksspiralig, rechtsspiralig, gerade, gerade, linksspiralig, rechtsspiralig, gerade; das heißt, wir haben einen Rhythmus

141 Palazzo Bevilacqua, Verona. Von Sanmicheli. Entworfen vor 1537

150

ABCAABCA zusätzlich zum Fensterrhythmus. Der Palast ist also in seiner gegenwärtigen Form symmetrisch – mit Ausnahme des Eingangsjochs, das nicht in der Mitte liegt.

In den schmaleren Jochen über den hochgesetzten Frontispizen befinden sich kleine Mezzaninfenster, während die Zwickel der großen Bogen mit vollplastischen Skulpturen ausgefüllt sind. Der etwas unbefriedigende Eindruck der kleinen Mezzaninfenster und die extreme Pracht der Skulptur und des Gesimses wie auch die Rustika des Erdgeschosses haben bewirkt, daß der Palazzo Bevilacqua manchmal als eines der großen Beispiele des Manierismus angesehen wurde, aber seine Entstehungsgeschichte ist noch interessanter, als man auf Grund des Einflusses Giulio Romanos annehmen möchte. Die schwere Rustika an der Porta Nuova oder der Porta Palio soll offenbar eine Aura der Stärke erzeugen, und es ist wahrscheinlich, daß diese Wirkung von Licht und Schatten, auf die Sanmicheli ursprünglich bei seiner Militärarchitektur aus war, ihn dann um ihrer selbst willen faszinierte. Noch wichtiger ist vielleicht die Tatsache, daß Verona reich ist an klassischen Relikten und daß viele Motive am Palazzo Bevilacqua, die noch prächtiger an der Pellegrinikapelle (Abb. 142) wiederkehren, auf das Bestreben zurückzuführen sind, dem Altertum nachzueifern. Tatsächlich ist der Grundriß der Pellegrinikapelle fast eine Kopie des Pantheons in Rom (Abb. 148), und es besteht kein Zweifel, daß Sanmicheli bewußt einem der großen klassischen Vorbilder nahekommen wollte. Sehr augenfällig wird das bestätigt, wenn man vom Palazzo Bevilacqua die kurze Wegstrecke weitergeht bis zur Porta de' Borsari, einem der großen erhaltenen römischen Monumente (das unzweifelhaft römisch ist, wenn sich auch die Archäologen über die genaue Datierung nicht einig sind). Hier finden wir das Vorbild für die hochgesetzten Frontispize, die spiralig gerillten Säulen und die gesamte reiche Wirkung des Palazzo Bevilacqua und damit wieder einmal einen Beweis dafür, daß die Generation nach Bramante ebenso leidenschaftlich an den Relikten der klassischen Antike interessiert war, daß sich ihr Interesse aber auf die späteren und reicher geschmückten römischen Bauten konzentrierte. Am deutlichsten sieht man das vielleicht an den

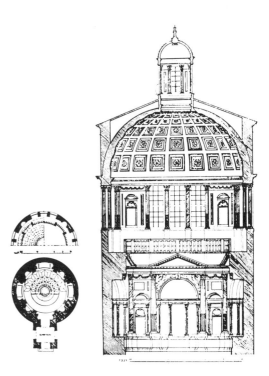

142 Cappella Pellegrini, Verona. Von Sanmicheli. 1529 und später. Grundriß und Schnitt

Bauten Sanmichelis, doch findet sich eine Parallele auch in den Arbeiten seines Zeitgenossen, des florentinischen Architekten Jacopo Sansovino, der sich etwa um die gleiche Zeit wie Sanmicheli in Rom niederließ und wie er von 1527 an für die Republik Venedig arbeitete.

Jacopo Sansovino wurde 1486 geboren und starb 1570. Er war ursprünglich Bildhauer und erhielt seine Ausbildung durch Andrea Sansovino, dessen Namen er übernahm. In seinem langen Leben arbeitete er als Bildhauer und auch als Architekt, und wir wissen verhältnismäßig gut über ihn Bescheid, weil er sich als Florentiner in Venedig einen Namen machte und deshalb in Vasaris 1568 erschienenen Lebensbeschreibungen ausführlich behandelt ist. Nach Sansovinos Tod im Jahr 1570 revidierte Vasari die ursprüngliche Vita.[28] Sansovinos Ruhm brachte ihm in Venedig die Freundschaft großer Künstler ein, zu denen Tizian, Tintoretto und der Schriftsteller Pietro Aretino gehörten. Sein Sohn war ebenfalls

143 Biblioteca Marciana, Venedig. Von Sansovino.
Begonnen 1537. Lagunenseite (links die Münze
von Sansovino)

ein namhafter Schriftsteller; er verfaßte einen der
besten Führer durch Venedig, in dem die Werke
seines Vaters angemessen hervorgehoben werden. Wie Sanmicheli bildete sich Sansovino an
Bramante; er würde sich selbst für einen von
Grund auf klassischen Architekten gehalten
haben. 1505/06 ging er mit Giuliano da Sangallo
nach Rom und reihte sich dort etwa zur gleichen
Zeit wie Sanmicheli in den Kreis um Bramante
ein. Danach arbeitete er etwa zwanzig Jahre lang
in Florenz und in Rom, wo er nach 1518 als
Architekt tätig wurde. Wie Sanmicheli floh er
1527 nach Norden und verbrachte den Rest seines Lebens in Venedig. Wieder arbeitete er als
Bildhauer und als Baumeister; er schuf die
berühmten riesigen Statuen des Mars und des
Neptun, Symbole der Macht Venedigs auf dem
Wasser und dem Land, die im Dogenpalast am
oberen Ende der Scala dei Giganti stehen. Sie
sind am Ende seiner Laufbahn entstanden, zeigen aber sehr deutlich den Einfluß Michelangelos wie auch des Studiums der antiken Plastik
und können deshalb als aufschlußreich auch für

die Ziele gelten, die Sansovino in der Architektur
verfolgte. Seine frühesten Arbeiten in Venedig
waren kleine Staatsaufträge, bis er 1529 zum
Obersten Architekten der Republik ernannt
wurde. Einen großen Teil seiner Zeit verwandte
er auf seine Aufgaben als Leiter des Amts für
Stadtverschönerung, Marktregelung und ähnliche Arbeiten. Er behielt sein Amt vierzig Jahre
lang, und in dieser Zeit entstanden die meisten
seiner Hauptwerke. Sein Meisterstück ist zweifellos die große Bibliothek (Abb. 143–145), die eine
Seite der Piazzetta di S. Marco einnimmt und
dem Dogenpalast gegenüberliegt. Die erste
Büchersammlung hatte der Kardinal Bessarion
angelegt, der sie 1468 Venedig als Zeichen seiner
Dankbarkeit übergab. Nach langem Überlegen
beschloß man, ein großes Gebäude zu errichten,
um die Bücher darin unterzubringen, und Sansovino ging an die Arbeit. Nach seinem Tod vollendete Vincenzo Scamozzi zwischen 1583 und
1588 das Bibliotheksgebäude. Es wird häufig als
Libreria Sansoviana bezeichnet und gehört zu
den wenigen Bauten der Welt, die unter dem
Namen ihres Baumeisters bekannt sind. Der Bau
war zu allen Zeiten sehr berühmt; Palladio nennt
ihn 1570 »das prächtigste und am reichsten
geschmückte Gebäude, das wohl seit der Antike
errichtet worden ist«, und er erwies ihm die Ehre,
ihn in seiner Basilika in Vicenza weitgehend
nachzuahmen. Indes bewirkte am 18. Dezember
1545 ein starker Frost, daß ein Teil des Gewölbes
einstürzte, was zur Gefangensetzung Sansovinos
führte. Erst durch das Eingreifen Aretinos und
des Gesandten Kaiser Karls V. wurde er wieder
befreit.

Das Luftbild zeigt deutlicher als der normale
Anblick die Schwierigkeiten, die Sansovino
zu bewältigen hatte. Er mußte ja ein Gebäude entwerfen, das die Markuskirche und den Dogenpalast als Gegenüber hatte und ihnen ebenbürtig
sein sollte, gleichzeitig aber auch nicht zu sehr
von ihnen abstechen oder ihre Bedeutung als
wichtigste Bauten der Republik herabmindern
dürfte. Er mußte seine Bibliothek außerdem so
anlegen, daß sie den wesentlichen Teil der Piazzetta und der Piazza San Marco, des einzigen
wirklich großen offenen Raums in Venedig, bildete. Sansovinos Lösung besteht in einer sehr
langen ungebrochenen Fassade, die parallel zur

144 Biblioteca Marciana, Venedig. Piazzettaseite (rechts die Loggia am Fuß des Campanile von Sansovino)

145 Luftbild mit Münze, Bibliothek, Campanile, San Marco und Dogenpalast

Längsfassade des Dogenpalastes verläuft und an die sich – wie beim Dogenpalast – eine kürzere Fassade zum Wasser hin anschließt. Dadurch, daß er die Dachlinie niedriger als die des Dogenpalastes hielt, vermied Sansovino einen allzu beherrschenden Eindruck, während es ihm durch die reichliche Verwendung dekorativer Skulptur und starker Strukturierung durch Licht und Schatten gelang, sich neben der Pracht und Farbigkeit des Dogenpalastes und der Markuskirche zu behaupten. Das Detail zeigt, wieviel reicher Sansovinos Bau ist, als ein Entwurf Bramantes sich dargeboten hätte, aber die Wucht der dorischen Ordnung und die Bezugnahme auf ein klassisches Vorbild – das Marcellustheater – sind durchaus im Sinne Bramantes empfunden. Wir wissen aus einer zeitgenössischen Debatte über die Details der dorischen Ordnung, daß man Sansovinos Bauwerk als ein Muster an Korrektheit ansah, und es ist offenkundig, daß klassische Regelmäßigkeit sein Hauptanliegen war. Bei Vitruv findet sich eine unklare Stelle, in der er

feststellt, daß es im dorischen Tempel an der Ecke eine Halbmetope geben müsse, die sehr schwierig einzuordnen ist.[29] Sansovino half sich, indem er genau an den Ecken massige Pfeiler hinzufügte, so daß die vorschriftsmäßige Wirkung durch eine leichte, vom Üblichen abweichende Verbreiterung der Metopen und eine darauf abgestimmte Pfeilerbreite erreicht wird. Diese geniale Lösung stellte jedermann zufrieden, obwohl sie in Wirklichkeit dem Problem ausweicht, da den Pfeilern fast jede vom Architekten gewünschte Breite gegeben werden kann. Trotzdem beruht die Wirkung des ganzen Baus weitgehend auf dieser Breite, da sie zur Folge hat, daß der Fries fast allzu groß wird; die dorische Ordnung, die den Bogen gegenübersteht, unterscheidet sich deshalb in den Proportionen von der des Palazzo Farnese, obwohl beide Gebäude zweifellos auf das gleiche antike Vorbild zurückgehen. Im oberen Teil des Baus hat sich Sansovino wiederum große Freiheiten erlaubt, denn der *piano nobile* hat eine ionische Ordnung und ist infolgedessen höher als die Arkade im Erdgeschoß. Die Arkade ist in Wirklichkeit nicht eigentlich ein Teil des Gebäudes, da sie als Schutzdach für die Fußgänger gedacht war und jetzt weitgehend durch Café-Tische blockiert ist. Die eigentliche Bibliothek befindet sich im ersten Stock, und der Proportionsunterschied wird durch die kleineren Bogen der Bibliotheksfenster ausgeglichen, die auf einer eigenen kleineren Ordnung ruhen. Diese kleineren ionischen Säulen sind gerillt, damit sie nicht allzusehr zu den größeren, glatten in nächster Nähe im Widerspruch stehen. Über der größeren Ordnung befindet sich ein reiches Gebälk mit einem kunstvoll skulptierten Fries, der im Verhältnis zu der darunterliegenden Ordnung sehr hoch und von Attikafenstern unterbrochen ist.

Die Gesamtwirkung ist von großer Einfachheit, da die Bogen an der sehr langen Piazzettafassade (Abb. 144) in regelmäßiger Folge angeordnet sind. Gleichzeitig jedoch sind die Oberflächenstruktur und der Wechsel von Licht und Schatten so reich wie nur möglich. Die Verwendung der kleinen Säulen im Obergeschoß erinnert an das sogenannte Palladiomotiv, und ein Vergleich der Behandlung dieses Fensters mit Palladios eigener Version bei seiner Basilika in Vicenza

(Abb. 168), die zehn oder zwölf Jahre später entstand, ist sehr instruktiv. Das Innere der Bibliothek ist ebenso reich und kunstvoll gestaltet, aber wie bei der Außenseite findet sich auch hier nichts, was mit dem zeitgenössischen Manierismus Giulio Romanos verwechselt werden könnte.

Die anderen bedeutenden Bauten Sansovinos in Venedig wurden alle etwa zur gleichen Zeit begonnen, und zwei von ihnen liegen ganz in der Nähe der Bibliothek. 1537 begann er die Arbeit an der Münze (la Zecca), die sich auf der Wasserseite an die Bibliothek anschließt, an der Loggia unterhalb des Campanile der Markuskirche, der am entgegengesetzten Ende der Piazzetta steht, und an dem großen Palast für die Familie Cornaro, dem Palazzo Corner della Ca' Grande.

Die Loggia des Campanile (Abb. 144) sollte den vertikalen Schaft des Turms mit der außerordentlich langen Horizontalen der Bibliothek in Einklang bringen, und Sansovino wählte deshalb die Form von Einzelarkaden mit einer Attika darüber, die in Felder gegliedert und mit Reliefs geschmückt ist. Er verwendete einen Triumphbogenrhythmus mit Nischen, die Statuen enthalten, so daß das Ganze – bei allerdings noch reicherem Schmuck – an die Bibliotheksfassade erinnert. Die heutige Loggetta stammt aus dem Jahr 1902; sie wurde damals nach dem Einsturz des Campanile wieder neu aufgebaut. Die am anderen Ende der Bibliothek von Sansovino erbaute Münze (Abb. 145), die ursprünglich nur zwei Geschosse hatte, war dazu bestimmt, die Goldreserven der Republik aufzunehmen, und ist deshalb ein Gebäude, das nicht nur fest aussieht, sondern es auch ist. Es wurde 1545 vollendet und ist laut Vasari Sansovinos erstes öffentliches Gebäude in Venedig; wahrscheinlich will er damit sagen, daß es als erstes vollendet wurde. Weiter berichtet er, Sansovino habe mit diesem Bau die »Rustikaordnung« in Venedig eingeführt, und wirklich erinnern die schweren rustizierten Säulen an den Palazzo del Tè und weisen auf die große Beliebtheit der Rustikasäule in ganz Europa während des späteren sechzehnten und frühen siebzehnten Jahrhunderts voraus. Die Einführung dieser Ordnung in Nordeuropa geht auf das Lehrbuch von Sebastiano Serlio zurück – und Serlio lebte mehrere Jahre in Venedig.

146 La Zecca (die Münze), Venedig.
Von Sansovino. Begonnen 1537

147 Palazzo Corner della Ca' Grande, Venedig.
Von Sansovino. Begonnen 1537

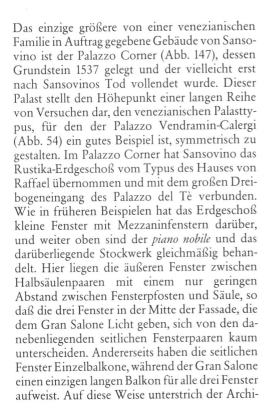

Das einzige größere von einer venezianischen Familie in Auftrag gegebene Gebäude von Sansovino ist der Palazzo Corner (Abb. 147), dessen Grundstein 1537 gelegt und der vielleicht erst nach Sansovinos Tod vollendet wurde. Dieser Palast stellt den Höhepunkt einer langen Reihe von Versuchen dar, den venezianischen Palasttypus, für den der Palazzo Vendramin-Calergi (Abb. 54) ein gutes Beispiel ist, symmetrisch zu gestalten. Im Palazzo Corner hat Sansovino das Rustika-Erdgeschoß vom Typus des Hauses von Raffael übernommen und mit dem großen Dreibogeneingang des Palazzo del Tè verbunden. Wie in früheren Beispielen hat das Erdgeschoß kleine Fenster mit Mezzaninfenstern darüber, und weiter oben sind der *piano nobile* und das darüberliegende Stockwerk gleichmäßig behandelt. Hier liegen die äußeren Fenster zwischen Halbsäulenpaaren mit einem nur geringen Abstand zwischen Fensterpfosten und Säule, so daß die drei Fenster in der Mitte der Fassade, die dem Gran Salone Licht geben, sich von den danebenliegenden seitlichen Fensterpaaren kaum unterscheiden. Andererseits haben die seitlichen Fenster Einzelbalkone, während der Gran Salone einen einzigen langen Balkon für alle drei Fenster aufweist. Auf diese Weise unterstrich der Architekt die traditionelle Betonung der Mitte und bewirkte zugleich, daß die Fassade als Ganzes regelmäßig erscheint. Dieser Palast wurde zum Standardtypus, und spätere Beispiele, etwa der Palazzo Pesaro und der Palazzo Rezzonico von Baldassare Longhena im späten siebzehnten Jahrhundert gehen offensichtlich auf ihn zurück. Sansovino war also ein charakteristischer venezianischer Künstler, der, wie sein Freund Tizian, sich der zeitgenössischen Entwicklungen zwar bewußt war, sich aber von den eher esoterischen Manifestationen des Manierismus nur sehr wenig beeinflußt zeigte.

Serlio, Vignola und das späte sechzehnte Jahrhundert

Die zweite Hälfte des sechzehnten Jahrhunderts war eine Zeit eifriger Bautätigkeit und auch eine Zeit, in der Regeln aufgestellt wurden und der Beruf des Architekten sich herausbildete. Die meisten der späteren Generation der Manieristen hielten große Stücke auf die klassische Antike und auf eine Kenntnis der Regeln, die aus den einigermaßen unklaren Schriften Vitruvs und den Relikten antiker Bauten abgeleitet werden konnten. Die älteste gedruckte Ausgabe der Werke Vitruvs stammt aus der Zeit um 1486, erschien also etwa dreißig Jahre nach der Erfindung des Buchdrucks. In den folgenden fünfzig Jahren kamen mehrere Ausgaben in lateinischer und auch in italienischer Sprache mit Kommentaren und Abbildungen heraus; die erste Übersetzung ins Italienische von 1521 besorgte Cesariano, ein Schüler Bramantes. So gut wie alle frühen Editionen wurden 1556 von der des Bischofs Barbaro verdrängt, die Palladio illustriert hat. Die Abhandlungen über Baukunst des sechzehnten Jahrhunderts gehen nahezu insgesamt auf Vitruv und deshalb bis zu einem gewissen Grade auch auf Albertis Interpretation der Regeln Vitruvs zurück, aber die drei wichtigsten Abhandlungen von Serlio, Vignola und Palladio sind sämtlich weit mehr als bloße Ableitungen aus Vitruv.

Sebastiano Serlio war ein Maler aus Bologna, Zeitgenosse Michelangelos (beide wurden 1475 geboren); er war also älter als Peruzzi, der trotzdem sein Meister gewesen zu sein scheint. Serlio ging 1541 nach Frankreich und starb dort 1554 (oder möglicherweise 1555). Er begann als Maler, als Meister der Perspektive, und hatte sich gegen 1514 in Rom mit Peruzzi zusammengetan, bis er nach dem *Sacco* nach Venedig floh und einige Jahre dort arbeitete. Peruzzi vermachte Serlio seine Zeichnungen, und es ist möglich, daß darunter auch einige Arbeiten von Bramante waren, da Serlio aus erster Hand von manchen Projekten Bramantes Kenntnis gehabt zu haben scheint. Erst 1537, in seinem zweiundsechzigsten Lebensjahr, leistete Serlio etwas wirklich Bedeutendes. In diesem Jahr veröffentlichte er einen Prospekt für eine Abhandlung über Architektur in sieben Büchern, und gleichzeitig erschien

Buch IV dieser Abhandlung unter dem Titel *Regole generali di architettura . . . sopra le cinque maniere degli edifici . . . con gli esempi dell' antichità, che per la maggior parte concordano con la dottrina di Vitruvio*. Die Bibliographie der Abhandlung ist ziemlich verworren, da sie sehr unregelmäßig erschien; Buch III, das die Altertümer Roms behandelt (vgl. Abb. 148), kam 1540 in Venedig heraus, während die Bücher I und II – über Geometrie und Perspektive – 1545 in einem Band erschienen. Sie wurden wie auch Buch V – über Kirchen – von 1547 und ein zusätzliches Buch über verschiedene Typen kunstvoller Tore (vgl. Abb. 149) von 1551 in Frankreich verlegt. Letzteres ist unter dem Namen *Libro Extraordinario* bekannt und wird oft mit Buch VI verwechselt, das zu Serlios Lebzeiten nicht veröffentlicht wurde, obwohl Manuskripte vorhanden sind.[30] Buch VII erschien 1575 in Frankfurt postum aus Serlios Aufzeichnungen, und auch das Manuskript eines achten Buchs ist erhalten. Die Abhandlung fand sofort weite Verbreitung, sie wurde in italienischer und französischer Sprache häufig neu aufgelegt, und es gab auch bald Übersetzungen des Ganzen oder von Teilen ins Flämische, Deutsche, Spanische und Holländische; eine Übersetzung ins Englische nach der holländischen Ausgabe erschien 1611. Der Grund für diese große Beliebtheit ist, daß die Abhandlung nicht nur eine Übung in der Theorie Vitruvs darstellt, sondern das erste wirklich praktikable Lehrbuch der Baukunst war. Es war von größter Bedeutung in der Geschichte der europäischen – insbesondere der französischen und englischen – Architektur, weil es die Elemente der antiken und der modernen Architektur in einfacher Form darbot und überdies in der Landessprache verfügbar war. Der vielleicht wichtigste Teil waren die Abbildungen; Serlio scheint der Erfinder des illustrierten Buches in dem Sinn zu sein, daß der Text nur die Illustrationen erläutert und nicht umgekehrt. Das vierte Buch von 1537 behandelt die klassischen Ordnungen an Hand einer Reihe einfacher schematischer Darstellungen und eines Textes, in dem erklärt wird, wie jede einzelne Ordnung zu bauen ist. Aus diesem Grund war es ein Bestseller, und Serlio konnte Franz I. ein Exemplar zum Geschenk machen – mit dem Ergebnis, daß er 1541 als Maler und Bau-

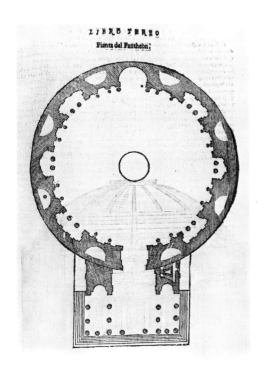

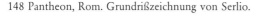

148 Pantheon, Rom. Grundrißzeichnung von Serlio.   149 Entwurf eines Tors. Von Serlio

meister des Königs nach Frankreich ging. Dort verbrachte er den Rest seines Lebens, doch ist fast nichts von seinen Arbeiten erhalten. Die späteren Bücher seiner Abhandlung zeigen allerdings, daß sein nicht sehr reiner italienischer Geschmack sich durch den französischen Einfluß allmählich wandelte, so daß er vor allem im *Libro Extraordinario* von der strengen Einfachheit Bramantes sehr weit entfernt ist, wenn er mit ihnen auch sofort den unausgeglichenen Geschmack englischer, flämischer und französischer Maurermeister ansprach. Die Bücher zeigen sehr deutlich, wie ein Mann von Stand, der bauen wollte, sein eigener Architekt sein konnte, indem er mit einem Exemplar Serlio in der Hand sich mit seinem Maurermeister beriet, denn in Buch III fand er ziemlich genaue Wiedergaben der besser bekannten Altertümer, aus Buch IV konnte er lernen, wie die Ordnungen anzubringen waren, in Buch V sich über sakrale Zentralbauten unterrichten, und die anderen Bücher boten ihm eine

ganze Grammatik des Ornaments. Serlios Einfluß auf die französische und englische Architektur war in mancher Hinsicht verheerend, da die Maurermeister dazu neigten, sich auf die auffälligeren manieristischen Elemente zu stürzen und sie einem im Grunde gotischen Bau aufzupfropfen, so daß jedenfalls in England die klassische Periode erst einsetzte, nachdem Serlio verdaut war. Man mußte auf Inigo Jones im frühen siebzehnten Jahrhundert warten, der seine Kenntnisse italienischer Baukunst aus einer anderen Quelle bezog: aus der Abhandlung Palladios. Der dritte große Verfasser eines Werks über Architektur war Giacomo Barozzi da Vignola, der 1507 geboren wurde und 1573 starb. Beim Tod Michelangelos war er siebenundfünfzig Jahre alt, und seine Laufbahn läßt erkennen, wie streng die manieristische Kunst in der zweiten Hälfte des sechzehnten Jahrhunderts sich offenbar gebärdete. Viele fanden damals, daß Michelangelo, wenn er auch unbestreitbar ein großer

Baumeister war, für sehr viel wuchernde Phantasie verantwortlich sei, und Vignolas erfolgreiche Laufbahn zeigt, wie hoch man im dritten Viertel des sechzehnten Jahrhunderts ein Festhalten an den Regeln einschätzte. Bedeutung gewann er vor allem durch den Entwurf zweier neuer Kirchentypen im Augenblick der lebhaftesten Ausweitung des Kichenbaus der Gegenreformation. Besonders Vignolas Entwurf für Il Gesù, die Mutterkirche der Societas Jesu, hatte zur Folge, daß Kopien derselben von Jesuitenmissionaren über die ganze Erde verbreitet wurden; so kann man Vignolas Architekturideen heute von Birmingham bis Hongkong finden. Vignola kam in der kleinen Stadt gleichen Namens bei Modena zur Welt und begann seine Laufbahn damit, daß er Mitte der dreißiger Jahre die römischen Altertümer zeichnete. So kam er erst in den letzten Lebensjahren Peruzzis nach Rom; sein nüchterner Klassizismus kam allerdings über Peruzzi von Bramante her. 1541–43 ging er auf achtzehn Monate nach Frankreich und traf dort seinen Freund aus Bologna, Serlio; aber erst nach seiner Rückkehr nach Italien begann er selbständig zu bauen. Die erste seiner größeren Arbeiten war die für Papst Julius III. seit 1550 gebaute Villa (Abb. 187–190), die als Gegenstück zu Bramantes Belvedere für Julius II. nichts anderes ist als das Belvedere Julius' III. Diese Villa Giulia und der riesige Palast für die Familie Farnese in Caprarola bei Viterbo waren Vignolas bedeutendste Profanbauten; sie sollen in einem anderen Kapitel neben weiteren Villen und Palästen behandelt werden. Durch seine Tätigkeit für Julius III. erhielt er den Auftrag für die kleine Kirche S. Andrea in Via Flaminia (Abb. 150, 151). Sie wurde 1554 vollendet und ist die früheste der drei von Vignola gebauten wichtigen Kirchen. Die kleine, jetzt in schnell fortschreitendem Verfall begriffene Kirche[31] ist das früheste Beispiel einer Kirche mit ovaler Kuppel, ein Typus, der im siebzehnten Jahrhundert beliebt wurde. Er geht auf römische Grabstätten zurück, deren berühmtestes Beispiel das Grab der Caecilia Metella ist. Vignola nahm einen quadratischen Grundriß mit einer kreisrunden Kuppel darüber und streckte ihn längs einer Achse; so erhielt er einen, wie man sagen könnte, gestreckten Zentralbau. Das Kircheninnere mit seiner sehr schlichten und strengen Paneelierung zeigt ganz deutlich, wie der Grundriß als Quadrat und Kreis begann und schließlich zum Rechteck mit ovaler Kuppel wurde. Der nächste Schritt bestand logischerweise darin, das Oval auch schon in den Grundriß zu übernehmen, und dazu entschloß sich Vignola am Ende seines Lebens beim Bau der kleinen Kirche S. Anna dei Palafrenieri (Abb. 152), die jetzt gewöhnlich nicht zugänglich ist. Die Kirche wurde 1572/73 begonnen und von Vignolas Sohn vollendet. Wie aus dem Grundriß ersichtlich, war die Fassade noch flach, obwohl sich die ovale Kuppel innen im Grundriß ausdrückte. Mehrere spätere römische Kirchen aus dem sechzehnten und frühen siebzehnten Jahrhundert leiten sich unmittelbar von dieser frühesten ovalen Kirche ab.

Die bei weitem einflußreichste Kirche Vignolas war Il Gesù (Abb. 153–156), wenn sie auch architektonisch weniger Wagemut zeigt. Die Gesellschaft Jesu wurde 1540 von Ignatius von Loyola gegründet, der mit Michelangelo befreundet war. Die ursprünglichen Pläne von 1554 entwarf Michelangelo selbst, aber der Bau wurde erst 1568 begonnen; zu dieser Zeit legte man sie so an, daß eine große Gemeinde in ihr alle die Predigten hören konnte, die im religiösen Leben der Gegenreformation eine so wichtige Rolle spielten. Ein Brief, den Kardinal Farnese im August 1568 an Vignola schrieb, unterstreicht die Bedeutung der Predigt, so daß Vignola sich bei Baubeginn darüber klar war, daß er um einer guten Akustik willen ein Gebäude mit breitem Schiff und Tonnengewölbe würde bauen müssen. Im Brief heißt es: »Pater Polanco war hier, vom Jesuitengeneral geschickt, und er hat mit mir ein paar Gedanken über den Kirchenbau durchgesprochen . . . Du mußt ein Auge auf die Kosten haben, die 25 000 Dukaten nicht überschreiten sollen, und innerhalb dieser Spanne soll die Kirche nach Länge, Breite und Höhe gut proportioniert sein, gemäß den Regeln der Baukunst. Die Kirche soll nicht ein Mittelschiff und zwei Seitenschiffe haben, sondern soll aus einem einzigen Schiff bestehen, mit Kapellen längs jeder Seite . . . Das Schiff soll eingewölbt und auf keine andere Weise überdacht werden, auch wenn sie vielleicht Einwände erheben und sagen, daß der Prediger wegen des Echos nicht verstanden wird.

150, 151 S. Andrea in Via Flaminia, Rom. Von Vignola.
Vollendet 1554. Außenansicht
und Axonometrie

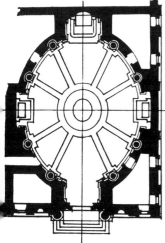

152 S. Anna dei Palafrenieri,
Rom. Von Vignola. Begonnen
1572/73. Grundriß

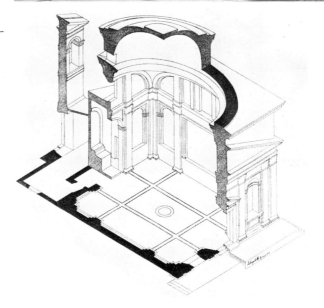

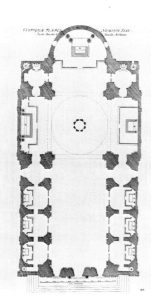

153–155 Il Gesù, Rom. Begonnen von Vignola, vollendet von Giacomo della Porta. Grundriß,

Fassadenaufriß von Vignola und Ansicht der ausgeführten Fassade von della Porta

156 Il Gesù, Rom. Gemälde von Sacchi und Miel, das den ursprünglichen Innenraum zeigt

Sie glauben, daß dieses Gewölbe ein Echo erzeugen wird, stärker als es bei einem offenen Balkendach der Fall ist, aber ich glaube das nicht, denn es gibt eine Menge Kirchen mit Gewölbe, die sogar noch größer sind und doch der Stimme nicht abträglich. Jedenfalls sollst du die Punkte, die ich genannt habe, beachten – nämlich die Kosten, die Proportionen, die Lage und das gewölbte Dach. Was die Form betrifft, so verlasse ich mich auf dein Urteil, und bei deiner Rückkehr kannst du mir berichten, wenn du mit all den anderen Leuten, die es angeht, ins reine gekommen bist, und dann will ich selbst meinen Entschluß fassen, dem ihr euch alle fügen werdet. Lebe wohl.« Der Grundriß (Abb. 153) mit seinen Seitenkapellen anstelle der Seitenschiffe geht offenbar auf den Typ zurück, den Alberti in Mantua mit S.

Andrea (Abb. 31) eingeführt hatte; allerdings hat Il Gesù ein viel breiteres und kürzeres Schiff und sehr flache Querschiffe. Die Form des Schiffs ist mit Rücksicht auf gute Akustik entworfen, während im Ostende mit der großen Kuppel über der Vierung eine Lichtflut auf den Hochaltar und auf die Altäre beider Querschiffe geleitet wird, die dem heiligen Ignatius und dem heiligen Franz Xaver geweiht sind, den ersten der vielen Heiligen, die aus der Gesellschaft Jesu hervorgegangen sind. Das Innere stammt fast vollständig aus dem späteren siebzehnten und dem neunzehnten Jahrhundert und vermittelt einen ganz falschen Eindruck von der ursprünglichen Form (Abb. 156), die von äußerster Strenge war. Vignola starb 1573, als der Bau bis zum Gesims gediehen war, und die ausgeführte Fassade (Abb. 155) weicht

161

157 Orti Farnesiani, Rom. Rekonstruktion von
Vignolas Tor

beträchtlich vom ursprünglichen Entwurf (Abb.
154) ab. Die heutige Fassade von Giacomo della
Porta ist weniger befriedigend als Vignolas zwei-
geschossiger Entwurf mit seiner Betonung des
vertikalen mittleren Elements. Diese zweigeschossige Fassade mit seitlichen Voluten ist wie
der Grundriß von Il Gesù auf Alberti zurückzuführen, in diesem Falle auf S. Maria Novella in
Florenz (Abb. 27). Der Einfluß der Jesuiten-
kirche Il Gesù von Vignola war so groß, daß sie
fast zum Standardtyp des Kirchengrundrisses
und der Kirchenfassade wurde.

1562 veröffentlichte Vignola in offensichtlicher
Nachahmung Serlios seine Abhandlung *Regola
delli Cinque Ordini d'Architettura*. Vignolas Arbeit
ist weit gelehrter als die Serlios, und auch die
Abbildungen sind besser, aber sie behandelt
andererseits nur die Details der klassischen Ordnungen und greift nicht entfernt so weit aus wie
Serlios Werk. Trotzdem war sie besonders in
Frankreich etwa dreihundert Jahre lang das Stan-
dardlehrbuch für alle, die sich mit Baukunst

befaßten, und man kennt fast zweihundert Ausgaben des Werkes. In seinen letzten Lebensjahren baute Vignola ein eindrucksvolles Tor für die
Farnesischen Gärten in Rom (Abb. 157), das eine
gute Vorstellung davon vermittelt, wie exakt er
die klassischen Ordnungen behandelte. Das Tor
wurde 1880 zerstört, aber die Steine waren erhalten geblieben, und man hat es neuerdings in Rom
wieder aufgebaut.

Das spätere sechzehnte Jahrhundert erlebte eine
starke Welle des Kirchenbaus in Rom selbst; wir
nennen einige Beispiele, um zu zeigen, wie wichtig Vignolas Entwürfe waren. Um die Mitte des
Jahrhunderts gab es eine kurze Zeitspanne, in
welcher die bizarre Seite des Michelangelo-Stils
durch zwei Architekten fortgesetzt zu werden
schien: Giacomo del Duca und Giacomo della
Porta. Letzterer geriet schon bald unter den Einfluß Vignolas und entwickelte einen ziemlich
trockenen klassischen Stil, dem die Erfindungs-
kraft Michelangelos und die Exaktheit Vignolas
fehlte. Giacomo del Duca ist eine rätselhafte Persönlichkeit; er scheint Sizilianer gewesen zu sein.
Gegen 1520 wahrscheinlich in Messina geboren,
starb er in hohem Alter nach 1601 in Sizilien. Die
meisten seiner Bauten scheinen in und um Messina entstanden zu sein und wurden deshalb bei
den großen Erdbeben zerstört. Die kleine Kirche
S. Maria di Loreto in Rom (Abb. 158) vermittelt
eine Vorstellung von seinem sehr persönlichen
Stil. Sie wurde von Antonio da Sangallo dem
Jüngeren begonnen und um 1577 von Giacomo
del Duca übernommen. Er öffnete das Giebelfeld der Kirche Sangallos und setzte ein großes
Fenster ein mit Tambour und Kuppel darüber,
was den ganzen oberen Teil unverhältnismäßig
groß macht. Die Details zeigen, daß er seine Formen von Michelangelo herleitete, und im Hinblick etwa auf die mächtigen Rippen und die der
Laterne vorgesetzten Säulen am oberen Ring der
Kuppel könnte man behaupten, daß Giacomo
sich noch mehr Freiheiten erlaubte als Michelangelo. Es zeigte sich, daß diese Form des Manierismus an Kirchen wenig Beifall fand; charakteristischer sind die von Vignola übernommenen oder
dessen Stil nahestehenden Elemente. Die Kirche
S. Spirito in Sassia, die Antonio da Sangallo der
Jüngere in den dreißiger Jahren baute, hat eine
zweigeschossige Fassade, die wahrscheinlich der

Ausgangspunkt für die Fassade von S. Caterina dei Funari (Abb. 160) ist, die – recht unüblich – von dem obskuren Baumeister Guidetti 1564 signiert und datiert wurde. Vignolas Entwurf für die Fassade von Il Gesù ist später, aber beide Kirchen haben zweifellos vieles miteinander gemein.[32] Nach dem Tod Vignolas im Jahr 1573 und vor dem Auftauchen der großen Baumeister des Frühbarocks beherrschten in Rom Giacomo della Porta, der offizielle »Baumeister des römischen Volks«, und Domenico Fontana, der Lieblingsarchitekt Sixtus' V., die Bauszene. Wie wir bereits sahen, arbeiteten beide zusammen an der Vollendung der Kuppel von St. Peter. Keiner von beiden war ein Baumeister ersten Ranges, aber Fontana war der geschickteste Ingenieur seiner Generation, und Giacomo della Porta war wahrscheinlich der meistbeschäftigte Architekt in Rom, der

158 S. Maria di Loreto, Rom. Begonnen von Antonio da Sangallo dem Jüngeren. Kuppel von Giacomo del Duca

159 S. Atanasio dei Greci, Rom. Von Giacomo della Porta

160 S. Caterina dei Funari, Rom. Von Guidetti. 1564

fast bei jedem bedeutenden Projekt mitwirkte. Sein Stil wird sehr deutlich etwa in der Fassade von Il Gesù, wie wir sie heute sehen, und in der Nationalkirche der Griechen in Rom, S. Atanasio dei Greci (Abb. 159), die deshalb Bedeutung hat, weil ihre die Fassade abschließenden Türme auf jene Formen vorausweisen, die im siebzehnten Jahrhundert etwa in Borrominis S. Agnese und schließlich in Wrens St.-Pauls-Kathedrale entwickelt wurden.

Della Porta und Fontana arbeiteten beide für Papst Sixtus V. (1585–90), und Fontana und Sixtus entschieden miteinander den Stadtplan Roms auf Jahrhunderte hinaus. Rom war bis in die fünfziger Jahre unseres Jahrhunderts weitgehend eine Stadt des siebzehnten Jahrhunderts, nach dem Plan erbaut, den Sixtus in den fünf Jahren seines Pontifikats ihr vorgeschrieben hatte (Abb. 161).

Sixtus V. war einer der bemerkenswertesten Päpste des sechzehnten Jahrhunderts. Er war der Sohn eines Gärtners und begann als Hirte und Wächter. Er wurde Franziskaner, und seine ungeheure Energie zusammen mit seinem Verwaltungstalent ließen ihn zum General seines Ordens und schließlich zum Papst aufsteigen. In Domenico Fontana fand er einen kongenialen Praktiker, und gemeinsam gingen sie daran, Rom umzugestalten. 1585 machte sich Fontana dadurch einen Namen, daß er den Obelisken, der seit der Antike seitlich der Peterskirche gestanden hatte, auf seinen heutigen Platz vor der Kirche versetzte. Der riesige Granitobelisk wurde senkrecht aufgehoben, dann auf Walzen herabgelassen, auf die Piazza befördert und dort wiederaufgerichtet – eine Ingenieurleistung, die die Zeitgenossen zum Staunen brachte. Fontana wurde sofort geadelt und schrieb später ein Buch über die ganze Unternehmung. Danach stellte er für Sixtus noch mehrere andere Obelisken auf, die der Papst gern an den Kreuzungen der quer durch Rom geplanten großen Straßen errichtete. Gemeinsam leiteten sie zusätzliches Wasser nach Rom – die Leitung heißt nach dem Papst Acqua Felice –, was zum Bau neuer Stadtviertel und jener für Rom so charakteristischen Brunnen führte. Sie hatten auch einige weniger löbliche Einfälle, so etwa den zum Glück niemals verwirklichten Plan, aus dem Kolosseum eine Wollfabrik zu machen.

Der größte Teil des Vatikanpalastes in seiner heutigen Gestalt wie auch der größte Teil des Lateranpalastes stammen von Fontana, doch sind beide Gebäude ohne architektonische Bedeutung.[33] Nach dem Tod seines großen Mäzens ging Fontana nach Neapel, wo er 1607 starb. Er war der Onkel Carlo Madernas und dadurch der Begründer einer der großen Architektendynastien des Barocks.

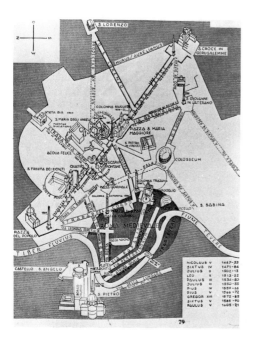

161 Die Planung von Sixtus V. für Rom. Rekonstruktion von S. Giedion

Florentiner Manieristen. Palladio

Der bedeutendste außerhalb Roms tätige Architekt im späteren sechzehnten Jahrhundert war Andrea Palladio, aber neben ihm wirkten viele andere fähige Männer in Italien, und drei von ihnen – Ammanati, Buontalenti und Vasari – müssen kurz erwähnt werden. Sie vertreten die manieristische Architektur in Florenz und lassen, wie zu erwarten, den starken Einfluß Michelangelos erkennen, wenn auch der bedeutendste unter ihnen, Ammanati, zugleich sehr stark vom ausgeprägten klassischen Stil Vignolas und Sansovinos beeinflußt war. Er wurde 1511 bei Florenz geboren und starb dort im Jahr 1592. Als Knabe sah er, wie Michelangelos Neue Sakristei gebaut wurde, doch ging er bald schon nach Venedig und arbeitete unter Sansovino; wie dieser praktizierte er als Bildhauer und Architekt. 1550 war er in Rom, wo er mit Vignola und Vasari an der Villa Giulia (Abb. 187–190) tätig war, stand also während der fünf Jahre des Pontifikats Julius' III. (1550–55) unter dem Einfluß der Bauideen Vignolas. 1555 nach Florenz zurückgekehrt, begann er für den Herzog Medici, den späteren Großherzog Cosimo I., zu arbeiten, oft zusammen mit Vasari. Seine wichtigste Leistung war die Erweiterung und Veränderung des Palazzo Pitti von etwa 1558 bis 1570. Cosimo kaufte den Palazzo Pitti 1549 von der Mitgift seiner Frau und plante seit 1550, ihn zu erweitern und dem herrlichen Park eine seinem neuen Rang entsprechende Gestalt zu geben. Heute ist der größte Teil der alten Straßenfront mit den Zufügungen aus dem siebzehnten Jahrhundert verschmolzen, doch werden Ammanati gewöhnlich die ausgedehnten Flügel auf der Rückseite und die Erweiterung des Ganzen zu einer Rustikaform von überwältigender Großartigkeit (Abb. 162) zugeschrieben. Die Rustikaordnung im Hof und die Wirkung der Struktur vom Park her sind vielleicht die augenfälligsten Elemente des Stils von Ammanati; man sieht deutlich, daß sein kühner Umgang mit der Rustika der Münze Sansovinos in Venedig viel verdankt. Sein bekanntestes Bauwerk ist wahrscheinlich der Ponte SS. Trinità, die Brücke über den Arno, die durch eine Überschwemmung zerstört worden war und von Ammanati 1566–69 mit den berühmten und anmutigen flachen Bogen wiederaufgebaut wurde. Die Brücke hat man 1944 sinnlos zerstört, sie ist aber inzwischen wieder rekonstruiert worden. Ammanati baute einige Paläste in Florenz und arbeitete auch außerhalb der Stadt für den florentinischen Staat, so etwa in Lucca, wo wahrscheinlich der größte Teil des Palazzo della Signoria ihm zuzuweisen ist. Wir wissen, daß sein Entwurf 1577 angenommen wurde, aber es gibt einen Brief von ihm an den Stadtrat, in dem er erklärt, er habe Schwierigkeiten mit seinen Augen; wahrscheinlich konnte er am Ende seines Lebens zunehmend weniger arbeiten. 1582 schrieb er den berühmten Brief an die Akademie, eines der Dokumente, welche die Auswirkungen der gegenreformatorischen Ideen auf die Ästhetik bezeugen. Dieser Brief, der sich ganz wie eine Predigt liest, erklärt sich wahrscheinlich daraus, daß er in seinen späteren Jahren enge Verbindung zu den Jesuiten hatte. Er behauptet zum Beispiel, nackte Figuren könnten zur Sünde verführen und beteuert, daß es ihm nur recht wäre, wenn einige seiner Werke zerstört werden könnten; eigens erwähnt wird in diesem Zusammenhang der prachtvolle Neptunbrunnen, den er zwischen 1563 und 1575 für die Piazza della Signoria in Florenz schuf. Er behauptet, der Künstler könne an verhüllten Figuren sein Können ebenso gut beweisen und führt als Beispiel Michelangelos Moses an, der ihm als schönstes Werk des Künstlers gilt. Hier verrät sich besonders deutlich die Neigung der Manieristen, die Virtuosität höher einzuschätzen als alle anderen Fähigkeiten. Interessant ist auch eine weitere Stelle in dem Schreiben, wo es heißt, die meisten Mäzene nähmen hin, was sie bekämen, statt dem Künstler strenge Vorschriften zu machen: »Wir wissen doch alle, daß die meisten Auftraggeber das Thema des Kunstwerks nicht vorschreiben, sondern die Entscheidung unserem Urteil überlassen und nur sagen: ›Hier möchte ich einen Garten, einen Brunnen, einen Teich haben‹ oder sich ähnlich ausdrücken.«

Giorgio Vasari kam im selben Jahr wie Ammanati auf die Welt (1511) und starb 1574. Unsterblich ist er natürlich durch sein Werk *Le Vite de' Più Eccelenti Architetti, Pittori e Scultori* geworden, das zuerst 1550 erschien und 1568 mit umfangreichen Änderungen und Zusätzen neu aufgelegt

162 Palazzo Pitti, Florenz. Gartenseite.
Von Ammanati. Begonnen um 1558

163 Uffizien, Florenz. Von Vasari. Ab 1560

wurde. Zu seiner Zeit war er auch berühmt als Maler, Baumeister und ganz allgemein als künstlerischer Organisator. Als Maler war er eher geschäftig als geschickt, aber als Architekt hinterließ er drei bemerkenswerte Bauten. 1550 war er mit Vignola und Ammanati am Entwurf zur Villa Giulia beteiligt, doch ist wahrscheinlich, daß seine Tätigkeit fast ausschließlich administrativ war. 1554 indes baute er die Kirche S. Maria Nuova bei Cortona, und von 1560 bis zu seinem Tod 1574 arbeitete er für Cosimo I. in Florenz an den Uffizien (Abb. 163). Dieses Bauwerk, heute die berühmte Gemäldegalerie, wurde als Regierungsgebäude (Uffici) für den toskanischen Staat errichtet. Das hervorstechendste Merkmal am Entwurf der Uffizien ist die Art und Weise, in der die lange, tunnelartige Form akzeptiert und zur Erzielung eines dramatischen Effekts verwendet wurde. Die eigentlichen Details sind einigermaßen phantasielos, und einige Ausnahmen stammen von Buontalenti und entstanden nach Vasaris Tod.

Bernardo Buontalenti wurde um 1536 geboren und starb 1608. Er war in Florenz der maßgebende Architekt in den letzten Jahren des sechzehnten Jahrhunderts, arbeitete aber auch als Maler, Bildhauer und Experte für Feuerwerk – alles im Dienst der Medici. Für sie baute er die prächtige Villa Pratolino bei Florenz, die heute nicht mehr steht, und 1574 trat er die Nachfolge Vasaris an den Uffizien an, wo er die außergewöhnliche Porta delle Suppliche (Abb. 164) entwarf, deren Segmentgiebel in zwei Stücke zerbrochen und Rücken an Rücken aneinandergesetzt ist, ein verblüffender Einfall, den nicht einmal Michelangelo gewagt hatte. Im gleichen Jahr entwarf er eine ebenso bizarre Treppe für den Altar von SS. Trinità (heute in S. Stefano) und begann auch das Casino Mediceo bei S. Marco. 1593–94 baute er die neue Fassade von SS. Trinità, und seine letzte Arbeit war die 1605 begonnene Loggia de' Banchi in Pisa. Der Einfluß Michelangelos blieb also mindestens bis zum Ende des Jahrhunderts wirksam.

Vielleicht der hervorragendste Architekt des späteren sechzehnten Jahrhunderts war Andrea Palladio, der 1508 geboren wurde und 1580 starb. Fast sein ganzes Leben verbrachte er in der Kleinstadt Vicenza, und fast alle Bauten stehen in dieser Stadt oder der umliegenden Landschaft. Er wurde später eines der prägenden Vorbilder der englischen Architektur, und er übte diesen Einfluß zu einem guten Teil durch seine Schriften aus, deren wichtigste Abhandlung *I Quattro Libri dell'Architettura* war. Sie erschien zuerst 1570 und enthält Abbildungen der klassischen Ordnungen, einer Anzahl ausgewählter klassischer Bauten und Abbildungen der meisten seiner eigenen Bauten. Sie ist viel gelehrter und präziser als Serlios und viel umfassender als Vignolas Schriften. Inigo Jones hat sich eingehend in sie vertieft, und über ihn wurden Palladios Bauideen zur Hauptquelle der englischen Architektur des achtzehnten Jahrhunderts. Im Royal Institute of British Architects befindet sich eine umfängliche Sammlung von Palladiozeichnungen (vgl. Abb. 165, 166), die uns zusammen mit der Abhandlung eine recht gute Vorstellung von den Grundlagen seines Stils vermitteln; er geht im Kern auf die Antike und auf Bramante zurück, ist aber – wie alle Künstler des sechzehnten Jahrhunderts – auch stark von Michelangelo beeinflußt. Die klassischen Elemente seines Stils erklären sich aus einem eingehenden Studium der Denkmäler Roms an Ort und Stelle, da er sich mehrere Male in Rom aufhielt. Schon früh wurde der Humanist Trissino auf den Zimmermannssohn aufmerksam, vermittelte ihm eine klassische Bil-

164 Uffizien, Florenz. Porta delle Suppliche. Von Buontalenti. Nach 1574

dung, nahm ihn mit nach Rom und gab ihm den Namen Palladio, abgeleitet von Pallas. Die römischen Denkmäler zeichnete Palladio in allen Einzelheiten und rekonstruierte sie mit mehr Sinn für Großartigkeit als Wirklichkeitstreue (vgl. Abb. 165). Immerhin wird aus seinen Neigungen deutlich, daß von den modernen Architekten Bramante und Vignola ihn wohl am stärksten angesprochen haben. Soweit sich manieristische Elemente in Palladios Schaffen finden, scheinen sie auf Michelangelos Bauten aus den Jahren nach 1540 zurückzugehen, aber wahrscheinlich war er auch durch das Studium einiger besonders reich geschmückter antiker Monumente in dieser

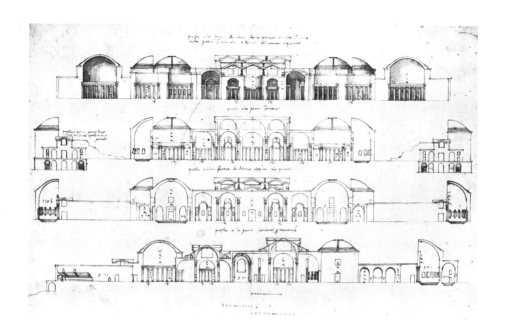

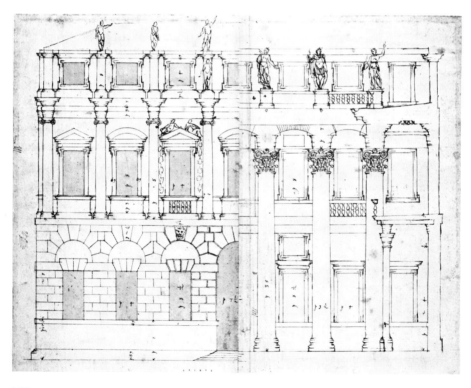

168

Richtung prädisponiert. Palladio steuerte auch eine Anzahl von Abbildungen zu der besten der zahlreichen Vitruv-Ausgaben des sechzehnten Jahrhunderts bei, der des Bischofs Barbaro von 1556 (vgl. Abb. 167).

Die erste Arbeit, mit der er sich einen Namen machte, war die Umgestaltung der alten Basilika, des Rathauses von Vicenza (Abb. 168). Palladios Modell wurde 1549 vom Rat der Stadt angenommen, der das von dem 1546 verstorbenen Giulio Romano vorgelegte Modell ablehnte. Offensichtlich war Palladios Lob der Bibliothek Sansovinos in Venedig aufrichtig, denn seine Lösung des Problems, die alte Basilika zu stabilisieren, bestand darin, sie außen durch eine doppelte Loggia, die den von Sansovino verwendeten Formen und auch einer in Serlios Abhandlungen enthaltene Zeichnung sehr nahe steht, zu stützen. Die in der Konstruktion der Basilika verwendeten Elemente sind sehr einfach. Da es sich um eine Basilika handelte – womit für Palladio die antike Vorstellung eines eindrucksvollen öffentlichen Gebäudes verbunden war –, mußte seine Lösung zwangsläufig die Ordnungen einbeziehen: die dorische im Erdgeschoß und die ionische im oberen Stockwerk. Den großen Pfeilern mit vorgesetzten Säulen wurde die statische Funktion zugewiesen, und der Raum zwischen diesen tragenden Elementen konnte daher mit den weiten Bogen und kleineren Säulen ausgefüllt werden, die zum sogenannten Palladiomotiv gehören. Die architektonische Wirkung beruht also auf dem Spiel von Licht und Schatten in den Bogen im Gegensatz zu den festen Massen des Mauerwerks, aber sie rührt auch von der hohen Subtilität der Eigenformen der Öffnungen und der Bauelemente her. Abweichend von Sansovino zog Palladio das Gebälk über jeder Säule nach vorn und betont dadurch mehr die Vorsprünge als die Horizontale, die für die Bibliothek so bezeichnend ist. Die Proportionen der Bogenöffnungen, der kleineren rechteckigen Zwischenräume zu beiden Seiten und der kreis-

165 Titusthermen, Rom. Rekonstruktion von Palladio

166 Palazzo Iseppo Porto, Vicenza. Zeichnung von Palladio

167 Römisches Theater. Rekonstruktion von Palladio

runden Öffnungen darüber sind alle sorgfältig überlegt, und eine letzte Feinheit ist die Verengung der seitlichen Zwischenräume bei den Eckmotiven, durch die die Wirkung der Doppelsäulen an beiden Enden bedeutend verstärkt wird und die Gebäudeecken kompakt und schwer erscheinen.

Die Entwicklung seines Stils läßt sich an den Palästen beobachten, die Palladio in Vicenza baute, und einige von ihnen, die zu verschiedenen Zeiten entstanden, werden die allgemeine Tendenz seiner Vorstellungen deutlich machen. Einer der frühesten, der Palazzo Porto von 1552 (Abb. 166, 170, 171), geht mit der Hinzufügung von Skulpturen im Stil Michelangelos über den Mittelfenstern und den Endjochen offensichtlich auf das Haus Raffaels von Bramante zurück. Die Gesamtwirkung entspricht deshalb in hohem Grad den Palästen Sanmichelis in Verona. Der Grundriß (Abb. 171) dagegen verrät eine andere Seite Palladios, denn er läßt eine Rekonstruktion des antiken Haustyps mit sym-

169

168 Basilica Palladiana, Vicenza. Von Palladio.
1549 und später

169 Palazzo Chiericati,
Vicenza. Von Palladio.
Begonnen nach 1550

metrisch angelegten Blöcken zu beiden Seiten des großen viereckigen Hofs erkennen, der mit einer umlaufenden Kolossalordnung offenbar das klassische Atrium wiederholen will. Noch wichtiger ist am Grundriß, daß er ein unbedingtes Streben nach absoluter Symmetrie verrät und auch die Abfolge der proportional aufeinander abgestimmten Raumformen zeigt; beides gehört zu den Grundprinzipien der Villen Palladios. So beginnen die Räume links mit dem Mittelsaal, der 9 m im Quadrat mißt und in ein Zimmer von 9 x 6 m führt, an das sich eines von 6 m im Quadrat anschließt. Die Verbindung von klassischen Formen mit mathematischen Harmonien und symmetrischer Anlage ist jenes Kennzeichen der Architektur Palladios, das ihr unvergänglichen Reiz verleiht und die Architekten des achtzehnten Jahrhunderts dazu bewog, sie so genau nachzuahmen. Freilich leitet sich vieles vom Studium Vitruvs und von noch vorhandenen römischen Altertümern her, und es besteht kein Zweifel, daß Palladio in den Jahren nach 1550, als er die Abbildungen für Barbaros Vitruv-Ausgabe vorbereitete, schon das Atrium im Palazzo Porto

oder die Schilderung der Basilika bei Vitruv im Sinn hatte. Eine ähnliche klassische Reminiszenz findet sich in dem seltsamen, sehr schönen Palazzo Chiericati (Abb. 169), der in den fünfziger Jahren als Teil eines geplanten Forums begonnen wurde. Die offenen Kolonnaden, die wir heute sehen, sollten Teil eines größeren städtebaulichen Ganzen sein und nicht so sehr Teil eines einzelnen Gebäudes, wie es heute der Fall ist. Der Palast, heute das Museum von Vicenza, ist verhältnismäßig klein, und die großen offenen Loggien nehmen verhältnismäßig viel Raum ein, sind aber nichtsdestoweniger hervorragende Beispiele der dorischen und der ionischen Ordnung, die hier der Klassik in strengerer Weise folgen als die aufeinandergestellten Bogen von Sansovinos Bibliothek in Venedig. Der einige Jahre später entstandene Palazzo Thiene (Abb. 172, 173) verrät in den Strukturen die damals herrschenden manieristischen Einflüsse und zugleich ein neues Interesse an den Raumformen. Der Grundriß zeigt, daß alle Räume in den Proportionen aufeinander abgestimmt sind, daß jetzt aber Wert auf eine Vielfalt der Formen gelegt wird.

170, 171 Palazzo Iseppo Porto, Vicenza. Von Palladio. 1552. Grundriß, Schnitt und Fassade

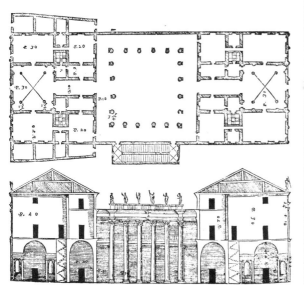

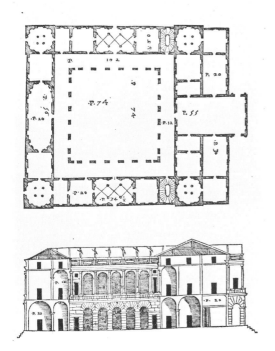

172, 173 Palazzo Thiene, Vicenza. Von Palladio.
Nach 1550 (?). Grundriß, Schnitt und Außenansicht

Diese Eigenheit geht auf die römischen Thermen
zurück und gehörte zu Palladios Adaptierung
klassischer Themen bei modernen Wohnbauten.
Die in den *Quattro Libri* enthaltene Zeichnung
unterscheidet sich ein wenig von der ausgeführten Fassade und verrät im schwer rustizierten
Mauerwerk und vor allem in den rauhen Schluß-
steinen über den Fenstern einen gewissen Einfluß Giulio Romanos. Der ungewöhnliche Einfall, eine Girlandenreihe in Höhe der Kapitelle
anzubringen, die in der Ausführung wegfiel,
wurde von Inigo Jones im Banqueting House in
Whitehall kopiert, einem Bau, der dem Palazzo
Thiene viel verdankt. Zehn Jahre später, 1566,
entstand der Palazzo Valmarana (Abb. 175). Die
Zeichnung in der Sammlung des Royal Institute
of British Architects zeigt zwei der eigenartigsten
Merkmale dieses Palastes: einmal die höchst
manieristische Behandlung des Endjochs mit
einem mit Giebeln versehenen Fenster und einer
Statue, während alle anderen Joche des *piano no-*

bile rechteckige Fenster zwischen den Säulen
einer Kolossalordnung haben. Die Verwendung
einer Kolossalordnung mit kleineren Pilastern im
Erdgeschoß, die ein gerades Gebälk tragen, geht
ganz sicher auf Michelangelos Palazzi auf dem
Kapitol zurück, aber einige andere Eigenheiten,
vor allem die Struktur der Rustika, läßt sich eher
auf klassische Vorbilder als auf den zeitgenössischen Manierismus zurückführen. In seinen späteren Palästen übernahm Palladio Michelangelos
Kolossalordnung und auch einiges von der
manieristischen Üppigkeit des Dekors. Das Fragment des Palastes, der unter dem Namen »Casa
del Diavolo« (Abb. 174) bekannt ist, in Wirklichkeit aber ein zweiter Palast der Familie Porto war
und 1571 entstand, zeigt das klar und reizvoll.
In den letzten Monaten seines Lebens entwarf
und begann Palladio ein Theater für eine Akademie in Vicenza, der er selbst angehörte. Wie zu
erwarten, handelt es sich dabei um einen sehr
gründlichen Versuch, das antike römische Thea-

174 Palazzo Porto-Breganze, Vicenza. Von Palladio. 1571

175 Palazzo Valmarana, Vicenza. Von Palladio. 1566

ter gemäß der Schilderung Vitruvs (Abb. 167) und auf Grund ein oder zwei erhaltener Beispiele zu rekonstruieren.

Das Teatro Olimpico (Abb. 176–178) gründet sich auf das antike römische Prinzip eines festen und kunstvollen architektonischen Prospekts oder Prosceniums mit davorliegender Bühne. Der Zuschauerraum ist halbkreisförmig oder in diesem Fall halbellipsenförmig und steigt in Sitzreihen steil bis zur Höhe einer Kolonnade auf, die rund um die Rückwand des Theaters verläuft. In den klassischen Vorbildern war der Zuschauerraum zum Himmel hin offen, aber Palladios kleines Theater hat ein Dach; Himmel und Wolken sind an eine flache Decke gemalt. Der erstaunlichste Teil der ganzen kunstvollen Konstruktion ist die unveränderliche Kulisse hinter dem Proszenium. Sie wurde von Palladios Schüler Scamozzi ausgeführt, der sich zweifellos an Palladios Angaben hielt. Der Schnitt zusammen mit dem Grundriß zeigt, daß auf sehr kleinem Raum eine

raffinierte perspektivische Wirkung dadurch erzielt wurde, daß die Hinterbühne ansteigt und die Gänge sich verengen, um den Straßen eine erhöhte perspektivische Wirkung zu verleihen. Auch können Lichteffekte erzielt werden, indem man in den Kulissen Fackelträger aufstellt.

Eine ähnliche Wirkung läßt sich bei zwei der wenigen Kirchen Palladios feststellen. S. Francesco della Vigna in Venedig hat eine Fassade von Palladio, und S. Giorgio Maggiore (Abb 179–182) und Il Redentore (Abb. 183–186) sind beide ganz von ihm gebaut. Alle sind Spätwerke, S. Giorgio wurde 1566 begonnen und Il Redentore zehn Jahre später – als Votivgabe, nachdem eine besonders schlimme Heimsuchung durch die Pest überstanden war. Beide Kirchen zeigen Palladio auf der Höhe seiner Kraft, und beide weisen auffallende Eigenheiten im Grundriß auf, die auf den ersten Blick von der für Palladios Villen so bezeichnenden streng symmetrischen Anlage weit entfernt zu sein scheinen.

176, 177 Teatro Olimpico, Vicenza. 1580 von Palladio begonnen, vollendet von Scamozzi. Schnitt (links die Bühne mit dem perspektivischen Szenarium) und Grundriß (rechts die Bühne)

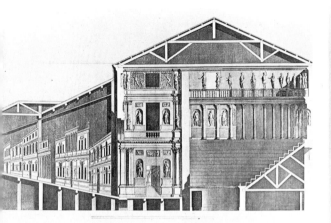 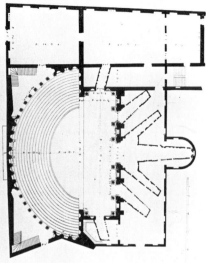

Die Fassaden beider Kirchen und auch die der älteren S. Francesco della Vigna bringen neue Lösungen des alten Problems, eine vollkommen klassische Fassade für einen basilikalen Gebäudetyp zu entwerfen, den es zwar in der Antike gegeben hatte, der jedoch im sechzehnten Jahrhundert nur aus der Rekonstruktion der Herausgeber Vitruvs, etwa Barbaros und Palladios, bekannt war. Die Schwierigkeiten ergaben sich daraus, daß der antike Tempel ein Bauwerk mit einer einfachen, von einem Giebel gekrönten Stirnseite war, die sich ohne weiteres mit Hilfe von frei stehenden Säulen und einem Giebelfeld gestalten ließ. Die frühesten christlichen Kirchen jedoch gingen auf die antike Basilika, also ein profanes Gebäude, zurück, nicht aber auf heidnische Tempel. Die Basilika hatte ein hohes Mittelschiff mit beiderseits einem oder zwei Seitenschiffen, und die Behandlung einer solchen Front stellte den frühchristlichen Architekten vor eine schwierige Aufgabe, die er entweder zu ignorieren geneigt war oder der er aus dem Weg ging, indem er die Verbindung der Schiffe durch eine Loggia oder ein Atrium maskierte. So zeigten Kirchen wie Alt-St. Peter oder die Lateranbasilika vor dem Umbau im siebzehnten Jahr-

hundert einen Haupteingang, dem die Würde der antiken Tempelfront abging. Die ersten Schritte zu einer Lösung des Problems, den antiken Tempel mit der christlichen Kirchenfassade zu verbinden, hatte Alberti in den sechziger und siebziger Jahren des fünfzehnten Jahrhunderts getan. In all seinen drei venezianischen Kirchenfassaden entwickelte Palladio eine Lösung, die auf dem Ineinandergreifen von getrennten Tempelfronten beruht. In S. Francesco und S. Giorgio Maggiore (Abb. 181) behandelte er das Mittelschiff als hohen, aber schmalen Tempel mit vier sehr großen, auf hohen Basen stehenden Säulen, die ein stark markiertes Giebelfeld tragen. Hinter diesen Säulen scheint ein durchgehendes Gesims zu verlaufen; es bildet den unteren Teil eines zweiten, viel breiteren Giebelfelds, das auf zahlreichen kleinen Pilastern ruht und sich über die volle Breite der Kirche erstreckt. Der gleiche Gedanke ist an Il Redentore (Abb. 186) einen Schritt weitergeführt; hier finden wir drei Giebelfelder, von denen das sehr große mittlere vor eine hohe rechteckige Attika gesetzt ist. Das Ganze wirkt sehr geschlossen und leitet architektonisch zur großen Kuppel über. In diesem Fall sind allerdings die seitlichen Teile der Kirche keine echten

174

178 Teatro Olimpico, Vicenza.
Innenraum

Seitenschiffe, sondern schließen, wie der Grundriß zeigt, nur die Seitenkapellen ab. Die Eingangsfassade ähnelt deshalb in der Anlage der fast gleichzeitigen Kirche Il Gesù in Rom, steht aber antiken Vorbildern bedeutend näher.

Noch stärker als in ihren komplizierten Fassaden unterscheiden sich S. Giorgio und Il Redentore von gleichzeitigen Kirchen wie Il Gesù in den Ostteilen ihrer Grundrisse, die fast gar keine Beziehung zu älteren Kirchen zu haben, ja nicht einmal den Vorstellungen vom Kirchenbau zu entsprechen scheinen, die Palladio selbst in seinen Schriften niedergelegt hatte. Palladios Behauptung, er habe aus Gründen der Symbolik der Kirche S. Giorgio Maggiore die Kreuzform gegeben, überzeugt kaum, da fast jeder traditionelle Grundriß mit dem lateinischen Kreuz diese Symbolik weit deutlicher zum Ausdruck gebracht haben würde als diese verkürzte und verbreiterte Kreuzform mit den Chor und Querschiffe abschließenden Apsiden. Die Ähnlichkeit zwischen S. Giorgio und Il Redentore läßt sich denn auch nur aus ihrer Funktion erklären: Beide Kirchen wurden einmal jährlich offiziell vom Dogen besucht. Bis zum Ende der Republik hielt sich der alte venezianische Brauch, daß der Doge alljährlich in verschiedenen Kirchen zehn feierliche *andate* vorzunehmen hatte, die mit bestimmten, für diese Kirche bemerkenswerten Ereignissen in Zusammenhang standen.

Im frühen dreizehnten Jahrhundert kam das Benediktinerkloster auf der Insel S. Giorgio in den Besitz des – angeblichen – Leichnams des heiligen Stephan. Am Stephanstag, dem 26. Dezember, zog der Doge in feierlicher Prozession, begleitet vom Markus-Chor und einer großen Zuschauermenge, aus der Markuskirche über den Canal Grande nach S. Giorgio. Zusammen mit der Benediktinergemeinde wurde eine feierliche Messe zelebriert, bei der beide Chöre sangen. Als Ordenshaus der Benediktiner diente S. Giorgio auch hochgestellten Gästen der Republik als offizieller Wohnsitz, und die Kirche mußte von Anfang an einen Chorraum der Mönche enthalten, in dem die tägliche Verpflichtung, die Messe zu singen, Tag und Nacht wahrgenommen werden konnte. Gleichzeitig mußte die Kirche groß genug sein, um die vielen Menschen zu fassen, die den Dogen auf seinem alljährlichen Besuch begleiteten.

Im Fall von Il Redentore gab es keine alteingeführte Prozession, da die Kirche, wie wir aus der

175

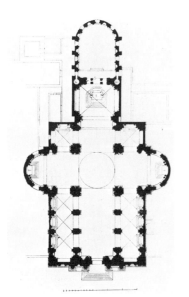
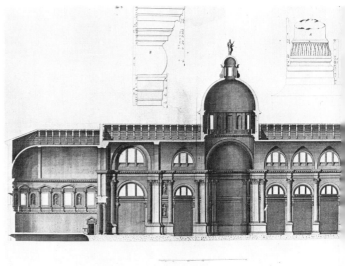

179, 180 S. Giorgio Maggiore, Venedig. Von Palladio.
Begonnen 1566. Grundriß und Schnitt

Weihinschrift erkennen – Christo Redemptori Civitate Gravi Pestilentia Liberata Senatus Ex Voto Prid. Non. Sept. An. MDLXXVI –, im Staatsauftrag errichtet worden war, nachdem die große Pestheimsuchung von 1576 ihr Ende gefunden hatte. Als der Senat den Beschluß zum Kirchenbau faßte, wurde bestimmt, daß der Doge am dritten Sonntag im Juli als Zeichen der Dankbarkeit eine *andata* vornehmen sollte, und wir wissen, daß an der Zeremonie, obwohl sie nicht ganz so aufwendig durchgeführt wurde wie in S. Giorgio, auch die die Kirche betreuenden Franziskaner und der Chor der Markuskirche beteiligt waren. Beide Kirchen mußten also an einem Tag im Jahr größere Gemeinden als üblich aufnehmen, und neben dem Mönchs-Chor mußte noch ein Gast-Chor Platz finden.

Noch ein weiterer Umstand bestimmte den Plan dieser zwei Kirchen, die einander so ähnlich und von anderen Kirchen so verschieden sind: Im sechzehnten Jahrhundert war der Chor der Markuskirche zweifellos einer der besten der Welt; er hatte unter den Chorleitern Adriaen Willaerts sowie Andrea und Giovanni Gabrieli eine Technik entwickelt, die Akustik der Markuskirche dadurch bis ins Letzte auszunutzen, daß er sich in zwei getrennte Chöre aufspaltete, die weit voneinander entfernt standen. Daraus erwuchs eine Tradition, Musik für mehrere getrennt oder gemeinsam singende Chöre zu komponieren. Die Anlage dieser beiden Kirchen ist deshalb die praktischste Lösung für das vorliegende Problem, da sie berücksichtigt, daß der Chor der Markuskirche in mindestens zwei getrennten Gruppen zu singen gewöhnt war.

Wir besitzen einen Brief Palladios an einen Freund in Vicenza, der uns eine gute Vorstellung von der Entstehung der Kirche Il Redentore vermittelt. Zunächst einmal gab es eine Debatte über die Form, die die neue Kirche haben sollte, bei der mindestens fünfzig Senatoren für einen Zentralbau waren. Die doppelte Anzahl jedoch war für einen Bau in Form eines lateinischen Kreuzes, und man beschloß, Palladio von beiden Formen Modelle vorlegen zu lassen. Man wählte die auf dem lateinischen Kreuz basierende. Höchstwahrscheinlich hätte Palladio einem kreisrunden oder quadratischen Grundriß den Vorzug gegeben, denn er hatte erst 1570 geschrieben: »... wir sollten, um die Würde in der Tem-

181, 182 S. Giorgio Maggiore, Venedig. Fassade und
Innenraum

pelform zu wahren, die vollkommenste und ausgezeichnetste Form wählen – das heißt aber, die
runde; denn unter allen Formen ist nur diese einfach, einheitlich, gleichmäßig, stark und ihren
Zwecken angepaßt ... am besten geeignet, die
Einheit, das unendliche Wesen, die Einheitlichkeit und die Gerechtigkeit Gottes darzutun.«
Trotzdem war sich Palladio wohl darüber im klaren, daß die einzige brauchbare Lösung der dar-
gestellten Aufgabe in der Form bestand, die er
selbst zehn Jahre zuvor für S. Giorgio gefunden
hatte. Ganz sicher entsprach das lateinische
Kreuz mehr dem allgemeinen Geschmack, und
Palladio muß wohl als ziemlich altmodisch
gegolten haben, wenn er so starr an den Idealen
der Generation Bramantes festhielt.
Im Hinblick auf die architektonische Form ist
das auffallendste Merkmal beider Kirchen der
offene Schirm, durch den der Betrachter vom
Mittelschiff aus in den Mönchs-Chor hineinblik-
ken kann. In S. Giorgio ist das ein verhältnismäßig schlichter Effekt; eine gerade Wand ist
unmittelbar hinter dem Hochaltar geöffnet und
wird von zwei Säulen getragen. Die Wirkung des
Mönchsgesangs hinter der Kolonnade ist außerordentlich eindrucksvoll, aber die Architektur-
form ist noch einfach und läßt sich mit antiken
Beispielen vergleichen (vgl. Abb. 165), wenn sie
auch dort nicht den Zweck hatte, akustische Wir-
kungen hervorzubringen.
Il Redentore bietet eine kompliziertere Version
des gleichen Themas, denn die an sich schon ins
Auge fallende halbkreisförmige Kolonnade
erweckt im Betrachter den Eindruck, als schaue er
durch die Apsis der Kirche hindurch. Die Wirkung des abwechselnd offenen und geschlosse-
nen Innenraums (Abb. 185) wird noch erheblich
verstärkt durch die vorspringenden Säulen, die
das Mittelschiff abschließen, so daß der Betrachter, der dort steht, sich in einem rechtwinkligen
Raum befindet, der im Osten von einer Stufen-
reihe sowie den stark vorspringenden Wänden
und Säulen begrenzt wird, hinter denen die Vierung als ein geschlossener kreisrunder Raum mit
einer Kuppel darüber empfunden wird, der sich
am Ostende durch die Säulenschranke wieder
öffnet. Das Licht spielt immer wieder anders in
dem hellen Innenraum, so daß es zu einer fast
endlosen Folge von Raumwirkungen kommt,
die je nach Tages- und Jahreszeit wechseln.

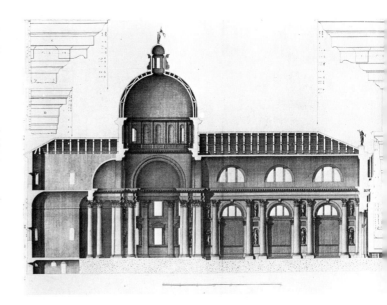

183–186 Il Redentore, Venedig. Von Palladio. 1576.
Grundriß, Schnitt, Innenraum und Außenansicht

Fast alle Bauideen Palladios und vor allem seine
Prinzipien der harmonischen Proportion lassen
sich an den zahlreichen Villen ablesen, die er in
und um Vicenza gebaut hat und von denen viele
noch erhalten sind, während wir andere aus den
Abbildungen seines Buchs kennen. Diese Villen
jedoch lassen sich am besten im Zusammenhang
mit anderen Villen des sechzehnten Jahrhunderts, etwa mit denen Vignolas, betrachten; sie
sollen deshalb in einem neuen Kapitel behandelt
werden.

Villen: Vignola und Palladio

Das Stadtleben entwickelte sich, wie wir wissen, in Italien schon früh, und eben aus diesem Grund setzte im späten vierzehnten oder frühen fünfzehnten Jahrhundet die etwas sentimentale Sehnsucht nach den Freuden des Landlebens ein, die ein so charakteristisches Kennzeichen des modernen städtischen Daseins ist. Villani im Jahr 1338 und wenig später Boccaccio und Petrarca gaben ihr Ausdruck, doch ist es mehr als wahrscheinlich, daß alle diese Dichter weniger aus Begeisterung für das Land schrieben, als vielmehr, weil sie ganz bewußt eine klassische Literaturgattung nachahmten. Die seltsame schmerzliche Sehnsucht des Städters war nämlich auch den Römern der Antike nicht unbekannt; ein Zeugnis dafür sind die Briefe des jüngeren Plinius, in denen wir dem Wunsch begegnen, sich in ein ländliches Refugium zurückziehen zu können, das friedlich und zugleich gepflegt sein sollte. Die Villa Madama war ein Versuch, eine klassische *villa suburbana* zu rekonstruieren, wie Plinius sie schilderte, und in den folgenden zweihundert Jahren vermehrten sich solche Villen in der ländlichen Umgebung Roms, vor allem in Frascati und Tivoli. Schon um die Mitte des fünfzehnten Jahrhunderts unterschied Alberti in seiner Abhandlung ganz wie die Alten zwischen der eigentlichen Villa, bei der es sich um ein regelrechtes Bauerngut handelt, und der *villa suburbana*, die stets unmittelbar vor den Mauern der Stadt lag und nur für einen sehr kurzen Aufenthalt gedacht und dem Vergnügen gewidmet war. Die meisten Vorortvillen lagen wie der Palazzo del Tè so dicht bei der Stadt, daß sie gar keine Schlafzimmer enthielten und nur als eine Stätte gedacht waren, an der man einen sehr heißen Tag in Ruhe und Frieden verbringen konnte. Viele solcher Villen wurden vor Florenz gebaut, und einige haben sich bis heute erhalten, aber natürlich sind auch viele verschwunden, und eine große Zahl wurde während der Belagerung von 1529 zerstört. Diese und die noch bedeutenderen Villen im Veneto gehörten wohlhabenden Familien und waren oft in der Beziehung autark, daß das zur Villa gehörige Bauerngut das Stadthaus mit Getreide, Öl und Wein versorgte. Einen völlig anderen Villentyp jedoch stellten die Bauten

von Kardinälen und einigen Päpsten dar, die dem Beispiel Gregors VIII. (1572–85) folgten, der auf den Hügeln um Rom zu bauen begann.

Die Mehrzahl dieser Villen, von denen manche noch existieren, wurden von den Kardinälen aus den großen italienischen Familien errichtet, denen sie auch heute noch gehören. Sie unterscheiden sich von dem im Norden üblichen Typ dadurch, daß sie kunstvoller gebaut sind und oft sehr schöne Gärten haben, während die Villen im Norden fast immer im Kern Bauerngüter blieben. Zwei der herrlichsten Beispiele des ersten Villentyps baute Vignola: die Villa Giulia, heute das Museum für etruskische Altertümer, am Rande Roms für Papst Julius III. und das riesige Schloß Caprarola bei Viterbo, heute die offizielle Sommerresidenz des italienischen Staatspräsidenten.

Die Villa Giulia (Abb. 187–190) war Vignolas erster großer Auftrag, doch wissen wir nicht genau, wieviel von ihr ihm zuzuweisen ist; der Bau wurde zwischen 1550 und 1555 errichtet, und uns ist bekannt, daß Vignola und Ammanati beide daran arbeiteten, daß Vasari eine Art Bauleiter war und daß Michelangelo und der Papst selbst am Entwurf mitgewirkt hatten. Immerhin scheint sicher zu sein, daß das Haus von Vignola und der Garten samt Gartengebäuden von Ammanati stammen. Eine Medaille von 1553 zeigt, daß das Gebäude in seiner Ausführung mit dem Entwurf übereinstimmt, wenn man davon absieht, daß zwei kleine Kuppeln weggelassen wurden. Aus dem Grundriß (Abb. 187) geht hervor, daß Julius III. zweifellos eine Anspielung auf das Belvedere seines Vorgängers, Julius' II., beabsichtigte, während ein halbkreisförmiger Hof auf der Rückseite des Gebäudes ebenso deutlich an die Villa Madama erinnert und wie diese die Schilderungen Plinius' ins Gedächtnis rufen soll. Der betonte Gegensatz zwischen dem Äußeren und dem Inneren der Villa, wie er im Grundriß zum Ausdruck kommt, ist im Aufriß beibehalten. Die Gebäudefront (Abb. 190) ist einfach und ziemlich streng, sie zeigt in den Fensterumrahmungen etwas Struktur und eine starke Betonung des vertikalen Mittelelements, das einem doppelten Triumphbogen gleicht. Der Haupteingang, auch er in Form eines Triumphbogens, hat schwere Rustika, wie wir sie von Vignola und

187–190 Villa Giulia, Rom. Von
Vignola, Ammanati und anderen.
1550–55. Grundriß, Gartenansicht,
Nymphaeum und Eingangsseite

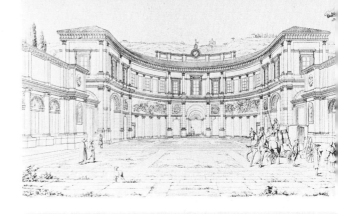

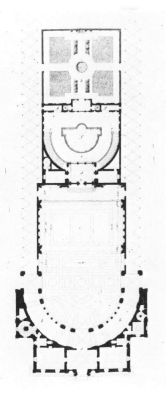

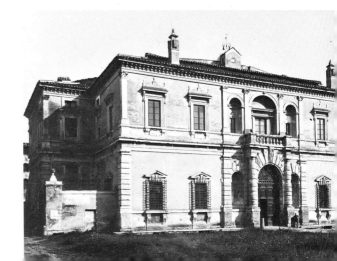

191–193 Villa Farnese, Caprarola. Von Vignola.
Ab 1559. Gesamtansicht, Axonometrie und Hof

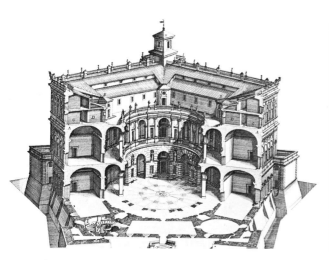

Ammanati kennen, und daraus ergibt sich in Verbindung mit der Kargheit des Triumphbogenmotivs die Strenge der Eingangsfront. Die Villa selbst, das Casino, ist sehr klein, denn das Gebäude war nicht für einen ständigen Aufenthalt gedacht und liegt auch gar nicht weit vom Vatikan entfernt. Hat man den Haupteingang durchschritten, so bietet die rückwärtige Fassade (Abb. 188) einen auffallenden Gegensatz, da sie aus einer halbkreisförmigen Kolonnade mit darüberliegenden glatten paneelierten Oberflächen besteht. Die Verbindung zwischen ihr und der Außenfassade ergibt sich aus der Wiederholung des Triumphbogenmotivs in der Mitte und den großen Bogen an beiden Enden. Die Kolonnade hat über den Säulen gerades Gebälk, eine Form, die Vignola fast sicher aus Michelangelos kapitolinischen Palästen übernahm.

194 Villa Medici, Careggi. Umgebaut von Michelozzo

195 Villa Medici, Poggio a Caiano. Von Giuliano da Sangallo. Nach 1480

Die gebogene Form und feingeschnittene Modellierung der Villa steht im Gegensatz zur Loggia oder dem Nymphaeum (Abb. 189), das die Mitte des Gartens hervorhebt. In ihm wiederholte Ammanati die Anlage der Villa insofern, als er ihm eine gerade Fassade und eine tiefe Einbuchtung in Gestalt von zwei Treppen gab, die in den Wassergarten hinabführen. Wie zu erwarten, sind die in den Gartenteilen verwendeten Architekturformen freier und phantasievoller als die des Hauses, und daß Vignola und Ammanati so erfolgreich an dieser Anlage zusammenarbeiteten, die für jeden von ihnen der erste bedeutende Auftrag war, spricht für Julius III. und seine Berater.

Etwas ganz anderes ist die Villa in Caprarola (Abb. 191–193), die in den frühen zwanziger Jahren des sechzehnten Jahrhunderts von Antonio

196 Villa Garzone, Pontecasale.
Von Sansovino. Um 1540

197, 198 Villa Trissino, Cricoli bei
Vicenza. Von Trissino. 1536/37.
Außenansicht und Grundriß

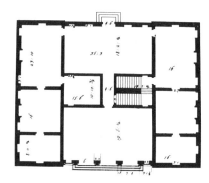

da Sangallo dem Jüngeren und Peruzzi begonnen wurde. Sie war der Hauptsitz der neureichen Familie Farnese und lag im Mittelpunkt ihrer ausgedehnten Besitzungen. Wahrscheinlich aus diesem Grund gab man dem großartigen Bauwerk die merkwürdige Form eines Fünfecks, das zu dieser Zeit als Festungsgrundriß sehr beliebt war. Diese Form war zusammen mit dem kreisrunden Innenhof von den planenden Architekten festgelegt worden; Vignola übernahm den Bau 1559 und arbeitete bis zu seinem Tod im Jahr 1573 daran. Die Vorderansicht zeigt die großen Bastionen und die von den ersten Architekten einge-

führte Fünfeckform; auch die untere Loggia und die große Treppe war wohl schon von ihnen geplant. Der Vordereingang ist in Vignolas Abhandlung abgebildet und dürfte deshalb wohl von ihm stammen; unmißverständlich weist der Stil des oberen Gebäudeteils vom *piano nobile* auf ihn hin. Die Gliederung in vertikale Elemente mit glatten Wandflächen an den Fassaden und einer durch Quadersäume an den Eckrisaliten erreichten dekorativen Struktur ist charakteristisch für seinen Stil; das gleiche gilt für die flache, paneelartige Wirkung der Pilaster und der Loggiasimse im ersten Stockwerk. An beiden

199, 200 Villa Godi, Lonedo. Von
Palladio. Um 1538. Außenansicht,
Grundriß und Schnitt

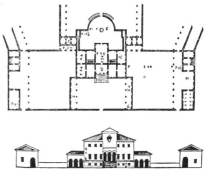

Enden der offenen Loggia befindet sich ein geschlossenes Joch mit einem Fenstersturz, der denen der Villa Giulia sehr ähnlich ist. Der obere Gebäudeteil besteht aus einem Stockwerk mit darüberliegender Attika, verbunden durch Pilaster, die über denen des *piano nobile* stehen. Die Fassade läßt erkennen, wie gedrängt und unbequem die Räume angeordnet sind; die oberen Geschosse sind unschön nur daraufhin entworfen, daß sie sich hinter den Pilastern einfügen. Die Schwierigkeit lag darin, ausreichend Platz für die große Menge Personal zu finden, das die Familie auf ihren Besuchen begleitete, während

gleichzeitig für Unterkunft der Dauerbewohner gesorgt werden mußte. Die Villa in Caprarola ist also nicht eine Villa in strengem Sinn des Worts; sie wird auch oft richtiger als Schloß bezeichnet. Der Innenhof geht wieder auf Plinius' Beschreibung eines runden Hofs zurück, setzt sich aber aus Elementen zusammen, die stark an Bramante erinnern. Das Rustika-Erdgeschoß mit Säulenpaaren im Obergeschoß, die mit Öffnungen abwechseln, ist eine Neuformulierung von Bramantes Haus des Raffael, während die Joche – eine kleine rechtwinklige Öffnung zwischen Halbsäulen, auf die eine große Rundbogenöff-

201, 202 Villa Foscari, »La Mal-
contenta«, Malcontenta bei
Mestre. Von Palladio. 1560.
Außenansicht, Grundriß und
Schnitt

203, 204 Villa »La Rotonda«,
Vicenza. Von Palladio.
Um 1567/69. Außenansicht,
Grundriß und Schnitt

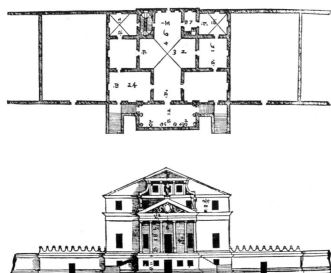

nung folgt – fast genau die Grundform Bramantes im Belvedere (Abb. 82) wiederholen. Ein
bezeichnendes Detail, das die beiden Gebäude
miteinander verbindet, ist die Art, wie das
Gesims über beiden Säulen vorspringt, während
die Basen getrennt bleiben. Die herrliche, reich

geschmückte Treppe schließlich ist eine vergrößerte Version des berühmten Vorbilds von Bramante im Belvedere.
Die einfachere Form der Gutshausvilla läßt sich
auf florentinische Beispiele zurückführen, von
denen einige der Familie Medici gehörten. Zwei

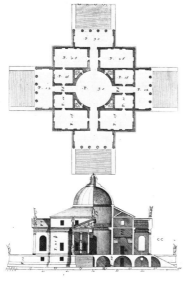

gio a Caiano (Abb. 195) wurde in den achtziger Jahren des fünfzehnten Jahrhunderts von Giuliano da Sangallo umgebaut. Die heutige hufeisenförmige Treppe stammt aus dem siebzehnten Jahrhundert, aber die breite, ziemlich schlecht proportionierte Kolonnade mit dem Giebelfeld darüber ist wahrscheinlich die früheste Anwendung der klassischen Tempelfront auf eine Villa. Der Grundriß von Poggio a Caiano ist auch streng symmetrisch, und dies sind die beiden für die zahlreichen Villen Palladios bezeichnenden Charakteristika. Palladio war nicht der erste, der auf venezianischem Gebiet Landhäuser baute: Es gab mindestens zwei bedeutende Prototypen von Sansovino und Sanmicheli. Die Villa La Soranza von Sanmicheli entstand etwa 1545–55, steht aber heute nicht mehr. Die Villa Garzone in Pontecasale (Abb. 196) von Sansovino stammt aus den Jahren um 1540 und ist deshalb besonders wichtig, weil sie aus einer doppelten Loggia mit vorspringenden Flügeln besteht und ganz und gar symmetrisch und entsprechend den architektonischen Vorstellungen der Hochrenaissance angelegt ist. Von Sanmichelis verschwundener Villa weiß man, daß der Hauptblock durch verbindende Mauern mit den Gutsgebäuden zusammenhing, eine Idee, die Palladio ebenfalls aufnahm und entwik-

der bedeutendsten Medicivillen befinden sich in Careggi und Poggio a Caiano. Die Villa in Careggi (Abb. 194) war ursprünglich ein Gutshaus aus dem vierzehnten Jahrhundert, wurde aber von Michelozzo im fünfzehnten Jahrhundert verändert. Die spätere und großartigere Villa in Pog-

kelte. Den maßgeblichen Einfluß jedoch auf den Villentyp Palladios übte Trissino aus, der Palladio ausbildete und sich selbst um 1536/37 eine Villa baute, die Villa Cricoli (Abb. 197, 198), die eine Vorgängerin der Villa Garzone und der Villa La Soranza war. Die Villa Cricoli ging von den Schilderungen Vitruvs und der Abbildung der Villa Madama bei Serlio aus, scheint aber im Ganzen der Farnesina in Rom, die Trissino bekannt gewesen sein muß, am nächsten zu stehen. Sie besteht aus einer doppelten Loggia mit leicht vorspringenden Türmen zu beiden Seiten; der Grundriß (Abb. 198) nähert sich dadurch, wenn man von den vorspringenden Flügeln absieht, weitgehend dem der Farnesina (Abb. 116). Er läßt die strenge Symmetrie der Anlage erkennen und weist auch sonst die Hauptmerkmale der Villen Palladios auf, nämlich die Anordnung der Räume in der Weise, daß ein jeder Raum nicht nur in sich selbst mathematischen Proportionen entspricht, sondern auch in die Abfolge der benachbarten Räume so eingeordnet ist, daß sich eine vollkommene Harmonie ergibt. So hat jeder der drei Räume in den Seitenteilen die gleiche Breite, während die Länge so abgewandelt ist, daß der Mittelraum ein Quadrat darstellt und die seitlichen Räume in ihren Ausmaßen ein Verhältnis von jeweils etwa 2:3 aufweisen. In der Praxis sieht Palladio häufig von diesem Prinzip ab, aber die seiner Abhandlung beigefügten Abbildungen mit den im Grundriß verzeichneten Zahlen bestätigen, daß er dem Prinzip an sich die größte Bedeutung beimaß.

Palladios erster eigener Versuch, die Villa Godi in Lonedo (Abb. 199, 200), ist besonders in ihrer Fassade weniger eindrucksvoll als die Villa Trissinos. Die in den *Quattro Libri* von 1570 wiedergegebenen Zeichnungen – Grundriß und Aufriß – sind offensichtlich überarbeitet und geben Palladios ausgereifte Vorstellungen vom Landhausbau wieder. Das Prinzip der Bindung der Gutsgebäude an das Haupthaus erscheint im Grundriß in Form von Mauern und Kolonnaden, während das Prinzip der variierten Raumabfolge aus den Zahlen 16:24:36 deutlich wird, die die Raumgrössen bestimmen. Das Mittelelement mit einer Treppe, die zu dem Dreibogeneingang emporführt, ist zurückgenommen, springt aber ebensoweit auf der Rückseite des Gebäudes vor, und wie bei allen Villen Palladios ist die Form im ganzen von Blockhaftigkeit bestimmt. Nur ein Merkmal seiner reiferen Werke fehlt noch in diesem Entwurf. Es handelt sich um die Anbringung der klassischen Tempelfront an einem Landhaus,

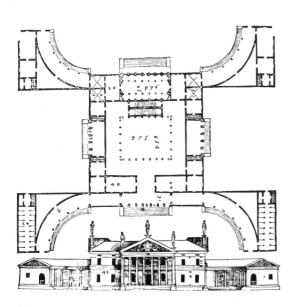

205 Entwurf einer Villa für die Familie Mocenigo an der Brenta. Von Palladio

206 Villa Barbaro, Maser. Von Palladio. Um 1560. Innenraum mit Fresken von Veronese

doch könnte man einwenden, daß der Drei-bogeneingang dieses Thema, das sich in allen sei-nen späteren Werken, so zum Beispiel in der Villa Foscari in Malcontenta von 1560, feststellen läßt, in noch unausgereifter Form anschlägt.

Palladio verfügte über eine umfassende Kenntnis der antiken Architektur, konnte aber über die alten Landhäuser nicht aus erster Hand Bescheid wissen, und die Beschreibungen bei Vitruv und Plinius sind bekanntlich sehr ungenau. Was er von Tempeln und öffentlichen Gebäuden wußte, verführte ihn zu der irrtümlichen Annahme, die Alten hätten »sehr wahrscheinlich Idee und Motiv von Privatbauten, das heißt, von Wohnhäusern genommen«, und so entwarf er alle seine Villen mit einem eindrucksvollen Ein-gangsportikus. Unter der kraftvollen Sonne Ita-liens spricht vieles für diesen Einfall, doch sei daran erinnert, daß jeder englische Landsitz von einiger Bedeutung ebenfalls einen riesigen, unge-mütlichen und zugigen Portikus besitzt, nur weil Palladio die antike Architektur falsch auslegte.

Aber der Zauber seiner Schöpfungen war so überwältigend, daß alle englischen Architekten des achtzehnten Jahrhunderts dieses Element übernahmen, obwohl es in einem nördlichen Klima alles andere als praktisch ist.

Von der Villa Malcontenta (Abb. 201, 202) wird traditionsgemäß behauptet, sie habe ihren Namen von einer unzufriedenen Frau, die darin gelebt habe, aber es ist schwer zu glauben, daß jemand am Brentakanal in einem so schönen Haus gelebt haben und dennoch unglücklich gewesen sein könnte. Freilich mochte sein früher ziemlich ruinöser Zustand eine angenehme Melancholie gefördert haben. Hauptcharakteri-stikum des Gebäudes ist der Portikus, der auf einer hohen, beiderseits von Treppen flankierten Basis steht. Der Grundriß zeigt eine typische Raumanordnung auf der Grundlage eines Blocks, mit einem großen kreuzförmigen Saal in der Mitte. Die Räume sind rings um die Kreuz-arme in sorgfältig berechneter rhythmischer Proportion angeordnet. Bei den meisten Villen

189

Palladios liegt der Hauptraum in der Mitte, und bei vielen erhält dieser Raum sein Licht durch eine Kuppel. Man sieht das in der vor den Toren Vicenzas gelegenen Villa Rotonda (Abb. 203, 204), die um 1567/69 begonnen wurde und unter allen Palladiovillen die strengste Symmetrie zeigt. Sie ist eigentlich eine *villa suburbana* und war deshalb nach Palladios Ansicht ein eher gesellschaftlichen Zwecken dienendes Gebäude. Der Grundriß zeigt, daß das Haus vollkommen symmetrisch um die kreisrunde Mittelhalle angelegt ist; die Symmetrie geht so weit, daß sich der Portikus des Haupteingangs an den drei übrigen Seiten wiederholt. Die Formschönheit der Villa Rotonda hat stets bewirkt, daß ihr ein hoher Rang unter den Bauten Palladios zugewiesen wurde; in England gab es zu einer Zeit mindestens drei Kopien, von denen eine, die Villa

Lord Burlingtons in Chiswick, ein Meisterwerk englischer Architektur ist und in mancher Hinsicht ihr Vorbild noch übertrifft. Die Villa Rotonda wurde nach dem Tod Palladios von dessen Schüler Vincenzo Scamozzi vollendet, der 1552 geboren wurde und 1616 starb. Scamozzi veränderte die Form der Kuppel und erhöhte die Attika, was deutlich wird, wenn man die Photographie mit dem Holzschnitt in Palladios Buch vergleicht. Am bekanntesten ist Scamozzi durch seinen Entwurf für die Procuratie Nuove in Venedig, die dem Markusplatz den Hauptakzent geben und mit der Biblioteca Sansoviana konkurrieren. Er hat auch eine lange Abhandlung[34] über Architektur geschrieben und eine Anzahl von Villen im Stil Palladios entworfen; die bekannteste unter ihnen ist die Villa Molin bei Padua aus der Zeit um 1597. Inigo Jones wurde

207 Villa Aldobrandini, Frascati. Von Giacomo della Porta. 1598–1603

von ihr in hohem Maß beeinflußt, als er das Queen's House in Greenwich entwarf; Scamozzi selbst machte ihm bei einer persönlichen Begegnung in Venedig allerdings überhaupt keinen Eindruck. Offenbar konnten sich die beiden über irgendwelche Architekturprobleme nicht einig werden, und Jones notierte ärgerlich, daß »dieser Scamozzi halbblind war und nichts sehen konnte«.

Noch eine andere späte Villa Palladios, die allerdings nie gebaut wurde, übte einen großen Einfluß auf die englische Architektur aus: ein für Leonardo Mocenigo entworfenes Landhaus an der Brenta (Abb. 205), das Palladio als den letzten seiner Villenentwürfe reproduzierte. Die Villa ist besonders interessant und kompliziert, da sie aus einem großen würfelförmigen Block mit Portikus an allen Fronten und einem Atrium inmitten des Hauses besteht. Die Nebengebäude sind mit dem Hauptblock durch vier symmetrisch angelegte Viertelkreiskolonnaden verbunden, so daß es zwei Hauptansichten gibt – eine von der Seite mit dem Portikus zwischen zwei rechtwinkligen Blöcken, und eine zweite, bedeutendere, von vorn und hinten, bei der die Kolonnaden der Fronten – in Palladios eigenen Worten – wie Arme nach vorn ausgreifen, als wollten sie den Besucher willkommen heißen.

Die Villa Maser, die um 1560 entstand, ist ein guterhaltenes Beispiel des Typs der schlichten Gutshausvilla; berühmter als durch ihre Palladio-Architektur ist diese Villa allerdings durch ihre wunderbaren illusionistischen Fresken von Veronese (Abb. 206). Wenn es solche Fresken sicher auch schon in antiken Villen gab, so ist sie doch eines der frühesten Beispiele der Landschaftsmalerei großen Stils um ihrer selbst willen, und diese Verbindung großer Architektur mit großer Malerei ist einer der glücklichsten Momente der italienischen Renaissance. Gerade diese Fähigkeit, zwei oder noch mehr Künste miteinander zu verbinden, sollte zu einem der Hauptmerkmale des Barockstils werden. Auch in den palastartigen Villen von Frascati und Tivoli lassen sich solche Kombinationen erkennen. Die Villa d'Este aus der Mitte des sechzehnten Jahrhunderts ist berühmt wegen ihrer herrlichen Gartenanlagen mit Dutzenden von Brunnen und ganzen Reihen von Zypressen. Die Villa Mondragone aus den siebziger Jahren des sechzehnten Jahrhunderts ist ebenfalls ein hervorragendes Beispiel dafür, wie durch die Wahl des Bauplatzes für ein verhältnismäßig einfaches Gebäude in dem abfallenden Gelände und durch die Verbindung von Naturschönheit und guter Architektur die größtmögliche Wirkung erzielt werden kann. Es scheint gerechtfertigt, dieses Buch mit der Villa Aldobrandini in Frascati (Abb. 207) abzuschließen, die 1598–1603 von Giacomo della Porta erbaut wurde. Die Villa selbst ist mit ihrem aufgebrochenen Giebelfeld ein gutes Beispiel für della Portas manieristischen Stil, doch ihre größte Schönheit liegt in dem Zusammenklang von reicher dekorativer Plastik mit schlichten architektonischen Formen, natürlichem Grün und jenen wundervollen Brunnen, deren Musik die römische Nacht erfüllt.

Anmerkungen

[1] Von dieser Stelle gibt es mindestens zwei verschiedene Fassungen. Wir zitieren nach der Übersetzung von E. G. Holt in *A Documentary History of Art*, New York 1957, I, S. 291 ff.

[2] Zitiert nach *The Renaissance Reader*, hrsg. von J. B. Ross und M. M. McLaughlin, New York 1958, S. 384.

[3] Der Vergleich der Vollkommenheit Gottes mit der Vollkommenheit des Kreises stammt nicht von Palladio – er findet sich schon mehr als ein Jahrhundert früher bei Nikolaus von Cues: »In Ihm . . . ist der Anfang derart, daß Ende und Anfang eins sind . . . Das alles erkennen wir an dem unendlichen Kreis, der, da er weder Anfang noch Ende hat, ewig, unendlich eines und unendlich in seiner Fassungskraft ist.« Vgl. P. Burke, *The Renaissance*, London 1964, S. 73, 74.

[4] E. Mâle, *The Early Churches of Rome*, London 1960, S. 29.

[5] Eine axonometrische Zeichnung besteht aus einem Grundriß, der wirklichkeitsgetreu angelegt, aber in einen passenden Winkel gedreht ist. Darauf werden dann maßstabgerecht die Vertikalen gezeichnet. Auf diese Weise werden alle horizontalen und alle vertikalen Elemente richtig und im gleichen Maßstab dargestellt. Alles, was in Wirklichkeit nicht vertikal oder horizontal ist, wird verzerrt; dennoch kann eine axonometrische Zeichnung, wenn man gelernt hat, die Verzeichnungen zu ignorieren, sehr viel über einen Bau aussagen.

[6] Dieses Modell wurde bei der Überschwemmung von 1966 zerstört, läßt sich aber angeblich wiederherstellen.

[7] Die Einwölbung des Tempels der »Minerva Medica« in Rom, der zu Brunelleschis Zeit noch überdacht war, könnte ihm durchaus als Anregung gedient haben, wenn sie auch – genau genommen – nicht auf Pendentifs ruht.

[8] Vgl. *Architectural Principles*, 3. Aufl., 1962, S. 47 ff.

[9] S. Croce dagegen hat sich nur in verstümmelter Form erhalten.

[10] Im Jahr 1310 fielen unter die *Arte dei Medici e Speziali* hundert Berufe.

[11] Vgl. *Memoirs of a Renaissance Pope*, hrsg. von F. A. Gragg und L. C. Gabel, New York 1959, S. 282–291.

[12] Ebd., S. 289.

[13] »Wir, Federicus, Montis Feretri Urbini etc. . . . haben überall nachgeforscht, besonders in der Toskana, der Urquelle der Baumeister, ohne einen wirklich geschickten Mann zu finden, der in dem besagten Handwerk bewandert ist; schließlich jedoch hörten wir von dem – durch Erfahrung bestätigten – Ruhm des ausgezeichneten Meisters Lutiano, Inhaber dieser Urkunde . . . Wir haben besagten Meister Lutiano zum Aufseher und Leiter aller Meister ernannt, die (am Palast) arbeiten . . . 10. Juni 1468.«

[14] Vielleicht ungefähr wie das oberste Geschoß im Palazzo della Cancelleria?

[15] Federigo wurde 1474 zum Herzog ernannt. Die Inschriften, die sich auf den »CO(MES)« (Graf) beziehen, müssen vor 1474 entstanden sein; diejenigen, die sich auf den »DUX« beziehen, müssen 1474 oder später angebracht worden sein. Federigo starb 1482.

[16] Leonardos geplante Abhandlung über Anatomie enthält folgende Stelle: »Du wirst mit jedem Teil vertraut gemacht . . . durch eine Darstellung aus drei verschiedenen Blickrichtungen; denn wenn du ein Glied von vorn gesehen hast . . . wird dir dasselbe Glied von der Seite und von hinten gezeigt werden, ganz als hättest du das Glied wirklich in der Hand und drehtest es nach allen Seiten, bis du es ganz verstanden hättest . . .«

[17] Vgl. Sangallos Sakristei in S. Spirito (Abb. 24).

[18] Z. B. die Geburtskirche in Bethlehem und die Grabeskirche in Jerusalem.

[19] Sie ist verändert worden, vgl. Abb. 77 und 78.

[20] Der Stich (Abb. 79) gibt ein Idealbild; in Wirklichkeit mußte die Dienerschaft irgendwo untergebracht werden, und die Zeichnung (Abb. 80) läßt unter dem Dach Fenster zwischen den Metopen erkennen. Spätere Paläste zeigen, daß dieses Problem oft auf ähnliche Weise gelöst wurde – vgl. Abb. 106.

[21] Der Überlieferung nach wurde dieser Palast 1515 begonnen, aber neuerdings hat man versucht, ihn später anzusetzen und deshalb die Zuweisung zu Raffael zu verwerfen. Vasari schrieb ihn Lorenzetto, dem Assistenten Raffaels, zu.

[22] Ein aus Vasaris Abhandlung zu entnehmendes anderes Datum – 1492 – hat sehr viel für sich, obwohl das Dokument, aus dem hervorgeht, daß Giulio am 1. November 1546 im Hospital von Mantua im Alter von siebenundvierzig Jahren starb, das Jahr 1499 zu sichern scheint; immerhin bezog Vasari einen großen Teil seiner Informationen von Giulio selbst, und das frühere Datum läßt die Entwicklung von Giulios Stil verständlicher werden.

[23] Die Römer unterschieden zwei Villentypen: die *villa suburbana* und die *villa rustica*. Die erstere lag so nahe bei der Stadt, daß Schlafzimmer nicht nötig waren, da sie nicht als Wohnsitz gedacht war. Die *villa rustica* dagegen war eher ein selbstständiges Landhaus mit Gutsbetrieb.

[24] Wahrscheinlich war es römischen Ursprungs, wurde in der Renaissance zuerst von Bramante verwendet und wird im Italienischen nach Serlio als *serliana* bezeichnet.

[25] Der Palast beherbergt die Französische Botschaft in Rom, ist aber am Sonntagvormittag der Öffentlichkeit zugänglich.

[26] Man kann hierüber schwer eine Regel aufstellen, denn es gibt viele ältere Bauten mit einer großen Ordnung, die ein Erdgeschoß mit einem Mezzanin verbindet, das man infolge seiner Größe fast als ein zweites Stockwerk bezeichnen könnte.

[27] Neuerdings ist jedoch ein Dokument veröffentlicht worden, aus dem hervorgeht, daß die Kapelle schon 1529 im Bau war.

[28] Das erklärt, warum sich in modernen Ausgaben eines 1568 erschienenen Buchs Angaben über Vorkommnisse aus dem Jahr 1570 finden. Beide Versionen bietet Bd. VII der Ausgabe des Club del Libro, Mailand 1965.

[29] In der dorischen Ordnung (wie im Erdgeschoß der Bibliothek, Abb. 143) besteht der Fries über den Säulen abwechselnd aus quadratischen Feldern, die manchmal mit Reliefskulptur (Metopen) versehen sind, und drei vertikalen Streifen mit Kannelierung (Triglyphen).

[30] Erstmals 1966 in Mailand veröffentlicht.

[31] 1968 war sie noch in einem beklagenswerten Zustand.

[32] Letztlich leiten sie sich sämtlich von der Form her, die Alberti in S. Maria Novella in Florenz um 1450 erfunden hat und die dann in Rom an S. Agostino und S. Maria del Popolo eingeführt wurde.

[33] Der Lateran ist ein schwacher Abkomme des Palazzo Farnese.

[34] *Dell'Idea dell'Architettura universale*, Venedig 1615.

Bibliographie

Dieses Literaturverzeichnis war ursprünglich für englische Leser zusammengestellt worden. Nun gibt mir die Übersetzung meines Buchs ins Deutsche Gelegenheit, mehrere seit 1969 erschienene Werke hinzuzufügen, vor allem aber das Verzeichnis so anzulegen, daß nach Möglichkeit deutsche Ausgaben an Stelle der englischen treten. Aufsätze in wissenschaftlichen Zeitschriften jedoch habe ich weggelassen, da sie für den Leser, den ich mit meinem Buch ansprechen möchte, zu speziell sind. Periodika wie die *Mitteilungen des Kunsthistorischen Institutes in Florenz* oder das *Römische Jahrbuch für Kunstgeschichte* enthalten Forschungsergebnisse, die später in Bücher von der Art des vorliegenden, das den Blick für italienische Architektur schärfen will, eingehen. Studierenden kann dieses Verzeichnis als elementare Einführung in die Literatur eines überaus lohnenden Gegenstands dienen.

Die hier vorgelegte Bibliographie ist dreifach unterteilt. Der erste Abschnitt gilt den frühesten Traktaten und Quellen, von denen die meisten natürlich in italienischer oder lateinischer Sprache abgefaßt sind. Seit dem Jahr 1963, als die erste Auflage dieses Buchs erschien, sind erfreulicherweise sehr viel photographisch faksimilierte Neudrucke der Klassiker der Architekturliteratur – Vitruv, Serlio, Palladio – erschienen, doch war es nicht immer möglich, in dieser Hinsicht auf dem laufenden zu bleiben, da zu viele Verlage in verschiedenen Ländern ähnliche Werke herausbrachten. Hier ist aufgeführt, was in englischsprachigen Gebieten am bekanntesten ist, aber es gibt noch viele andere, die in den deutschsprachigen Ländern leichter zugänglich sind.

Der zweite Abschnitt der Bibliographie bringt ein Verzeichnis von Büchern meist jüngsten Datums, die sich ganz allgemein mit dem behandelten Zeitabschnitt befassen. Schließlich folgt ein Verzeichnis von Monographien über einzelne Architekten, und zwar soweit möglich in deutscher Sprache. Ich habe jedoch in Rechnung gestellt, daß die meisten deutschen Studenten über Kenntnisse im Italienischen und Englischen verfügen, und habe deshalb, wo ich es für nützlich hielt, auch Bücher in diesen Sprachen angeführt.

Die Quellen

Der Antrieb zur Abfassung von Traktaten entsprang den Schilderungen der antiken Architektur in den Briefen des jüngeren Plinius, von denen im 15. Jahrhundert zahlreiche Ausgaben erschienen, und mehr noch aus der einzigen erhaltenen antiken technischen Abhandlung über die Baukunst: *De architectura libri X* von Vitruv, ein Werk, das im fünfzehnten Jahrhundert – und auch schon vorher – aus verschiedenen Handschriften bekannt war. Die Editio princeps erschien in Rom, und zwar wahrscheinlich im Jahr 1486; mehrere andere folgten sehr schnell, doch die erste gute lateinische Ausgabe, lieferte Fra Giocondo (Venedig 1511 und 1513). Die erste Ausgabe in italienischer Übersetzung besorgte Bramantes Schüler Cesare Cesariano (Como 1521); von ihr gibt es mindestens zwei moderne Faksimileausgaben. Diese Ausgabe von 1521 druckten sehr bald schon Lutio (Venedig 1556) und Caporali (Perugia 1536) nach, doch wurden diese Nachdrucke bald durch die Ausgabe von Daniele Barbaro (Venedig 1556), die Holzschnittillustrationen von Palladio enthält, verdrängt. Von Vitruvs Abhandlung gibt es mehrere moderne Ausgaben, zu denen auch die von F. Granger besorgte Loeb-Ausgabe gehört, die dem lateinischen den englischen Text gegenüberstellt (1934).

De re aedificatoria von Alberti ist deutlich Vitruv nachgebildet und übernimmt auch dessen Einteilung in zehn Bücher. Zu Lebzeiten Albertis zirkulierte das Werk in Handschriften – eine davon bekam Papst Nikolaus V. 1452 zu sehen –, es war aber auch eines der ersten Bücher über Architektur, die gedruckt wurden (Florenz 1458), und zwar wahrscheinlich unmittelbar vor der römischen Vitruv-Ausgabe. Es gibt eine italienische Ausgabe des Alberti-Buchs von F. Lauro (Venedig 1546) und eine wichtigere von Cosimo Bartoli, einem Freund Vasaris, die auch die ersten Illustrationen enthält (Florenz 1550 und Venedig 1565). Die ursprüngliche lateinische Fassung ist mit italienischer Übersetzung in zwei Bänden als Neudruck erschienen (Mailand 1966), und Max Theuer hat eine deutsche Übersetzung besorgt (Wien und Leipzig 1912).

Im fünfzehnten Jahrhundert entstanden noch zwei andere, weniger bedeutende Abhandlungen, die in Handschriften zirkulierten.

Der von Filarete vor 1464 verfaßte *Trattato di Architettura* ist eine merkwürdige Mischung aus einer Märchenerzählung und der Schilderung einer Idealstadt nach klassischen Prinzipien, die Filarete von einem modernen Herrscher errichtet sehen wollte. Eine von J. Spencer besorgte Ausgabe (New Haven und London 1965) bringt ein Faksimile der Florentiner Handschrift, die der Autor Piero de' Medici überreicht hat.

Der sienesische Bildhauer und Architekt Francesco di Giorgio schrieb ebenfalls eine Abhandlung, die sich in einigen Fassungen auf die Jahre zwischen 1456 und 1502 datieren läßt; eine davon war Leonardo da Vinci bekannt. Eine moderne Ausgabe stammt von Maltese und Maltese-Degrassi (Mailand 1967).

Die phantasievolle *Hypnerotomachia Poliphili* – am treffendsten als Architekturroman bezeichnet – ist keine Abhandlung, war aber sehr einflußreich. Sie erschien gedruckt zuerst bei Aldus Manutius (Venedig 1499) und ist ein besonders schönes Exemplar eines frühvenezianischen illustrierten Drucks. Unter mehreren modernen Faksimiledrucken ragt die Londoner Ausgabe von 1963 hervor.

Der Traktat von Serlio wurde bereits kurz behandelt; eine vollständige bibliographische Beschreibung von W. B. Dinsmoor findet sich in *Art Bulletin*, XXIV, 1942. Die Ausgabe von 1619 erschien 1964 als Faksimiledruck, und es gibt auch Ausgaben des unveröffentlichten Buchs VI (zwei Bände, Mailand 1966) und der Handschrift in der Avery Library, New York (eine Faksimile-Ausgabe von 1978).

Die *Regola delli Cinque Ordini d'Architettura* von Vignola erschienen 1562 (ohne Orts- oder Datumsangabe), und vom siebzehnten Jahrhundert an kam es zu zahlreichen Ausgaben und Übersetzungen; eine moderne kritische Ausgabe allerdings gibt es nicht. Vignolas Originalmanuskript befindet sich in den Uffizien in Florenz.

Das große Werk von Palladio waren die *Quattro Libri dell'Architettura*, die zuerst 1570 in Venedig erschienen (Faksimile-Ausgaben: Mailand 1945 und 1968) und vielfach nachgedruckt wurden. Das Werk ist nie vollständig ins Deutsche übertragen worden. Zu Palladios sonstigen Schriften zählen zwei sehr kurze Rom-Führer: *Le antichità di Roma* und *Descritione de le Chiese, Statione . . . in la Citta de Roma*, beide 1554 in Rom erschienen und beide als Faksimile-Drucke enthalten in P. Murray (Hrsg.), *Five Early Guides to Rome and Florence* (1972). Barbaros Vitruv-Ausgabe enthält Illustrationen von Palladio, der 1575 auch Caesars Kommentare mit Illustrationen herausgab. Palladios Zeichnungen römischer Altertümer waren wahrscheinlich zur Veröffentlichung bestimmt; Lord Burlington, der Mäzen des englischen Palladianismus, erwarb sie und veröffentlichte sie 1730 in London unter dem Titel *Fabbriche Antiche disegnate da Andrea Palladio*. Ein Faksimiledruck erschien 1969; die Originalzeichnungen befinden sich heute in der British Architectural Library im Royal Institute of British Architects in London. Palladios Nachfolger, Vincenzo Scamozzi, brachte ebenfalls ein Buch über römische Altertümer heraus, die *Discorsi sopra l'antichità di Roma* (Venedig 1582), dazu die bekanntere lange, recht langatmige Abhandlung *Dell'Idea dell'Architettura universale* (Venedig 1615), von der 1964 ein Faksimiledruck

erschien. Die *Idea* wurde 1664 ins Deutsche übersetzt. Eine Auswahl kürzerer Schriften, zu denen auch die *Hypnerotomachia Poliphili* gehört, wurde 1978 unter dem Titel *Scritti Rinascimentali di Architettura* von A. Bruschi und anderen in Mailand herausgegeben. Der Katalog der Sammlung *The Fowler Architectural Collection of the John Hopkins University* von L. Fowler und E. Baer (Baltimore, Maryland, 1961) ist ein hervorragendes bibliographisches Nachschlagewerk für alle diese und viele andere Abhandlungen über Architektur. In Deutschland ist der *Katalog der Ornamentstich-Sammlung der Staatlichen Kunstbibliothek Berlin* (1939) die meistzitierte Bibliographie.

Außer diesen Traktaten gibt es noch mehrere frühe Werke, die als Informationsquellen über die Architekten und ihre Bauten unverzichtbar sind. Das bei weitem bedeutendste ist *Vite de Più Eccellenti Architetti, Pittori, et Scultori Italiani, da Cimabue insino a' Tempi Nostri* von Giorgio Vasari (1550 und 1568). Die Standardausgabe ist immer noch die von G. Milanesi in neun Bänden (Florenz 1878–85, Neudruck 1973), daneben gibt es heute eine gute, auf den neuesten Stand gebrachte Ausgabe des Club del Libro in acht Bänden (Mailand 1962–66 und kürzlich in neuer Auflage). Eine groß angelegte Nationalausgabe, die den Text der Ausgabe von 1550 und auch den von 1568 bringt, hat unter der Herausgeberschaft von Rosanna Bettarini und Paola Barocchi einen Anfang gemacht (Florenz 1966–76). Die meistzitierte deutsche Ausgabe stammt von Gottschewski und Gronau (1904–27). Die heute allgemein Manetti zugeschriebene *Vita Anonima di Brunelleschi* wurde in einer kritischen Ausgabe von D. De Robertis (Mailand 1976) und, mit einer englischen Übersetzung, von H. Saalman und C. Enggass (Pennsylvania State University 1970) herausgebracht.

Sehr viel läßt sich aus – oft sehr schönen – alten Stichen von Bauwerken entnehmen. Die wichtigsten Serien – aus denen einige Blätter in diesem Buch enthalten sind – wurden im sechzehnten und siebzehnten Jahrhundert von Dupérac, Falda, Ferrerio und anderen veröffentlicht. Die *Palazzi di Roma* von Ferrerio und Falda (1655) erschienen 1967 in einem Faksimile-Neudruck; diese Stiche wurden oft nach den Wünschen der jeweiligen Kunden zusammengestellt, so daß man bei keiner Serie mit Vollständigkeit rechnen kann. Die bedeutendste als Standardausgabe erscheinende Serie ist zweifellos das von Paul Letarouilly besorgte Werk *Edifices de Rome moderne* (drei Bände, 1840–57). Diese wunderbaren Litographien eines jüngeren Zeitgenossen von Ingres zeigen die Bauten des nachklassischen Roms in einer Reihe hervorragender Strichzeichnungen, jeweils mit Grundriß und Aufriß. Die großflächigen Originale wurden in Auswahl neu gedruckt, und auch das andere große Werk Letarouillys, das sich mit St. Peter und dem Vatikan befaßt, ist als Neudruck erschienen (drei Bände, London 1963).

Die Historiker

Das Studium der italienischen Architektur setzt Kenntnis der Geschichte und Lebensweise Italiens voraus, und noch immer ist das Buch *Kultur der Renaissance in Italien* von Jacob Burckhardt ein guter Ausgangspunkt, obwohl es vor mehr als hundert Jahren geschrieben wurde und vieles durch die spätere Forschung bedeutend modifiziert worden ist. Unter den zahlreichen neueren Werken fällt die Wahl schwer. Für Studierende hat sich das Buch *The Italian Renaissance in its Historical Background* von D. Hay (1961) als sehr nützlich erwiesen; in deutscher Sprache erschien es unter dem Titel *Geschichte Italiens in der Renaissance* (Stuttgart 1962).

Was die allgemeinen Prinzipien der klassischen Architektur betrifft, so kenne ich in keiner Sprache eine bessere Einführung als *The Classical Language of Architecture* von Sir John Summerson (neueste Auflage 1980). Das ernsthafte Studium der Architektur der italienischen Renaissance begann vor etwa hundert Jahren im deutschen Sprachraum, und die Arbeiten *Geschichte der Renaissance in Italien* (1867, zahlreiche Neuauflagen) von Jacob Burckhardt sowie *Renaissance und Barock* von Heinrich Wölfflin (1888 und später) enthalten immer noch viele wichtige Informationen und zugleich eine Exposition verschiedener Methoden der Kunstgeschichte. Ein neues Kapitel in der Geschichte der Baukunst eröffnete mein verehrter Lehrer R. Wittkower mit seinem Buch *Architectural Principles in the Age of Humanism* (1949, deutsch 1969 als *Grundlagen der Architektur im Zeitalter des Humanismus),* der bei weitem wichtigsten Behandlung dieses Themas in unserem Jahrhundert. Das neueste Handbuch, *Architecture in Italy, 1400 to 1600* von L. H. Heydenreich und W. Lotz, erschien 1974 in der Reihe *The Pelican History of Art,* ist aber noch nicht in deutscher Sprache verfügbar. Was die *Studies in Italian Renaissance Architecture* von Lotz (1977) betrifft, so waren viele Aufsätze schon vorher in den führenden deutschen Periodika erschienen, etwa im *Römischen Jahrbuch für Kunstgeschichte* und den *Mitteilungen des Kunsthistorischen Institutes in Florenz.* Für die Zeit vor der Renaissance seien auch W. Paatz, *Werden und Wesen der Trecento-Architektur in Toscana* (1937) und W. Braunfels, *Mittelalterliche Stadtbaukunst in der Toskana* (1959) erwähnt.

Hervorragende Photographien oder Zeichnungen von Bauwerken finden sich in folgenden Werken: C. von Stegmann und H. von Geymüller, *Die Architektur der Renaissance in Toskana* (11 Bände, 1885–1908); A. Haupt, *Palast-Architektur in Ober-Italien und Toskana* (1922); G. Masson, *Italienische Villen und Paläste* (1959), mit hervorragenden Photographien, von denen einige für dieses Buch herangezogen wurden.

Monographien, die nicht so sehr Architekten als vielmehr Bauten gelten: J. Ackerman, *The Cortile del Belvedere* (1954); H. von Geymüller, *Die ursprünglichen Entwürfe für St. Peter* (1875); Franz Graf Wolff Metternich, *Bramante und St. Peter* (1975); P. Rotondi, *Il Palazzo Ducale di Urbino* (1950); P. Sanpaolesi, *La Cupola di S. Maria del Fiore* (1941). Zu römischen Palästen siehe das dreibändige Werk von C. Frommel, *Der römische Palastbau der Hochrenaissance* (1973). Zu römischen Kirchen siehe W. Buchowiecki, *Handbuch der Kirchen Roms* (1967 ff.). W. und E. Paatz, *Die Kirchen von Florenz* (sechs Bände, 1940–54) zählt zu den bedeutendsten kunstgeschichtlichen Leistungen unserer Zeit.

Die Architekten

Einige Monographien über einzelne Architekten alphabetisch nach Architektennamen geordnet:
Alberti: R. Wittkower, *Architectural Principles . . .* (1949); F. Borsi (1975).
Bramante: O. Förster (1956); A. Bruschi (1969).
Brunelleschi: C. von Fabriczy (1892); H. Klotz (1970).
Filarete: P. Tigler (1963).
Leonardo: L. H. Heydenreich (1954); ders., *Die Sakralbau-Studien . . .* (1971).
Michelangelo: C. de Tolnay (1951); R. Wittkower, *La Cupola di San Pietro* (1964); J. Ackerman (1966).
Palladio: J. Ackerman (1966, deutsch 1980); L. Puppi (1973, deutsch 1977); Katalog der Ausstellung in Wien (1975).
Peruzzi: C. Frommel (1961).
Raffael: T. Hofmann (1900–1914).
Sangallo: G. Marchini (G. da Sangallo, 1942); G. Giovanni (A. da Sangallo der Jüngere, 1959).
Sanmicheli: Katalog der Ausstellung in Verona (1960).
Vignola: W. Lotz (1938); M. Walcher–Casotti (1960).

Bildquellen

1 Photo: Alinari
2 Photo: Alinari
3 Aus: M. Anselme Dimier, *Receuil de plans d'églises cisterciennes*
4 Aus: M. Anselme Dimier, *Receuil de plans d'églises cisterciennes*
5 Aus: W. und E. Paatz, *Die Kirchen von Florenz*
6 Aus: W. und E. Paatz, *Die Kirchen von Florenz*
7 Photo: Alinari
8 Photo: Alinari
9 Photo: Alinari
10 Aus: W. und E. Paatz, *Die Kirchen von Florenz*
11 Photo: A. F. Kersting
12 Aus: Giuseppe Zocchi, *Scelta di XXIV vedute delle principali contrade, piazze, chiese e palazzi della città di Firenze*, 1744
13 Aus: W. Anderson und J. Stratton, *The Architecture of the Renaissance in Italy*
14 Aus: P. Sanpaolesi, *La Cupola di S. M. del Fiore*, Libreria dello Stato, Rom
15 Photo: Anderson
16 Aus: C. von Stegmann und H. von Geymüller, *The Architecture of the Renaissance in Tuscany*
17 Photo: Mansell-Brogi
18 Photo: Alinari
19 Aus: W. und E. Paatz, *Die Kirchen von Florenz*
20 Photo: Alinari
21 Aus: C. von Stegmann und H. von Geymüller, *The Architecture of the Renaissance in Tuscany*
22 Aus: C. von Stegmann und H. von Geymüller, *The Architecture of the Renaissance in Tuscany*
23 Aus: *Codex Barberini*, Vatikanische Bibliothek. Photo: Courtauld Institute of Art
24 Aus: W. und E. Paatz, *Die Kirchen von Florenz*
25 Photo: Anderson
26 Photo: Alinari
27 Photo: A. F. Kersting
28 Aus: R. Wittkower, *Architectural Principles in the Age of Humanism*, Alec Tiranti Limited, London
29 Aus: R. Wittkower, *Architectural Principles in the Age of Humanism*, Alec Tiranti Limited
30 Photo: Giovetti
31 Aus: W. Anderson und J. Stratton, *The Architecture of the Renaissance in Italy*
32 Photo: Giovetti
33 Photo: Alinari
34 Aus: Giuseppe Zocchi, *Scelta di XXIV vedute delle principali contrade, piazze, chiese e palazzi della città di Firenze*, 1744
35 Aus: C. von Stegmann und H. von Geymüller. *The Architecture of the Renaissance in Tuscany*
36 Photo: Alinari
37 Photo: Giusti
38 Aus: Giuseppe Zocchi, *Scelta di XXIV vedute delle principali contrade, piazze, chiese e palazzi della città di Firenze*, 1744 Photo: Courtauld Institute of Art
39 Photo: Alinari
40 Photo: Alinari
41 Photo: Mansell-Alinari
42 Aus: F. A. Gragg und L. C. Gabel, *Memoirs of a Renaissance Pope*, G. P. Putnam's Sons, New York
43 Aus: P. Letarouilly, *Edifices de Rome moderne*
44 Photo: Alinari
45 Aus: P. Ferrerio, *Palazzi di Roma*
46 Photo: Georgina Masson
47 Photo: Alinari
48 Aus: P. Rotondi, *Il Palazzo Ducale di Urbino*, L'Istituto Statale d'Arte, Urbino
49 Photo: Georgina Masson
50 Photo: James Austin
51 Photo: Edwin Smith
52 Photo: Edwin Smith
53 Photo: Alinari
54 Photo: Georgina Masson
55 Photo: Alinari
56 Aus: W. Anderson und J. Stratton, *The Architecture of the Renaissance in Italy*
57 Photo: Alinari
58 Aus: W. Anderson und J. Stratton, *The Architecture of the Renaissance in Italy*
59 Aus: W. Anderson und J. Stratton, *The Architecture of the Renaissance in Italy*
60 Aus: H. Decker, *Renaissance in Italien*
61 Photo: Alinari
62 Photo: Alinari
63 Photo: Brogi
64 Photo: Sansoni
65 Leonardo da Vinci, MS »B«, Institut de France, Paris. Aus: J. P. Richter, *The Literary Works of Leonardo da Vinci*, Oxford University Press
66 Leonardo da Vinci, MS »B«, Institut de France, Paris. Aus: J. P. Richter, *The Literary Works of Leonardo da Vinci*, Oxford University Press
67 Aus: F. Cassina, *Le Fabbriche più cospicue di Milano*
68 Aus: F. Cassina, *Le Fabbriche più cospicue di Milano*
69 Photo: Alinari
70 Photo: Argozzini

71 Aus: A. Pica, *Il Gruppo Monumentale di Sta Maria delle Grazie*

72 Aus: A. Pica, *Il Gruppo Monumentale di Sta Maria delle Grazie*

73 Photo: Argozzini

74 Photo: P. J. Murray

75 Photo: Anderson

76 Aus: S. Serlio, *Architettura*

77 Aus: A. Palladio, *I Quattro Libri dell'Architettura*

78 Photo: Linda Murray

79 Stich von A. Lafrerin. Photo: Oscar Savio

80 Royal Institute of British Architects, London

81 Aus: J. Ackerman, *The Cortile del Belvedere*

82 Aus: S. Serlio, *Architettura*

83 Staatliche Museen Preußischer Kulturbesitz, Berlin (West), Kupferstichkabinett. Photo: Jörg P. Anders

84 Uffizien, Florenz, Photo: Soprintendenza alle Gallerie, Florenz

85 Sammlung Paul Mellon

86 British Museum, London

87 Photo: Linda Murray

88 Photo: Linda Murray

89 Aus: W. Anderson und J. Stratton, *The Architecture of the Renaissance in Italy*

90 Aus: H. Decker, *Renaissance in Italien*

91 Aus: S. Serlio, *Architettura*

92 Aus: W. Anderson und J. Stratton, *The Architecture of the Renaissance in Italy*

93 Museo Petriano, Rom. Photo: Mansell-Anderson

94 Stich von E. Dupérac

95 Stich von E. Dupérac

96 Aus: W. Anderson und J. Stratton, *The Architecture of the Renaissance in Italy*

97 Photo: J. Allan Cash

98 Photo: Linda Murray

99 Aus: P. Ferrerio, *Palazzi di Roma*

100 Aus: P. Ferrerio, *Palazzi di Roma*

101 Photo: Georgina Masson

102 Photo: Alinari

103 Photo: Anderson

104 Aus: W. E. Greenwood, *The Villa Madama*, Alec Tiranti Limited, London

105 Photo: Georgina Masson

106 Photo: Anderson

107 Photo: P. J. Murray

108 Photo: Edwin Smith

109 Photo: Edwin Smith

110 Photo: Edwin Smith

111 Aus: G. Paccagnini, *Il Palazzo Tè, Cassa di Risparmio*, Mantua

112 Photo: Georgina Masson

113 Photo: Alinari

114 Aus: P. Letarouilly, *Edifices de Rome moderne*

115 Aus: P. Ferrerio, *Palazzi di Roma*

116 Aus: P. Letarouilly, *Edifices de Rome moderne*

117 Photo: Gabinetto Fotografico Nazionale

118 Aus: P. Letarouilly, *Edifices de Rome moderne*

119 Photo: Anderson

120 Photo: Anderson

121 Aus: P Letarouilly, *Edifices de Rome moderne*

122 Aus: P. Letarouilly, *Edifices de Rome moderne*

123 Photo: Alinari

124 Aus: P. Letarouilly, *Edifices de Rome moderne*

125 Photo: Anderson

126 Casa Buonarroti, Florenz. Photo: Alinari

127 Photo: Mansell-Brogi

128 Aus: C. von Stegmann und H. von Geymüller, *The Architecture of the Renaissance in Tuscany*

129 Photo: Alinari

130 Photo: Mansell-Alinari

131 Photo: Alinari

132 Stich von E. Dupérac

133 Aus: P. Letarouilly, *Edifices de Rome moderne*

134 Photo: Alinari

135 Photo: Oscar Savio

136 Stich von E. Dupérac. Photo: Oscar Savio

137 Photo: Alinari

138 Photo: Georgina Masson

139 Aus: Francesco Zanotto, *Le fabbriche civili, ecclesiastiche e militari di M. San Micheli disegnate ed incise da F. Ronzani e G. Luciotti*, 1875 (?)

140 Photo: Georgina Masson

141 Photo: Georgina Masson

142 Aus: W. Anderson und J. Stratton, *The Architecture of the Renaissance in Italy*

143 Photo: Alinari

144 Photo: Mansell-Anderson

145 Photo: Editions V. F.

146 Photo: Alinari

147 Photo: Alinari

148 Aus: S. Serlio, *Architettura*

149 Aus: S. Serlio, *Libro Extraordinario*

150 Photo: Soprintendenza ai Monumenti del Lazio, Rom

151 Stich von Angelletti

152 Aus: *The Architectural Review*

153 Aus: J. Sandrart, *Insignium Romae Templorum Prospectus*

154 Stich von Cartaro, 1570

155 Stich von G. B. Falda

156 Palazzo Barberini, Rom. Photo: Scala

157 Photo: Gabinetto Fotografico Nazionale

158 Photo: Anderson
159 Aus: J. Sandrart, *Insignium Romae Templorum Prospectus*
160 Stich von G. B. Falda
161 Aus: S. Giedion, *Space, Time and Architecture*
162 Georgina Masson
163 Aus: Giuseppe Zocchi, *Scelta di XXIV vedute delle principali contrade, piazze, chiese e palazzi della città di Firenze*, 1744
164 Photo: Alinari
165 Royal Institute of British Architects, London
166 Royal Institute of British Architects, London
167 Aus: D. Barbaro, *I Dieci Libri dell'Architettura di M. Vitruvio tradutti et commentati*, 1556.
168 Photo: C. Vajenti
169 Photo: Georgina Masson
170 Photo: Alinari
171 Aus: A. Palladio, *I Quattro Libri dell'Architettura*
172 Aus: A. Palladio, *I Quattro Libri dell'Architettura*
173 Photo: C. Vajenti
174 Photo: Alinari
175 Photo: Georgina Masson
176 Aus: O. Bertotti-Scamozzi, *Le Fabbriche e i Disegni di A. Palladio*
177 Aus: O. Bertotti-Scamozzi, *Le Fabbriche e i Disegni di A. Palladio*
178 C. Vajenti
179 Aus: O. Bertotti-Scamozzi, *Le Fabbriche e i Disegni di A. Palladio*
180 Aus: O. Bertotti-Scamozzi, *Le Fabbriche e i Disegni di A. Palladio*
181 Photo: Anderson
182 Photo: Linda Murray
183 Aus: O. Bertotti-Scamozzi, *Le Fabbriche e i Disegni di A. Palladio*
184 Aus: O. Bertotti-Scamozzi, *Le Fabbriche e i Disegni di A. Palladio*
185 Photo: J. Thomson
186 Photo: Electa Editrice
187 Aus: P. Letarouilly, *Edifices de Rome moderne*
188 Aus P. Letarouilly, *Edifices de Rome moderne*
189 Photo: Anderson
190 Photo: Anderson
191 Stich von G. Vasi
192 Aus: P. Ferrerio, *Palazzi di Roma*
193 Photo: Edwin Smith
194 Photo: Georgina Masson
195 Photo: Georgina Masson
196 Photo: Fiorentini
197 Photo: C. Vajenti
198 Aus: O. Bertotti-Scamozzi, *Le Fabbriche e i Disegni di A. Palladio*

199 Photo: Phyllis Dearborn Massar
200 Aus: A. Palladio, *I Quattro Libri dell'Architettura*
201 Photo: Fiorentini
202 Aus: A. Palladio, *I Quattro Libri dell'Architettura*
203 Photo: Phyllis Dearborn Massar
204 Aus: A. Palladio, *I Quattro Libri dell'Architettura*
205 Aus: A. Palladio, *I Quattro Libri dell'Architettura*
206 Photo: Giacomelli
207 Photo: Alinari

Index

Die Ziffern beziehen sich auf die Seitenzahlen.
Kursiv gesetzte Ziffern weisen auf Abbildungsnummern hin.

Gesamtherstellung:
Todt-Druck GmbH, Villingen
Einbandgestaltung:
Peter Steiner